本书得到国家社科基金一般项目（14BZZ035）资助

|光明学术文库｜经济与管理书系｜

中外官员财产申报
制度比较研究

刘志勇 ｜ 著

光明日报出版社

图书在版编目（CIP）数据

中外官员财产申报制度比较研究 / 刘志勇著 . -- 北京：光明日报出版社，2022.7
ISBN 978-7-5194-6532-2

Ⅰ. ①中… Ⅱ. ①刘… Ⅲ. ①国家机关工作人员—家庭财产—登记制度—对比研究—中国、国外 Ⅳ. ①D523.4

中国版本图书馆 CIP 数据核字（2022）第 065263 号

中外官员财产申报制度比较研究
ZHONGWAI GUANYUAN CAICHAN SHENBAO ZHIDU BIJIAO YANJIU

著　　者：刘志勇	
责任编辑：刘兴华	责任校对：刘浩平
封面设计：中联华文	责任印制：曹　净

出版发行：光明日报出版社
地　　址：北京市西城区永安路 106 号，100050
电　　话：010-63169890（咨询），010-63131930（邮购）
传　　真：010-63131930
网　　址：http://book.gmw.cn
E - mail：gmrbcbs@gmw.cn
法律顾问：北京市兰台律师事务所龚柳方律师
印　　刷：三河市华东印刷有限公司
装　　订：三河市华东印刷有限公司
本书如有破损、缺页、装订错误，请与本社联系调换，电话：010-63131930

开　　本：170mm×240mm	
字　　数：240 千字	印　　张：16
版　　次：2022 年 7 月第 1 版	印　　次：2022 年 7 月第 1 次印刷
书　　号：ISBN 978-7-5194-6532-2	
定　　价：95.00 元	

版权所有　翻印必究

目 录
CONTENTS

绪　论 ·· 1

第一章　财产申报制度的理论基础 ································ 14
　第一节　设立财产申报制度的间接理论 ························· 14
　第二节　设立财产申报制度的直接理论 ························· 21

第二章　财产申报主体 ··· 28
　第一节　全体公职人员 ··· 28
　第二节　一定级别以上的公职人员 ······························ 34
　第三节　高级公职人员 ··· 41
　第四节　特殊职业人员 ··· 44

第三章　财产申报内容 ··· 46
　第一节　发达国家财产申报内容 ································· 46
　第二节　"新兴经济体"国家财产申报内容 ···················· 59
　第三节　发展中国家财产申报内容 ······························ 65

第四章　财产申报方式、管理及责任 ···························· 73
　第一节　财产申报方式 ··· 73
　第二节　财产申报管理 ··· 79

1

第三节　财产申报责任 ……………………………………… 87

第五章　样本国家财产申报制度实施状况（一）……………… **93**
　　第一节　较廉洁国家财产申报制度实施情况 ……………… 93
　　第二节　腐败现象较轻微国家财产申报制度实施情况 …… 109

第六章　样本国家财产申报制度实施状况（二）……………… **117**
　　第一节　腐败现象较严重国家财产申报制度实施情况 …… 117
　　第二节　腐败现象严重国家财产申报制度实施情况 ……… 128

第七章　样本国家确立财产申报制度的条件 ………………… **162**
　　第一节　设立财产申报制度的必备条件 …………………… 162
　　第二节　设立财产申报制度的选择条件 …………………… 174

第八章　构建符合中国国情的财产申报制度 ………………… **188**
　　第一节　我国财产申报制度发展历程 ……………………… 188
　　第二节　我国财产申报的执行情况 ………………………… 198
　　第三节　构建符合中国国情的财产申报制度 ……………… 207

结论与展望 ……………………………………………………… **228**

参考文献 ………………………………………………………… **234**

附录：官员财产申报调查问卷 ………………………………… **244**

绪　论

　　财产申报制度，是一种根据国家的法律、纪律、政策或是监管措施，要求特定群体对其财产进行申报并公示的制度。财产申报对于确立公务员行政伦理、预防和惩治腐败具有基础性价值。财产申报制度最早出现在瑞典，从1766年开始，瑞典公民就有权查看从普通官员到政府首相的纳税清单。英国是财产申报法制化最早的国家，1883年《净化选举防止腐败法》以财产申报的方式来预防当时日益严重的腐败。国外财产申报制度大多形成于20世纪七八十年代，当前无论是发达国家、发展中国家还是最不发达国家，无论是资本主义国家还是社会主义国家，大都确立了该项制度。

一、基本概念界定

　　《中外官员财产申报制度比较研究》涉及如下主要概念，因此，必须对这些概念进行界定。对于概念的界定，美国学者尤劳（Heinz Eulau）认为：界说有束缚和拘束的作用，界说一方面指导它的使用者，另一方面显现出使用者的研究取向和价值追求，界说隐含在使用者的观念及他的理论化工作中。[1]

（一）财产

　　财，《说文解字》解释为：人所宝也。《周礼·天官·大宰》：以九赋敛财贿，财为泉谷也。《礼·坊记》认为：财为币帛也。《礼器》认为：设于地

---

[1] ［美］尤劳. 政治行为论［M］. 陈少廷, 译. 台北：台湾商务印书馆, 1967：22.

财，财为物也，物为土地之物。① 产，《说文解字》释为：生也。《正字通》释为：妇生子曰产，物生亦曰产。《礼·乡饮酒礼》认为：产万物者圣也，圣之言生也。《周礼·春官·大宗伯》认为：产有阴阳之分——以天产作阴德，以中礼防之；以地产作阳德，以和乐防之。天产者动物，谓六牲（即牛、马、羊、豕、犬、鸡）；地产者植物，谓九谷（黍、稷、秫、稻、麻、大豆、小豆、大麦、小麦）。《孟子》认为：有恒产者有恒心。② 因此财产自古就有财货、产业之意，是满足人类生存、发展需要的各种物质财富。财产的范围随时代的进步不断演化，丰富其自身内涵并增加新的内容。财产关系以及财产制度是法律和政治关注的最主要问题，有关财产的各种理论及政治实践非常复杂，但上述问题不是本研究关注的焦点，在此不予分析。财产申报制度所关注的"财产"是申报义务人申报的财产范围，即何种财产应当作为申报的对象，这在不同国家、不同时代有不同的内容，且其内容随技术和时代的发展而发生变化。申报财产不应违反"公民的合法私有财产不受侵犯"的宪法原则。财产申报的财产范围，各国制度基本采用列举方式，并用"等等"或类似用语来对未纳入列举范畴的财产进行概括。财产申报制度中，各国对财产没有严格的分类标准，主要原因在于对何种财产在何种情况下应该申报的评判标准与财产本身的分类标准并不一致。在两个标准无法统一也不能统一的情况下，列举便成为最实际的选择。为研究之便，本文把官员财产申报的"财产"界定为：申报义务人因其服务、劳务、投资、买卖、接受、继承等方式获取的包括工资在内的具有或不具有现实或潜在利益冲突的实际财产和虚拟财产，包括义务人位于本国的财产，也包括义务人位于国外的财产。

（二）官员

官员是财产申报的主体。本研究涉及的官员从广义的角度来界定，选取的30个样本国家的行政、立法、司法、监察、教育、军事领域的各类型、各

---

① 汉语大辞典编纂处. 康熙字典[M]. 上海：上海辞书出版社，2008：1181.
② 汉语大辞典编纂处. 康熙字典[M]. 上海：上海辞书出版社，2008：708.

级别的公职人员，包括有些国家的政府雇员和议会雇员，甚至是要求进行申报财产的专职人员或普通公务员，研究中一律将其视为官员，以区别于没有公职身份的其他人员。

在中国有关财产申报制度的党纪、政纪文件以及类似研究过程中，"国家行政工作人员""领导干部""党员领导干部""国家公职人员""公务员"等用语都曾作为申报主体出现过。上述"提法"或"用语"在主体范围上有交叉，但又各有侧重，语义含糊，而且作为财产申报的主体，就各国实践来看，并不是所有的国家公职人员或议会议员都进行财产申报。当代中国的国家政治权力构成，是以中共中央为核心的"6+1+3"体系："6"是指通常所说的六大领导班子：即中共中央委员会、中共中央纪律检查委员会、全国人民代表大会及其常务委员会、国务院、中央军事委员会、中国人民政治协商会议全国委员会；"1"是指国家主席；"3"是指最高人民法院、最高人民检察院和国家监察委员会。地方的政治权力结构与中央一致、对口，但数目逐级递减，或按职能合并，或以专职人员对应（如在乡镇一级），而不设置机构。整个中国的国家政治权力结构就是上述机构的展开与延伸，其相互作用以党、政、军、法和监察五大体系呈现。财产申报究其实质来讲，处理的是权力和财富的关系。拥有一定的权力便在一定程度上拥有了获取更多财富的机会，权力越大则机会越多。因为权力越大，支配的资源越多，在逻辑上我们可以直观地做这样的推定。获取财富是人的天性，但获取财富，在现代国家要符合公平、正义、法治、民主、等价有偿等要求。财产申报就是防止拥有一定公权力的"特殊人"滥用权力谋取私利肥己的制度设计。因此，限制拥有权力的人利用权力谋取个人私利便是正当的。为研究之便，本研究把样本国家中分布于党、政、军、法、监察、教育、或其他公权力组织中拥有一定权力、具有一定级别的所有应该进行财产申报的主体界定为官员。

(三) 官员财产申报制度

关于财产申报，目前的界定非常混乱，仅从学术用语看就有公务人员财产申报、家庭财产报告、公务员财产申报、公职人员财产申报、领导干部家庭财产申报、官员财产申报、利益申报、财产登记、利益登记、财产公示等不同说法。我国官方的正式文件在用语上也不统一：报告个人重大事项、报告个人有关事项、收入申报、报告家庭财产等都曾经或正在采用。详细定义归纳起来多达十余种。在已有的界定中，较具代表性的有：财产申报是指国家机关担任一定职务的公职人员义务地、定期地将私人固定资产、收入来源向专门监督机关进行申报登记；① 财产申报制度是通过立法强制公职人员如实申报个人财产、财产来源及各种投资，进而防止和避免利益冲突，杜绝官员滥用职权、贪污腐败；② 国家公务人员财产申报制度是指法定范围的国家公职人员依照规定的期限和方式向有关机关申报法定范围内的财产，并接受指定机关监督、检查的制度。③ 国外法律文件并没有直接定义财产申报制度，但就中国与世界各国财产申报制度的基本层面看，这一概念涵括的要素大致相同，即什么人申报（申报主体）、申报什么（申报对象）、如何申报（申报时间、申报管理、是否公开）以及违法责任，不同的只是上述要素的范围问题。综合考虑上述因素，本研究将官员财产申报制度界定为：拥有一定权力、一定级别或具有特定职务的官员及其一定范围内的家庭成员，在该官员入职、任职期间及虽离职但其职务之直接影响尚未消失之前，依法向主管机关申报规定范围内的财产，避免利益冲突，进而预防和惩治腐败的制度。

二、国内外研究述评

国内学者对财产申报制度的研究始于20世纪80年代中后期。1988年《法学杂志》刊登《应尽快建立国家工作人员财产申报制度》一文，介绍捷克斯洛伐克、罗马尼亚和波兰的财产申报制度，开启了财产申报在我国的研究先河。此后40多年，财产申报制度的研究从缓慢发展、迅速成长到渐趋理智和成熟，出现了大量的研究成果。从中外比较的视角进行研究的并不多见。国外学界在预防和惩治腐败、利益冲突、透明政府及行政伦理等问题的

---

① 卓越. 地方人大监督机制研究 [M]. 北京：人民出版社，2002：141 – 142.
② 王明高，张武. 财产申报制度在美国 [J]. 党风与廉政，2003（12）：40 – 41.
③ 周佑勇，刘艳红. 我国公职人员财产申报制度探讨 [J]. 社会科学研究，1997（6）：102 – 105.

研究中，均涉及财产申报，但选取中国作为研究对象，与其他国家的财产申报制度进行比较分析的亦不多见。

（一）国内研究述评

我国学者对官员财产申报制度的研究始于 20 世纪 80 年代末期，1988年、1989 年财产申报制度开始进入学者的研究视野，但基本以介绍外国制度为主。1988 年的研究前面已经提及，1989 年《世界知识》刊文，介绍美国官员怎样申报私人财产；20 世纪 90 年代至今，研究渐趋深入，成果逐渐增多。

国内对财产申报的研究成果主要分布在政治学、行政学及法学领域，研究主要从反腐倡廉、法律制度、理论基础、配套措施、制约因素及行政伦理等视角展开。通过对中国知网收录数据库进行检索和文献计量分析，本课题组发现已有研究中近 70% 的成果属于介绍及报道类，学术性较强的仅占 10%左右，且比较研究并不是学者关注的重点。与本课题研究直接相关的成果主要有：《中外财产申报制度述要》（中国方正出版社，2001），该书对我国及美国和韩国的财产申报制度进行了介绍和评述；《国外公职人员财产申报与公示制度》（中国社会科学出版社，2013）对英、美、法、德、西班牙等 15国的财产申报制度进行了介绍；《国外防治腐败与公职人员财产申报法律选编》（中国方正出版社，2012）对新加坡、越南、马来西亚、俄罗斯等多国的防治腐败、公务员伦理、防止利益冲突以及财产申报法律法规进行了汇编总结，该汇编为本研究提供了大量的资料；《中国官员财产申报制度研究》（中国社会科学出版社，2013），对中国财产申报制度及实践进行了梳理和分析，并对制度创新进行了探索；《我国官员财产申报制度影响因素及实现路径探索》（社会科学文献出版社，2015），探索了构建适合中国国情的官员财产申报制度。近年出版的预防腐败和廉政建设专著也提到了财产申报问题，这些研究对于本课题具有参考价值。2010—2016 年间，中国方正出版社组织翻译并出版了俄罗斯、越南、美国、意大利、英国、德国、澳大利亚等国的反腐败法、反贿赂法、防止利益冲突法等国外法典的中译本，这为本研究带来了便捷。

学术论文中，单纯介绍中国以及海外国家财产申报的文章较多，进行比较研究的占1%左右，以中国与美国、内地与香港、中国与新加坡、韩国及俄罗斯的比较为主。主要成果有：《俄罗斯财产申报立法发展对中国的借鉴意义》（龚兵，《学术交流》，2018），认为中俄两国基于不同的政治体制、社会治理、历史文化环境，形成了不同的财产申报制度模式，从比较和发展的视角看，中国官员财产申报还处于制度的构建与完善阶段；《美国和新加坡公职人员财产申报制度的构建过程比较》（沈岚，《安徽广播电视大学学报》，2016），比较了美国与新加坡公职人员财产申报的建立过程，美国财产申报制度建立较早，过程曲折，新加坡虽起步较晚，但制度确立相对顺利，在立法时机的把握及领导人推动制度构建的决心与行动方面，两国基本相似；《官员财产申报制度的国际经验——基于20个国家的比较分析》（李松锋，《中共浙江省委党校学报》，2015）对美国、韩国等20国财产申报的立法形式、申报主体、受理机构、信息管理进行了分析，在不同国家，上述制度要素都呈现出不同的外在样式，构建财产申报制度尽管有规律可循，但各国构建该项制度并没有统一模式；《内地与澳门财产申报法律制度比较研究》（江德平，《当代港澳研究》，2015），从财产申报主体、申报内容、申报时间、受理和审查机制、申报资料公开程度、处罚机制六方面对内地与澳门特区的财产申报制度进行了比较分析；《预防腐败：财产申报与强制性盲目信托制度相结合——以美国和台湾地区的实践为借鉴》（高凌云，《廉政文化研究》，2015），认为美国通过政府公职人员财产申报与盲目信托相结合的制度来预防公职人员腐败，台湾地区仿效美国推行官员强制信托制度，但制度设计及实际运行二者各有利弊；《域外财产申报制度的确立与启示》（崔英楠，《北京联合大学学报（人文社会科学版）》，2015），认为美国、英国、韩国、俄罗斯及我国台湾和香港地区的财产申报制度是上述国家和地区对公权力进行监督的必然逻辑；《国外财产申报制度：经验与启示》（张深远，《中共天津市委党校学报》，2013），认为国外财产申报的立法建制、有限申报、独立审核、相对公开、绝对问责等方面均给中国确立财产申报制度以经验和启示；《泰国公职人员财产申报制度建设的成效、经验与瓶颈》（周方冶，《东南亚研究》，2013）认为泰国财产申报在主体选择上，采取了循序渐进的方式，在财产公示上，既强调信息透明，亦重视个人隐私，但在制度落实上，由于宪法法院缺乏自主性，影响了财产申报制度的威慑力与公信力；中共南京市纪委调研组于2013年完成的《境外官员财产申报观察》（《唯实》，2013）根据透明国际2012年全球清廉指数排名，选取具有代表性的若干国家，对其财产申报制度进行了比较分析，总结了发达国家、发展中国家财产申报制度的特点。上述研究发表的刊物大多未被中文社会科学引文索引收录，不属于核心期刊，其研究质量从整体上看相对较弱，当然核心期刊评价理论本身也是相对的。自20世纪90年代以来，有大量的硕士学位论文涉及财产申报制度，但重复率过高，研究水平有限。纵观国内财产申报研究领域，从发表论文的数量和质量看，王明高、庄德水、肖俊奇等人的研究具有一定特色和影响。

（二）国外研究述评

国外学界对中国财产申报的研究关注不够，中外财产申报比较研究的成果较少。但国外学者对本国预防和惩治腐败制度的研究，以及选取两国或多国进行廉政建设、预防和惩治腐败以及行政伦理和利益冲突的比较研究为本课题的探索提供了借鉴。成果主要有：贝斯·A.罗森森（Beth A. Rosenson）在《道德法对立法人员招聘和州立法机关职业构成的影响》中，以实证方式分析了财产申报制度在美国的影响、意义和价值；约翰·约瑟夫·沃利斯（John Joseph Wallis）的《美国历史上系统性腐败的界定》对美国历史上的系统性腐败进行了探究；金·奎尔希尔（Kim Quails Hill）在《民主与腐败：来自美国各州的系统性证据》中分析了美国政治制度中较高的民主化程度和较低的腐败水平之间的关系，作者认为提高政府透明度和公职人员的廉洁可以使政府保持较低的腐败水平，而减少腐败的法律则起不到这一作用。斯图尔特·H.戴明（Stuart H. Deming）的《加拿大的外国公职人员腐败行为和秘密委员会犯罪》认为加拿大的反贿赂法律制度在内容和适用范围上都与美国《反海外腐败法》及英国《反贿赂法》类似，执行和遵守《反海外腐败法》的有关措施是加拿大政府的当务之急；米根·康德雷（Meagan Condrey）在《对腐败犯罪量刑实践与规范的比较审查：法国、德国、匈牙利、爱尔兰、英国和美国》一文中认为：腐败是严重的刑事犯罪，它威胁法治、民主和人权，破坏良政、公平和正义，扭曲竞争，阻碍发展，危害民主体制的稳定和社会的道德基础；作者分析了法国、德国、匈牙利、爱尔兰、英国和美国在预防和惩治腐败领域的刑事和民事立法、调查技术、起诉、团体合作及定罪量刑问题。娜塔莎·乔治瓦·哈吉·克斯特斯基（Natasha Georgieva Hadji Krsteski）在《法国的腐败》中认为法国是采取适当措施打击腐败的国家，尽管腐败被控制在令人满意的水平，但鉴于腐败的危害及打击难度，法国正着手查处国家层次的腐败。罗伯托·里库蒂（Roberto Ricciuti）在《意大利腐败和经济发展的历史根源》中认为意大利的腐败属于历史驱动型腐败（historically-driven corruption），意大利社会存在一种历史与发展相联系的机制，历史界定了社会资本的质量，社会资本决定了腐败的程度，而腐败又影响经济发展。安东尼奥·罗伯斯-伊吉亚（Antonio Robles-Egea）和圣地亚哥·德尔加多-费尔南德斯（Santiago Delgado-Fernández）在《民主西班牙的腐败：原因、个案和后果》中认为腐败已成为西班牙政治生活中一个反复出现的主题，西班牙民主原则正在退化，增强政府透明度、确保公众信息获取权及建立善治政府是解决西班牙腐败的当务之急。菲奥娜·O.亚普（Fiona O. Yap）在《公民对政府腐败的反应：来自澳大利亚、新加坡和美国的实证研究》中以澳大利亚、新加坡和美国为样本，用实验的方法分析了跨政治体制、跨文化的公民在应对腐败时采取集体行动的条件，作者认为其研究结果对国内和国际政策制定、政策改革及政治和社会稳定具有一定影响。罗伯特·格雷戈里（Robert Gregory）在《评估新西兰良治与腐败：科学测量、政治话语和历史叙事》中认为良好的政府管理，包括低水平的腐败，需要随时间的推移，根据国家自身的标准进行评估，并以历史理解为依据；WGI、CPI等国际排名和指标有其用途，但不应被具体化，不应被允许以政治话语和历史叙述的形式主导或取代有效的社会批评。乔恩·S.T.奎（Jon S. T. Quah）在《在新加坡打击腐败：我们可以学到什么》中描述了新加坡反腐战略的特点，总结了反腐败的经验和教训。舒尔茨·甘瑟.G（Schulze. Günther G）和扎哈罗夫·尼基塔（Zakharov. Nikita）在《俄罗斯的腐败：历史遗产和系统性》中认为俄罗斯的腐败是系统性腐败,该研究分析了当代俄罗斯腐败的地理分布,调查了俄罗斯腐败的原因、后果,并讨论了打击腐败的切入点。S. 斯潘达纳(S. Spandana)在《从实践角度看印度的反腐败努力》中认为印度的腐败是官僚、政客和罪犯之间串通的结果,腐败已经遍布印度社会,人们已经司空见惯,打击腐败应该从人民的角度来思考,从现实出发开展反腐倡廉。大卫·塞布杜(David Sebudubudu)在《南部非洲反腐败:博茨瓦纳、南非和纳米比亚反腐败机构考察》中考察了博茨瓦纳、南非和纳米比亚反腐败机构的工作,分析了这些机构在调查和起诉高层腐败过程中令人失望的政治经济原因。斯蒂芬·D. 莫里斯(Stephen D. Morris)在《墨西哥的腐败、法治和民主化:概念与限界》中从概念层面重新审视了腐败、法治与民主的关系,并以此为基础分析了墨西哥和美国的腐败。阿布德·拉赫曼·阿塞加夫(Abd. Rachman Assegaf)在《印度尼西亚和新加坡反腐败政策分析与教育策略》中从反腐政策、制度、机构及反腐教育等层面分析了印尼和新加坡反腐败的实际做法;新加坡执行 PCA(the Prevention of Corruption Act)、设立 CPIB(Corrupt Practices Investigation Bureau)、提高公务员工资及将反腐败的道德价值观内化,对印度尼西亚预防和根除腐败具有借鉴意义。谢拉兹·艾哈迈德·乔杜里(Sheraz Ahmad Choudhary)在《巴基斯坦的腐败、经济增长和收入不平等之间的动态联系:对腐败说"不"》中利用巴基斯坦 1992 年至 2016 年的数据,分析了腐败、经济增长和收入不平等的联系,认为大规模的腐败破坏了巴基斯坦的经济愿景和战略目标,影响了巴基斯坦的政治稳定和良政改革。安娜贝尔·B. 罗塞尔(Annabelle B. Rosell)在《菲律宾预防腐败战略:将道德规范纳入绩效考核体系》中认为菲律宾的腐败根深蒂固,为预防腐败,菲律宾政府通过要求公务员强制遵守道德规范来预防腐败,这样可以使政府行政工作走出腐败泥淖。布鲁斯·海尔曼(Bruce Heilman)和劳雷安·恩杜巴罗(Laurean Ndumbaro)在《坦桑尼亚的腐败、政治和社会价值观:对姆卡帕政府反腐努力的评估》中追溯了坦桑尼亚政治腐败的演变过程,并对姆卡帕政府控制腐败的努力进行了评估。乔恩·S. T. 奎(Jon S. T. Quah)在《东南亚腐败的原因和后果:印度尼西亚、菲律宾和泰国的比较分析》中认为工资过低以及发现、惩罚腐败犯罪的可能性低导致了菲律宾和印度尼西亚的腐败；由于泰国国家反腐败委员会的努力，腐败对泰国的影响较之菲律宾和印尼较轻；如果印尼和菲律宾的政治领导人表现出遏制腐败的决心，两国反腐败战略将会取得更大成效。迈克尔·塞贡（Michael Segon）和克里斯·布思（Chris Booth）在《从管理视角透视越南的贿赂和腐败》中分析了越南的腐败和官僚主义。在经济转型期，腐败更易频发；越南政府为遏制腐败所做的努力取得了一定成效，但在制度建设上仍存在问题。

除论文外，国外学界对本国腐败问题及中国的研究专著对本课题也提供了极大的帮助，成果主要有：迈克尔·约翰斯顿（Michael Johnston）的《腐败症候群：财富、权力和民主》，作者把中国的腐败归结为官僚权贵型腐败，并认为权力下放在国家与市场间创造了不受惩罚的赚钱机会，中国所处的困境在很大程度上是政治性的，但其反腐败与深度民主之间的正相关理论也受到了质疑。苏珊·罗斯·阿克曼（Susan Rose Ackerman）在《腐败与政府》中分析了受贿行为的多种表现形式，在资本主义私有化和契约体系的情境下，腐败在每一个国家有着不同的特点；政治腐败是各国面临的严重的社会危机，打击腐败，必须从政府自身入手，当然制度建设、社会诚信也会起到一定的辅助作用；罗丝·阿克曼强调用机构改革推动反腐进程的结论经受住了时间的检验。哈布里耶娃（хабриева）在《腐败：性质、表现与应对》一书中分析了俄罗斯腐败产生的原因和表现，描述了消除腐败现象的国际法标准、国内立法、组织法措施及其他措施的特点。博·罗斯坦（Bo. Rothstein）在《政府质量：执政能力与腐败、社会信任和不平等》一书中，探讨了政府质量与民主建设、经济发展、腐败、社会信任、贫富差距、社会幸福感等方面的内在联系；作者指出政府如何行使公共权力比如何获得公共权力更重要。

纵观国内和国外学术成果，选取多个国家，全面分析和比较官员财产申报制度的设立、构成、价值及实践的研究，目前尚未引起足够重视。已有研究多集中于一国或少数几个国家的腐败问题，或是反腐败中的法制建设和经验总结。上述研究或为本课题提供了资料，或提供了研究思路、研究方法和理论思考。本课题将结合上述成果,选取美国、加拿大、德国、法国、英国、意大利、西班牙、澳大利亚、新西兰、日本、新加坡这些发达国家;俄罗斯、巴西、印度、南非、韩国、墨西哥、印度尼西亚、土耳其这些新兴经济体国家;以及巴基斯坦、菲律宾、马来西亚、哈萨克斯坦、泰国、乌克兰、乌拉圭、爱沙尼亚、肯尼亚、坦桑尼亚、越南这些发展中国家作为样本,分析上述国家财产申报制度确立的理论基础、制度构成、确立条件、制度实施等理论和现实问题,期望能弥补已有研究的空白和不足。

三、选题的价值、研究方法及学术创新

党的十九大报告强调:人民群众最痛恨腐败现象,腐败是我们党面临的最大威胁。只有以反腐败永远在路上的坚韧和执着,深化标本兼治,保证干部清正、政府清廉、政治清明,才能跳出历史周期率,保证党和国家长治久安。确保"干部清正、政府清廉、政治清明",可以从道德、伦理、法律、制度等多层面入手。从国际经验看,财产申报制度对于建设透明政府,保持政府廉洁至关重要。财产申报制度既深入到行政伦理、从政道德等精神层面,又涉及防止利益冲突和预防腐败等现实问题,因此,世界上诸多国家都构建并实施了这一制度。

(一)选题价值

中国当前实行的《领导干部报告个人有关事项的规定》和《领导干部个人有关事项报告查核结果处理办法》也涉及财产申报,但财产申报的法律化和制度化在我国仍处于有路线图无时间表的状态。无论是为建设透明政府,预防和惩治腐败,还是履行《联合国反腐败公约》的义务,我国都应该完善官员财产申报制度。财产申报可直接表明党中央同腐败作斗争的决心,也可加强政府公信;财产申报可从程序上和实体上规范权力运行,避免因公权私用而出现利益冲突;财产申报可以预防和发现官员利用职权谋取不正当经济利益,鼓励官员廉洁从政,实现良性治理。

课题以"中外官员财产申报制度比较"作为研究对象,通过分析样本国家财产申报制度静态设计和动态施行的利弊得失,为完善我国财产申报制度

11

提供依据。通过对全球典型的财产申报制度进行比较分析，并在充分考虑国际实践、国内利益分配、现有法律、民情民意及相关技术措施基础上，推进中国官员财产申报制度的理论突破，提出制度建设框架是本研究的最终目的。

（二）研究方法

研究方法是进行科学研究的手段和工具，针对不同学科、不同研究对象、不同研究过程，研究方法会随时调整，而且社会科学研究方法本身在复杂的社会现象中相互影响、相互结合、相互转化，也很难固定。无论是进行自然科学研究还是社会科学研究，研究方法都至关重要。研究方法制约着研究者的观察视野，规定着研究者的思维活动，影响着研究者对研究对象把握的深度和广度，最终决定研究者认识问题、分析问题、解决问题的程度和方向。因此，对研究方法的分析和选择可以帮助我们更好地进行学术研究。

1. 比较研究法

本研究将选取30个国家的财产申报制度，对申报主体、申报方式、申报管理、申报责任、申报实践等要素和问题进行比较，从而检验现有制度本身的相似性、差异性及实施效果，在比较基础上，以期改进该项制度，并为确立适合中国国情和符合"新时代"发展的财产申报制度提供借鉴。

2. 网络及文献调查法

本研究利用互联网及有关国内外数据库的数据源对样本国家的财产申报制度及预防和惩治腐败资料进行调查和分析，并将查找结果按照相关性和准确性的原则进行筛选。课题组运用已经筛选出的资料对样本国家的财产申报制度及其在预防和遏制腐败中的作用、缺陷进行比较分析。

3. 问卷调研

针对样本国家财产申报制度比较分析的结果，并根据课题研究的需要，为构建适合中国国情和符合"新时代"发展的官员财产申报制度，课题组将采用问卷调研的方法，分析国内主要阶层对财产申报制度的了解、认同情况，及对构建财产申报制度的意见和建议。在此基础上，课题组将综合考量国外制度设计，并结合我国现有制度，提出完善和创新财产申报制度的建议，并设计财产申报制度框架。

（三）学术创新

创新是学术研究的生命，《中外官员财产申报制度比较研究》在结题过程中，涉及如下创新之处：

（1）对 30 国的具体制度进行归类介绍，起到制度梳理的作用。

（2）确立标准，对样本国家财产申报制度进行比较分析，起到制度解构的作用。

（3）进行比较研究，分析样本国家财产申报与预防腐败和规范权力运行的关系，起到制度自检的作用。

（4）借鉴海外经验，结合中国国情，设计我国财产申报制度框架，起到制度创新的作用。

第一章

财产申报制度的理论基础

财产申报制度产生于廉政建设及预防和惩治腐败的实践之中,同时与公务员行政伦理及行政诚信息息相关。财产申报制度的雏形出现在18世纪的瑞典,此后诸多国家在不断完善公务员制度,国家预防和惩治腐败制度的进程中,都根据本国的实际情况,相继确立了这一制度。任何制度的设立,都需要一定的理论支撑。从宏观的角度看,各国的财产申报制度中的政府治理、公共利益、民主监督、行政伦理、利益冲突等理论,均不同程度地,或是直接或是间接地促成了这一制度的确立,上述理论共同构筑了财产申报制度的理论基础。

第一节 设立财产申报制度的间接理论

在政治制度体系中,与政党制度、选举制度、民主制度等宏大的制度框架相比,财产申报制度属于微观层次的一种制度设计,但这一制度却涉及面广,需要一系列的政治、经济、社会和管理条件,而且实行起来又极其复杂。由于这一制度涉及面广,因此其构建的理论基础也牵涉到多个层次、多个角度。在这些理论中,有的对这一制度的构建产生了直接影响,有的产生的影响则是间接的。

一、政府治理的伦理性

治理不同于统治。美国学者詹姆斯·N. 罗西瑙（James N. Rosenau）认为：如果从目的性、目标导向及规则体系的角度考察，治理与统治具有极大的共性。但政府统治更多地意味着强制，它由正式权力主导并由警察等暴力体系支持，以此维持其权力并保证其政策得到执行。治理更多地意味着目标的实现，目标的实现并不一定依赖正式的规则或是强制的、划一的行动后果，或是统一的权力来源。治理不以服从为前提，治理需要符合法律和规则。与统治相比，治理的内涵更丰富，它既需要政府机制和行为，也需要非政府机制和行为。理想的治理既可以达到组织预设的目标，也可以在组织目标实现的同时，满足个体愿望。① 治理是多主体参与的借助各种机制实现的以目标为导向的一种利益满足模式。在这一模式中，主体呈现出多元化态势，但政府仍然是最主要的主体。政府是推进国家治理体系和治理能力现代化的强大力量，政府治理也是推进国家治理体系和治理能力现代化的重中之重。

政府治理是指政府作为治理主体，对社会公共事务的治理，对自身的管理、约束以及对市场的调控和管制，政府治理是上述三类行为的统一，但应以政府对自身的管理、约束作为政府治理的前提。不受约束的政府、自身不受控制的政府是无法为社会和市场提供现代治理环境的。政府对自身的管理和约束同样依赖制度，良好的制度是良好政府的基本品格。十九大报告提出：坚决破除一切不合时宜的思想观念和体制机制弊端，突破利益固化的樊篱，吸收人类文明有益成果，构建系统完备、科学规范、运行有效的制度体系。强调的就是政府对于自身的治理活动。关于政府治理，作为与构建财产申报制度相关的政府治理理论，主要涉及政府治理的伦理问题，学界从多个视角进行了分析。伦理原则与伦理规范、伦理精神与价值追求是政府治理理

---

① 詹姆斯·N. 罗西瑙. 没有政府的治理 [M]. 张胜军, 译. 南昌：江西人民出版社, 2001：4–5.

念的内在要求，而治理理念制约着具体的治理方式与治理工具的选择。政府治理的内在伦理要求包含治理目标的伦理价值、治理主体的伦理素养以及治理工具的伦理倾向。

治理目标的伦理价值。政府对于自身、对于市场及对于社会实施的公共管理活动都有一定的目标，无论是远期目标还是现实目标都涉及目标的伦理价值。"和谐社会"建设，"人民对美好生活的向往"等远期目标有伦理的因素存在，都有"可能"与"应该"的道德思考。具体政治制度和行政管理行为也都存在伦理因素，制度的公正合理、行为的效率与成本，无一不有"道德"和"伦理"的影子。治理目标的伦理价值是治理的内在要求，这种内在要求可以内化为精神和原则作为行动的指导，也可以外化为行为本身，即行为本身的伦理性和道德性，具体制度和行为的人文情怀、怜悯、正义、文明、不歧视、公正、廉洁等都是伦理道德目标的实际反映。

治理主体的伦理素养。治理的主体是人，现代治理不但突出人的技术因素，更强调人的伦理道德因素。政府治理的主体主要是公务员，自现代公务员制度在英国正式诞生起，伦理和道德要求便逐渐强化。各国的公务员制度在不断完善录用、使用、调配、责任、考核等管理层面的要素外，都在通过制度、教育、鼓励甚至是惩戒等方式加强公务员的社会责任感、职业操守、道德情操、公共精神、公共利益、廉洁自律等道德和伦理素养的培育。各国也逐渐意识到只有不断提高治理主体的伦理素养，政府治理的目标才能在公益和伦理的轨道上实现。

治理工具的伦理倾向。政府治理工具理论最早于20世纪50年代由美国学者罗伯特·达尔（Robert Alan Dahl）和查尔斯·林德布鲁姆（C. E. Lindblom）提出，经70至80年代的发展，到90年代基本成熟。政府治理采用的治理工具主要有组织工具、管制工具、经济工具、沟通工具、程序工具。针对不同的公共问题和公共产品，治理主体既可以采用传统的治理工具，如行政手段、管制手段；也可以采用新型的治理工具，如契约式工具。但无论采取何种工具，必须要符合标准。英国学者克里斯托夫·胡德（Christopher Hood）认为标准有四项，即理性选择、分类选择、伦理选择、经济选择。美国学者莱斯特·萨拉蒙（Leaster M. Salamon）提出五项标准，即效能、效率、公平、可行性和合法性。① 由于具体公共事务和公共产品特性不同，治理工具的优势、局限和适用环境不同，究竟采用何种标准、使用哪类具体工具，必须"因地制宜"。但无论选取何种治理工具，伦理标准都是必须考量的要素。在具体的治理过程中，符合法治、道德、公平、正义的手段必须内化在效率、可行和效能等现实的治理指标之中。

良好的政府治理往往建立在一套相当抽象但有价值的原则之上，如可靠性、透明度、公正和诚实。这些原则包含了关于构成良治中"善"的规范性假设。因此，行政改革常常关注将一般原则转化为公共政策或支撑这些政策的制度可行性方面。在这方面，"伦理"不仅指塑造个人和群体行为的标准和原则，而且指允许这些原则转化为实践的制度规则。②

为达上述要求，政府治理必须遵循服务、诚信、民主、廉洁和责任等一系列伦理原则。相对应的就是政府要把自己定位并建设成服务型政府、诚信型政府、法治型政府、廉洁性政府和责任型政府。财产申报制度无疑会起到这样的作用或是辅助其他制度共同完成这一艰巨的任务。

二、公共利益优先论

保护公共利益是人类生活延续的前提。目前，公共利益保护已深刻广泛地体现在各国法律和公共政策之中。在实践层次，公共利益也是公共机构行使职权、司法机关作出判决的依据和理由。

从公共行政角度看，每一个社会都存在"为理性所一致同意"的行为准则，这些准则"为个人所接受并被视为不仅对其自身，而且对其他人都有约

---

① 黎智洪. 大数据背景下地方政府治理工具创新与选择 [J]. 湖南大学学报（社会科学版），2018, 32 (5): 143-149.
② CINI M. Good Governance and Institutional Change: Administrative Ethics Reform in the European Commission [J]. Journal of Contemporary European Research, 2016, 12 (1): 441-454.

束力"①。有学者指出,公共利益是"凝结着无数个自我的共同偏好的价值追求",是一种社会化的理性,这种"社会化的理性,不仅使我们能够洞察到我们基于共同的社会背景和人类的类本质而共同珍视某些重要的价值,而且使我们明智地看到这些对于个人来说至关重要的价值目标,单靠个人的努力是无法实现的"。此外,"理性的能力还赋予我们在自身之外设计自己的能力,为了有效实现自己的要求、做出让步而适应他人的要求和社会的要求,正是这种妥协与互惠的能力使共同体的一致观点与态度能最终形成,使凝结这种一致性的公共利益的存在成为可能"②。从政府的性质看,政府应该为实现公共利益而存在,公共政策的制定必须服务和增进公共利益,这是对政府行为最基本的约束。同时,作为政府也必须承担起这样的责任,由此可知,政府的目标只能是公共利益,那么政府官员和公务员则必须作为公共利益和公共秩序的代表者,而不是私人利益的代表者。尽管对公共利益保护的优先原则有标准、范围、方法、程序、处理准则等方面的限制,但无论如何,作为公共利益代表的官员和公务员,都不得以个人利益为借口,滥用公共权力。

在公共利益与个人权利(力)的对立中,公共利益对个人权利(力)的限制居于矛盾的主要方面,处于优先地位,"在特定的时间和环境下,每项权利(力)实际上都可能让步于公共利益"③,以公共利益限制个人权利(力)是各国宪法的通例,公共利益与法律分别构成了限制个人权利(力)的实质要件和形式要件。

官员个人利益与公共利益在财产申报方面的冲突表现在:官员个人隐私权和公众知情权的对抗与较量,即官员以"私有财产不可侵犯"的宪法原则来对抗公众知情权。官员的隐私权应该得到保护,但官员作为公共利益的代

---

① [英] 詹宁斯. 法与宪法 [M]. 龚祥瑞,译. 北京:生活·读书·新知三联书店,1997:233.
② 丁延龄. 论社会公共利益概念的法律界定 [J]. 江苏省社会主义学院学报,2005 (3):29-32.
③ [美] 路易斯·亨金. 宪政·民主·对外事务 [M]. 邓正来,译. 北京:生活·读书·新知三联书店,1996:142.

表者和公共事务的主持者或执行者,他们掌握了普通人无法企及的权力,因而在信息不对称的前提下,他们便有了攫取更多利益的可能性。在一定条件下,这种可能便会转化为现实,从而损害公共利益。在上述两种权利的冲突中,各国都采取了公共利益优先的原则,即当公众对官员的个人情况主张知情权时,官员不能以隐私权相对抗。恩格斯认为:政治生活领域的个人隐私应该是政治生活的一部分,同时也是公共生活的一部分。政治即解决公众之事。因此,在政治生活领域,个人隐私已经失去存在的基础和条件,"它应成为历史记载和新闻报道不可回避的内容"[①]。

三、民主监督

民主监督是监督体系中最为有效的监督形式。监督有法律的、行政的、党派的、道德的、技术的等多种形式。但其基本形式,一是内部监督和外部监督,二是横向监督和纵向监督。内部监督,是政府或其他权力部门内部的自我监督;外部监督,是外部的团体、党派及人民等力量对政府的异体监督。横向监督,是无隶属关系的政府机构、党派团体之间的监督;纵向监督,是政府部门之间及官员上下级之间的监督。政府外部的异体监督和自下而上的监督,毛泽东主席称为群众监督,马克思认为是民主监督。

"一切有权力的人都容易滥用权力,这是万古不易的一条经验。有权力的人们使用权力一直到遇到界限的地方才休止"。所以"从事物的性质来说,要防止滥用权力,就必须以权力约束权力"[②]。监督就是权力制约的主要方式,监督也是一种权力,对于政府和政治体制而言,是一种必须设置的权力。监督体系反映了社会对国家权力进行限制的强烈愿望。

民主监督就是人民监督,是人民群众和团体依法对政府及其工作人员行权用权的监督。马克思和恩格斯在总结巴黎公社政权建设的经验时指出:群众意欲当家作主,就必须掌握监督权,这是保证人民当家作主的诸多权力中

---

① 王利民. 人格权法 [M]. 北京:法律出版社,1997:151.
② [法]孟德斯鸠. 论法的精神(上册)[M]. 张雁深,译. 北京:商务印书馆,1961:154.

至关重要的一个。马克思说:"以前总有一种错觉,以为行政和政治管理是神秘的事情,是高不可攀的职务,只能委托给一个受过训练的特殊阶层,现在这种错觉已消除。彻底废除了国家等级制,以随时可以罢免的勤务员来代替骑在人民头上作威作福的老爷们,以真正的负责制代替虚伪的负责制,因为这些勤务员经常是在公众监督之下进行工作的。"① 列宁认为群众监督是反对官僚主义的最有效手段,"我们应该有多种多样的、自下而上的监督形式和方法来杜绝毒害苏维埃政权的一切可能性"②。斯大林上台后,出于集权的需要,对列宁创造的监督制度加以改造,抽掉了监督制度的实质内容,使列宁创立的监督制度变成了形式主义的东西。在一定程度上,斯大林的个人专断就是从破坏法制,特别是修正列宁建立的对党的最高领导机关的监督制度开始的。中国共产党在民主法治建设中,深刻的反思了斯大林的错误,以毛泽东为代表的中国共产党第一代中央领导集体,在领导社会主义革命和建设的实践中成功地找到了适合中国国情的监督途径;以邓小平同志为主要代表的中国共产党人继承和发展了人民监督思想,使其成为邓小平理论的重要组成部分;以江泽民同志为主要代表的中国共产党人将人民监督思想融进"三个代表"思想中。以习近平同志为核心的党中央则对权力监督和监督体系进行了适合"新时代"特点的设计和改革。

民主监督是马克思主义政治理论的重要内容,是遏制腐败的重要措施,是公共权力健康运行的基础。2000年以来,中国不断加大反腐败的力度,尤其在党的十八大后,采取高压反腐,取得了极大成效,"反腐败斗争压倒性态势已经形成",但"反腐败斗争形势依然严峻复杂"。因此,要遏制腐败,就必须坚持民主监督。

人民群众监督是国家监督制度的基础,是人民当家作主、管理国家和社会事务的重要形式,是宪法确认的一切权力属于人民的体现。宪法规定:中

---

① 中共中央马克思恩格斯列宁斯大林著作编译局. 马克思恩格斯选集(第2卷)[M]. 北京:人民出版社,1995:414.
② 中共中央马克思恩格斯列宁斯大林著作编译局. 列宁选集(第3卷)[M]. 北京:人民出版社,1995:506-507.

华人民共和国公民对国家机关、国家机关工作人员有批评建议权；对国家机关和国家机关工作人员的违法失职行为，有申诉、控告或检举权。国家机关及国家机关工作人员要密切联系群众，倾听人民的意见和建议，接受人民监督，为人民服务。

人民监督对于权力运行是必要的，但监督不能以牺牲社会诚信为代价，如果监督的结果是丧失了至为宝贵的民族品格，那么制度设计就应该进行必要的调整。中国共产党一直关注并积极推进人民监督体系建设。十九大报告指出：增强党自我净化能力，根本靠强化党的自我监督和群众监督。要加强对权力运行的制约和监督，让人民监督权力，让权力在阳光下运行，把权力关进制度的笼子。强化自上而下的组织监督，改进自下而上的民主监督，发挥同级相互监督作用，加强对党员领导干部的日常管理监督……构建党统一指挥、全面覆盖、权威高效的监督体系，把党内监督同国家机关监督、民主监督、司法监督、群众监督、舆论监督贯通起来，增强监督合力。

财产申报是从制度层面加强民主监督理论建设做出的重要努力，建立官员财产申报制度也是民主监督理论在反腐败领域的必然要求。通过财产申报，监督主体对官员的财产现状以及财产变化一目了然，在阳光之下，官员可以安心地享有合法财产，又使一切"灰色""黑色"收入无处遁形。

第二节 设立财产申报制度的直接理论

政府治理的伦理性、公共利益优先和民主监督理论间接或是内在地要求设立官员财产申报制度，那么权力制约理论、行政伦理理论以及利益冲突理论则直接促成了财产申报制度的确立。这些理论要求官员不能利用人民和社会赋予的公权力或明或暗地为自己、家人或与自己有利害关系的人谋取私利，即公权力必须在服务社会利益、追求公共利益的轨道上运行，不能异化，更不能脱轨。

一、权力制约

权力是政治学领域的重要范畴,"社会科学的基本概念是权力,它的含义与物理学的基本概念是能量相同"①。在古代,权的本意是秤锤,权,称也(《论语·尧曰》集解);锤,谓之权(《广雅·释器》);权者,铢两斤钧石也(《汉书·律历志》),引申为权衡。力,力气,力量。因此"权力"的字面意为"权衡之力"、权位、势力。在政治学研究中,权力尚无统一界定。主要观点有四类:一是"力量说",认为权力是一种公共强制力量;二是"关系说",即把权力看成是一种社会关系;三是"控制说",即把权力看成是在个人或团体的双方或多方之间发生利益冲突或价值冲突的形势下,执行强制性的控制;四是"能力说",即把权力看成是一种控制或支配的能力。权力主要指国家权力,具有阶级性,以国家强制力为后盾,其本质是利益关系。权力是统治阶级获取利益的一种工具。按照马克思主义的观点,国家本身也是一种权力,它是社会发展到一定阶段,各阶级为不使自己和社会被消灭,使社会保持在秩序范围内,而从社会中产生并凌驾于社会之上的一种力量。② 在现代国家理论中,国家权力来源于人民。在社会主义社会,人民是权力的唯一本源。

权力制约即对权力的约束、束缚、限制、控制甚至是制止和剥夺。约束权力的思想和实践古已有之。古希腊罗马时期的亚里士多德(Aristotle)、马尔库斯·图利斯·西塞罗(Maraus Tullius Giero)、伊壁鸠鲁(Epicurus)等人都赞同对王权、行政权甚至是行使监督权力的监察部门进行限制。近代的约翰·洛克(John Locke)、查理-路易·孟德斯鸠(Charles-Louis de Secondat)和托马斯·潘恩(Thomas Paine)都强调权力的分立、制约,赞成对政府活动进行宪法限制。我国古代亦形成了对权力进行监督的制度体系,甚

---

① [英]伯特兰·罗素. 权力论:一个新的社会分析 [M]. 靳建国,译. 北京:东方出版社,1988:4.
② 中共中央马克思恩格斯列宁斯大林著作编译局. 马克思恩格斯选集(第4卷)[M]. 北京:人民出版社,1995:170.

至是至上的皇权也要受到限制。在具体行政中，官员选拔、任用、考课、奖惩、监察都形成了对权力运行的限制，有些朝代甚至不惜以"暗访"的方式来限制官员对权力的滥用。在古籍中，权力制约的思想亦多有记载，且代代相承。无论是先秦儒家的礼治，法家的权术、威势，道家的无为而小治，还是明清的"非法之法"等都有制约权力的内涵。

从公权力的特性看，也必须对权力进行制约。公权力作为一种强制性的社会支配力量，具有目的性、整合性和层次性等一般特征。除一般特征外，权力还具有强制性、扩张性、侵犯性、交换性和腐蚀性。为避免权力的负面特性侵蚀社会，就必须对权力进行限制和约束。财产申报作为一项具体的制度，从内容和实践看，形成了对行政、立法、司法、监察、军事等领域官员在财产方面的限制和约束，对权力运行起到了保驾护航的作用，有利于官员在道德和伦理的范围内公正用权、合法行权。

二、行政伦理

在行政学研究中，行政伦理一直为学界关注。按美国行政学家 H. 乔治·弗雷德里克森（H. George Frederickson）的理解：伦理是一个哲学、价值和道德准则的世界，而行政属于决策和行动的世界。伦理寻求对与错，而行政则必须完成工作。伦理是抽象的，而行政实践是具体的。秩序、效率、经济等行政理念有助于界定伦理，对与错等伦理理念亦有助于界定行政。伦理与行政之间并非是毫不相干的异质之物。"当对错问题由国家来回答，由公共行政来执行时，伦理问题就不是单纯抽象的或哲学的，而是权力的权威运用，是一种实践活动。在这样的背景下，伦理问题便至关重要。公共行政伦理涉及个人遵守法律、诚实、遵守职业道德、遵守宪法原则和政权价值观等价值观念。"①

欲了解行政伦理，必须明确行政伦理的价值知识、标准知识、背景知识

---

① COOPER T L. Handbook of Administrative Ethics [M]. New York：Marcel Dekker Inc，2000：38.

和行为知识。"价值是作为手段或目的本身所需要的对象或品质，如生命、正义、平等、诚实、效率和自由。价值可以是个体的、群体的、社区的、冲突的、层次的，或者是矛盾或模糊的对象。价值是信念、观点或态度"。标准和规范是"对群体成员具有约束力的行为原则，用于指导、控制或规范适当的、可接受的行为"。标准和规范是对群体、组织、社区或政府价值的整理。道德标准和行为总是在特定的情境中，"情境是行为的决定因素"。情境可通过案例研究、历史、叙事和民族志获取。伦理更多的是关于价值、标准和环境的问题，而很少关心行政行为。"行政行为是研究伦理的真正原因，但它也是伦理中最难研究、最难衡量、最难解释的部分。"① 由此可以看出，行政伦理的最终落脚点是行政行为。而按照弗雷德里克森的理解，行政伦理的逻辑起点是行政责任。

公共行政人员的道德规范始于责任，并以责任为基础。"责任意味着必须毫无疑问地采取有限范围的行动"，如"我的责任是……"。伦理意味着更广泛的预期行为和对应该做什么的反思，责任包含"个人的业务、职业或职能所要求的行为"，也是"道德或法律义务所要求的行为"。因此，责任意味着义务和满足外界强加给个人的期望。在这一观点中，最重要的责任是服从权威的命令。因此，责任作为一套内在的价值观是问责制的基础。公共官员的职责不仅是消极地进行决策，而且是积极地为其领域的公共政策制定目标，并在分担责任的人民中倡导这些目标。总之，他们有机会和责任去构想和追求公共利益。

作为行政伦理逻辑起点的责任不仅包括内部化的标准，而且包括采取行动的责任。作为一名公务员应该：服务公众；避免利益冲突或个人获益；促进公众利益；作为公共资源的管理者；对行动负责；向公众分享或披露信息；举报不法行为；为人诚实；显示完整；尊重每个人；行为的一致性；避免不当行为；遵守法律、政策或规章制度；公平行事；平等对待所有人；保

---

① COOPER T L. Handbook of Administrative Ethics [M]. New York: Marcel Dekker Inc, 2000: 53-55.

护机密信息；遵循黄金法则；不说谎。按照行政伦理理论，公共行政人员应该诚实、独立、有能力并致力于尽其所能，他们应该表现出正直、公平、平等、守法。公共管理人员应努力为大多数人实现最大利益。

三、利益冲突

利益冲突被应用于许多领域，本研究涉及的利益冲突，源于西方国家在反腐败过程中构筑的廉政概念。利益冲突的使用和研究流行于第二次世界大战后，许多国家和国际组织在廉政法规里都明确了利益冲突条款。美国规定：政府官员和政府雇员不得主动参与或是故意从事与自己有利益冲突的经济或社会事项，如果违反利益冲突，将被判处10000美元以下罚金，或单处、并处两年以下有期徒刑。加拿大等国家则制定了《利益冲突法》。在加拿大，利益冲突是指一个公职人员拥有一种私人或个人利益，这种利益能够影响他客观行使职责。公职人员在行使官方权力、职责或职能时有机会谋求更多私人利益或为亲属、朋友谋取私人利益，或有机会不当地为他人谋求更多私人利益。如发生上述情形，公职人员将处于利益冲突之中。①

利益冲突是公共行政腐败的主要表现形式。利益冲突的实质是公务员违背公共利益和个人利益之间的为社会可接受的平衡。大多数国家不按字面意思定义利益冲突，立法通常也没有对利益冲突做出明确界定。但一般而言，利益冲突在大多数国家已被纳入立法，主要是通过重点打击腐败来解决利益冲突。

利益冲突以特定的方式干扰公职人员的职业责任，因此必须避免明显的或潜在的利益冲突。明显的利益冲突是指某人认为雇员的判断可能会受到妥协；潜在的利益冲突意味着可能存在并发展成为利益冲突的局面。已有研究认为至少有七种类型的利益冲突：第一，个人利益：当一个人在政府工作时，他会利用自己的官方职位与自己的私人咨询公司签订合同；第二，收受利益：典型的是大量的贿赂和礼物；第三，交易影响：当一个员工，影响或让别人相信他已经影响上级或另一个人，接受金钱或其他利

---

① 加拿大利益冲突法［M］．王赞，译．北京：中国方正出版社，2016：4.

益，直接或间接为自己或另一个人，利用其影响力来支持别人的利益；第四，个人使用雇主的财产：这类似于在家里或私下盗用公共用品；第五，机密或秘密信息的使用：如当一个人为客户工作时，发现客户打算在该地区购买土地，并决定在客户之前很短时间内以妻子的名义购买该土地；第六，在同一领域工作：这类利益冲突的典型形式是一个人辞去公职，在同一领域开始另一份工作；第七，与工作并行进行的活动：如在与雇主直接竞争的情况下开办个人企业。

《联合国反腐败公约》有三个条款提到利益冲突。第七条第四款要求：缔约国应根据本国法律尽一切努力，增强政府透明度，防止利益冲突。第八条第五款要求：各缔约国应当考虑在《公约》精神和条款基础上，结合本国实际，采取措施和建立相应制度，避免公职人员从事与公职相关的可能发生利益冲突的活动和投资，并就职务外活动、任职、投资、资产及贵重馈赠或重大利益向有关机关申报。第十二条第二款第五项要求：缔约国采取措施或制定规则，防止公职人员在辞职或退休后在私营部门的任职与其在职时的公共管理工作存在利益冲突。

我国于2005年加入《联合国反腐败公约》，作为公约的成员国，我国有义务履行条约中未声明保留的条款，因此我国应该建立与国情相符合、与公约相协调的利益冲突制度。我国第一次使用与利益冲突相关的表述是中纪委在2000年5月发布的解释性文件：领导干部不能在自己管理的业务范围内从事与公共利益发生或可能发生利益冲突的领域或行业经商、办企业。2009年9月，十七届四中全会明确指出要建立、健全防止利益冲突制度。对利益冲突的界定，比较经典的表述是经济合作与发展组织（Organization for Economic Cooperation and Development 以下简称为：OECD）国家的定义，即利益冲突是公职人员的公共职责与其私人利益的冲突，公职人员的私人身份不恰当地影响了其履行官方义务及职责。国内学界对利益冲突的界定基本没有突破国外的研究框架，孔祥仁、过勇、庄德水等人都在研究中对利益冲突做过界定，尽管表述各有侧重，但基本是围绕公职人员的公共职责身份与个人私益之间的冲突展开。由上观之，利益冲突在中国已不是可有可无的概念，而是必须加以严格界定和深入研究的理论问题。本研究倾向于 OECD 的界定，结合国内研究及中国现实情况，概括为：财产申报中的利益冲突是指申报义务人因各种主观或客观因素造成的公共职责与私人利益之间的潜在或现实的，因而必须加以规制的抵触情境或行为。

第二章

财产申报主体

财产申报主体即财产申报义务人。通观样本国家反腐败制度、避免利益冲突制度、行政伦理规范、公务员从业纪律及财产申报制度，这些国家对具体进行财产申报的人员规定并不一致。目前形成全体公职人员申报、一定级别以上的公职人员申报、高级公职人员申报及特殊职业人员申报四种模式。

第一节 全体公职人员

全体公职人员申报，即所有履行公共职务的人员，无论有无行政级别，都要进行财产申报，但并不一定公开。样本国家中，德国、意大利、新加坡、俄罗斯、印度尼西亚、土耳其、菲律宾、哈萨克斯坦、乌克兰、乌拉圭及爱沙尼亚都属于此种模式。

一、德国及意大利财产申报主体

与其他国家相比，德国并无完整的财产申报制度，预防腐败的主要措施是对工资外收入的监控。据《联邦公务员法》、《公务员兼职法》、《德国议员法》、《德国联邦议院成员行为规范》及《实施细则》，德国全体公务员和议员对兼职收入和获得的捐赠进行申报并公示。

1982年7月，意大利通过第441号法律，为反腐败专门立法。当选议员、当选为地区和省政府的行政官员及当选大都市市政委员会成员，在当选后按照规定必须公布经济状况、参选费用、财产收入和所持股票。此外，上述人员担任的其他社会职务或职业也须在当选后公布。

以磨砺的锋刃向腐败宣战的第190号法律（2012年11月6日颁布），即《反腐败法》，规定的公共行政部门指：所有国家行政管理机关，具体包括：各类各级研究所、学校和教育机构，自主经营的国有企业和行政管理部门，大区、省、市（镇）、山区共同体，大区、省、市（镇）、山区共同体的大型企业和联合会，大学，独立的人民之家机构，商业、工业、手工业和农业协会及其联合会，国家、大区和地方非经济公共机构，国家医疗卫生行政管理机构、企业和实体，公共行政部门业务代理机构以及1999年7月30日第300号立法性命令列举的代理机构。①

二、新加坡、印度尼西亚财产申报主体

新加坡公务员每年必须对自己和配偶的全部财产和收入进行申报。公务员指《新加坡宪法》规定的固定常设公务员。

印度尼西亚1999年通过的第28号法令，即《关于国家官员廉洁自律、反对三股歪风法令》以及2002年通过的第30号法令，即《关于肃贪委员会法令》，要求下列官员必须进行财产申报：最高国家领导人；高级机关国家官员；各部部长；各省省长；各级法院法官；现有制度和法律框架下的国家官员；重要岗位官员，包括一级官员和文职、军队、警察系统其他官员；国立高等院校校长；中央和地方国有企业董事长、总经理和独立董事；印度尼西亚中央银行行长；稽查官；检察官；法庭书记员；项目工程负责领导和财务主管。

2004年印度尼西亚颁布第5号总统令《加快反贪法令》，2005年国家机构效能管理与官僚改革部发布第3号通知《国家官员财产申报规定》，两项文件扩大了财产申报主体，要求二级官员，在政府机关、国家单位上班的其他官员；海关官员；审计员；财政部各办公室主任；税务官员；核发准证官

---

① 意大利反腐败法［M］．黄风，译．北京：中国方正出版社，2013：46.

员；公共服务单位官员或负责人；制定法律或规章的官员。上述官员必须在规定时间向指定部门申报财产。

三、俄罗斯、哈萨克斯坦、乌克兰财产申报主体

《俄罗斯联邦反腐败法》要求所有政府官员必须进行财产申报，申报资料必须公开。财产申报主体包括三大类：一是在联邦政府担任领导职位的官员及其配偶和未成年子女；二是在联邦政府中担任国家公务职位的公务人员及其配偶和未成年子女；三是非营利性质的国有公司负责人及其配偶和未成年子女。根据2009年公布的总统令，军队、安全部门、检察院、法院、警察、选举机构的公职人员也要进行财产申报。

《俄罗斯联邦反腐败法》修订后，担任由俄罗斯联邦规范性法律文件列入目录的国家公务和地方自治公务职位的公民，以及已担任由俄罗斯联邦规范性法律文件列入目录的国家公务和地方自治公务职位的公务员，必须向任职所在机关提交自己收入、财产和财产性债务信息以及配偶和未成年子女收入、财产和财产性债务信息。随着反腐败斗争的不断推进，俄罗斯国家公职人员财产申报适用的范围不断扩大。目前，进行财产申报的不仅包括联邦国家机关、联邦主体国家机关和地方自治机关的公职人员，而且俄罗斯退休金基金会①、国家所有社会基金会的工作人员以及为国家利益成立的国有股份公司和国有公司的工作人员也要进行财产申报。

2012年12月，俄罗斯国家杜马通过法案开始对国家公职人员及其配偶和子女的海外资产进行约束。各级公务员、军人及其配偶和未成年子女禁止在境外的外国银行拥有或开设账户；禁止上述人员在国外拥有和购置不动产；禁止上述人员购买或持有外国公司有价证券。俄罗斯央行副行长、董事会成员和员工，退休基金、社保基金、联邦强制医保基金、国家集团以及依据联邦法律建立的其他组织领导人和工作人员及其配偶和未成年子女，也适

---

① 王圭宇. 俄罗斯公职人员财产申报制度评介 [N]. 中国社会科学报，2014 - 01 - 29（7）. 该篇文章中提到了该基金会。

用上述约束行为并按规定申报财产。

1998年7月,哈萨克斯坦通过了《哈萨克斯坦共和国反腐败法》,它对国家机关及公职人员设置了财务监督措施,即财产申报。措施规定:任何公民,如果成为国家职务候选人,或成为与履行国家职能及同类职能相关的职务候选人,必须申报财产。担任国家公职者,任职期间每年需向当地税务机关申报财产。各种国家职务和同类职务候选人、国家职务担任者的配偶,需按居住地向税务机关提交纳税收入并申报财产。担任国家要职者的收入额及其来源,按法定程序公布;被提名为国家职务候选人的公民,需公开收入。参与执行国家财产管理职能的自然人和法人,按政府规定的程序和期限,向行使国有财产所有者职能的国家机关,提交涉及国有财产的所有财物契约和金融活动清单。① 2015年10月《关于对自然人收入和财产申报法律法规进行修改和补充》的法案规定:哈萨克斯坦将在2020年实现全民收入和财产申报。它分两阶段进行:2017年将对议员、法官、公务员及其配偶、国企管理层和员工进行财产申报,2020年将对其余人群试行申报。②

2010年开始执行的《乌克兰预防和惩治腐败法》要求下列两类人员必须提供财产情况。第一类是被授权执行国家职能或地方自治机关职能的人员,包括:总统、最高议会主席和副主席、总理和其他阁员、安全委员会主席、总检察长、国家银行行长、审计署审计长、最高议会人权问题特别代表、克里米亚自治共和国最高议会主席、克里米亚自治共和国部长会议主席;人民代表、克里米亚自治共和国最高议会代表③;国家公务员;地方自治官员;武装力量和其他按军事编制法组成的军事机构官员;宪法法院法官、职业法官、人民陪审员;内务部门、税务警察、国家刑事执行部门、民事保护部门、国家专门通讯部门和信息保护部门的官员和工作人员;检察机关、外事部门、海关、国家税务部门的官员和工作人员;其他国家机关官员和工作人

---

① 于洪君. 哈萨克斯坦《反腐败法》[J]. 外国法译评,1999(1).
② 刘琰. 哈萨克斯坦议会通过对自然人收入和财产申报法进行修订[EB/OL]. 中华人民共和国商务部网站,2017-10-01.
③ 2014年3月克里米亚自治共和国并入俄罗斯.

员。第二类是被授权执行国家职能或地方自治职能的人员,包括:由国家预算或地方预算支付工资的公共法人机构官员;州、地、区选举委员会委员;由国家和地方财政部门资助的社会组织领导人;不是国家公务员、地方自治官员,但由国家预算和地方预算支付工资的乌克兰人民代表助理或顾问。

四、土耳其、爱沙尼亚财产申报主体

1995年,土耳其出台《财产申报与反贿赂腐败法》,规定下列人员要申报财产:通过选举进入领导岗位的国家公职人员,委任的部长委员会成员;公证人员;土耳其航空协会中央领导机构和中央监察委员会成员,在各协会组织总部、土耳其航空协会下属飞行学院管理层、土耳其红新月协会总部机构和管理层中任职人员,以及这些组织分支机构主席;在国家各部门、省级主管部门、直辖市及其所属机构或下属组织,国有经济企业及附属机构、附属公司和企业中工作人员;在基于特殊法律或专门立法而组建的公共服务机构及其下属机构和委员会中从事公共服务工作的职员;其他无工人性质的公务人员、领导和监察委员会成员;政党主席,基金会行政管理机构人员,合作社及工会主席、领导委员会成员或总经理,注册会计师,具有公共福利性质的协会领导和监察人员;报纸公司所有人,报纸公司领导和监察委员会成员,各部门负责人,社论作家和专栏作家。

爱沙尼亚于1999年1月通过《反腐败法》,它规定所有官员要申报经济利益。包括:议会成员;总统;政府成员;最高法院大法官和法官;爱沙尼亚银行董事会主席和董事会成员,爱沙尼亚银行行长;武装部队司令;总审计长;司法部部长;外交使团团长;国务秘书;县长;检察长和检察官;行政法院、县法院、城市法院和巡回法院法官;农村和城市委员会成员;农村和城市政府成员,以及市辖区中的元老;农村和城市辖区行政委员会成员;公证人员;警官;法警、监狱官员和监护官;武装部队司令官和其他官员,边防部队官员、救援服务官员;国防同盟官员,国防联盟司令、国防联盟总参谋和中央机构成员、国防联盟部门负责人及部门成员;国家参与的公司管理委员会和监管委员会成员;地方政府参与公司的管理委员会和监管委员会成员；公法中法人代表；参与公司的管理委员会和监管委员会成员；决定转让国家资产或者市政财产或者公法上其他法人财产机构成员。

五、菲律宾、乌拉圭财产申报主体

菲律宾财产申报制度确立较早。1960年《反贪行为法》要求所有公务人员每两年申报一次财产。1975年的677号总统令改为所有公务人员每年申报一次财产。1987年菲律宾宪法原则性规定了财产申报制度，要求正式或临时的所有政府官员和员工必须对资产、负债和净资产进行申报，军政高层的财产申报要公开。菲律宾1989年通过《政府官员、员工行为和道德标准法典》，要求官员必须在任职后30天内及之后每年4月底前、离职后30天内申报本人及配偶、共同居住的未满18岁未婚子女的资产、负债和净资产。菲律宾财产申报主体具体包括：总统、副总统、宪法法院院长、法官及办公室人员；参议员、众议员；最高法院、上诉法院、税务上诉法院、反贪法院法官；地方审判庭、大都市巡回审判庭、市审判庭和特别法庭法官；中央政府官员、国有合作社董事长及附属公司总经理、国立大学校长和学院院长、军队上校级以上军官；地方政府官员、内阁雇员、宪法法院办公室人员、地方国有企业官员、省长、副省长、市长、副市长、军队上校以下军官；其他公务人员和雇员。按照菲律宾1987年第1号行政令的规定，总统、副总统、内阁部长、议员、最高法院法官、宪法法院法官、武装部队将级军官应公开财产。

1998年乌拉圭公布了《反对滥用公共职权法》，要求公共部门领导和官员申报财产和收入，具体要求如下：共和国总统和副总统、内阁部长、最高法院、行政诉讼法院、审计法院和选举法院法官、全国参议员、众议员及省长应宣誓申报各项财产和收入。下述人员也必须申报财产：共和国总统府秘书长和副秘书长；国家副部长、检察官和国家总审计长、计划和预算办公室主任和副主任、国家民事服务办公室主任和副主任、国家行政诉讼法院总审计长；上诉法院成员、检察官、法官、书记官和法警；相当于国家各部总司长、国家各局局长和总督察官级别的官员；经济财政部下属税务总司的税务司长、财务技术司司长、后勤司司长、举报司司长；国家肉类产品协会领导成员及国家肉类产品局局长；广播、电视及演出总署领导成员；共和国大学各系主任及小学、中学和专业技校校务委员会成员；驻公共事业单位或有行政部门参与的私人机构巡察员；众议院、参议院秘书长、副秘书长及行政委员会秘书、副秘书、国会礼宾局局长、副局长；自治单位及分权部门的主任、总经理和副总经理及国有银行经理；现役陆、海、空军中将、少将及警长、副警长、探长，警官及警察局长；省政府成员及相应下属、在省政府机构内担任政治职务或受特殊信任的负责人、地方政府成员以及在地方政府任职但其职务未确定的公民；国家派驻半官方机构及合资企业代表；共和国驻外大使、公使及担任领事、代办职务的外交官；所有公共机构经理、采购部门负责人及财务主任；所有担任受特殊信任职务及具有监察性质职务的官员；国家海关总局所属的局务及关税总司、会计及审计总司、监察及资金运转总司、内务总司、税务委员会及服务部门总督察署所有官员。上述人员的配偶、姻亲及父系家族成员、监护人也要申报财产及收入。

第二节 一定级别以上的公职人员

一定级别以上的公职人员申报财产，是指达到一定行政级别（军队、警察、法院等的军衔、警衔）的各类公职人员才进行财产申报，普通和基层公务人员不进行申报。各国行政管理制度及公务员制度各有千秋，因此各国对"一定级别"的设定并不统一。样本国家中，财产申报主体属于此类的有美国、加拿大、日本、韩国、泰国、马来西亚、墨西哥、巴基斯坦、印度、越南。

一、美国、加拿大、墨西哥财产申报主体

美国预防和惩治腐败的制度主要载于1978年《美国政府道德法》、1989年《道德改革法》、《行政部门雇员道德行为准则》及《美国法典》第18编

第 11 章第 201、203、204、205、207、209、216 条。财产申报是美国反腐败制度的核心。据《美国政府道德法》和《道德改革法》，财产申报主体有：总统、副总统、薪俸达到或超过 GS-16（GS 工资序列是美国政府覆盖面最广、涉及人数最多的工资制度）或者是基本薪俸比率等于或高于 GS-16 的政府官员或政府雇员。工资等于或者高于 0 级~7 级的武装部队军官。邮政管理局局长、副局长、邮政管理委员会委员，基本工资比率等于或高于 GS-16 的邮政服务或邮资委员会成员或雇员。政府道德办公室主任及其派出机构的道德公务员；总统任命并受雇于总统执行办公室的文职雇员。国会成员，包括参议员、国会议员、国会代表、波多黎各驻地专员。在 60 个连续工作日内获得补偿比率等于或超过薪俸表 GS-16 基本薪俸年率的立法部门官员或雇员。联邦最高法院首席大法官、最高法院大法官、上诉法院、地区法院（包括运河区、关岛、维尔京群岛）、行政法院、联邦巡回上诉法院、国际贸易法院、税务法院、军事上诉法院法官；获得补偿比率等于或超过薪俸表 GS-16 基本薪俸年率的司法雇员。无官职但有意参加竞选的公民必须公开财产和收入。

美国各州亦有相应的财产申报制度，申报主体范围不同。如北卡罗来纳州要求通过选举的官员和任命的州政府官员必须申报财产，行政、立法、司法部门官员，立法会议员及员工，法官、大法官，地区检察官，法院书记员和公务员进行财产申报。州议事委员会、州董事会和州委员会有投票权的成员，州长、副州长及某些特定雇员、特定职位候选人要申报经济利益。①

加拿大《利益冲突法》于 2007 年 7 月正式实施，2011 年修订，修订后财产申报主体包括：内阁大臣、议会秘书、各部部长；每周平均工作 15 小时或 15 小时以上的各部职员；部长顾问；兼职行使官方职责及职能，领取年薪及福利的任命院督；全职行使官方职责的任命院督；部长指定的全职任命人员。副总督；参议院、众议院及国会图书馆官员和职员；出使团成员；法

---

① 王晖. 美国北卡罗来纳州财产收入申报制度简介 [J]. 中国监察, 2012 (4): 61-62.

官；军事法官；皇家骑警队官员（不包括警长）也进行财产申报。

《墨西哥公务员职责法》规定了公务员财产登记制度，下述成员有义务每年向监察部申报财产：国会成员，包括众议员、参议员，议院的局长及总会计、司库、国会办公厅主任；联邦政府成员，包括共和国总统、司局长等各级官员；半官方的公共机构成员，包括总负责人、总经理，副总负责人、副总经理，局长、经理、副局长，以及权力下放机构、国家占主要成分的企业，社、团、协会中同样级别的公务员；联邦区政府成员，包括区政府各级官员，区长、副区长和区政府局长；国家总检察院和联邦区总检察院成员，包括司局长、国家总检察长、联邦区总检察长、检察官和司法警察官；联邦审判机构成员，包括国家最高法院审判长，专业法庭审判官，分区法官，法院书记官及任何级别的法院书记员；联邦区审判机构成员，包括高级法院审判官，法官，书记官及任何级别书记员；行政和劳工法院成员，包括审判官，领导成员和书记；总监察部成员，包括所有重要岗位公务员，同时总监察部部长和国家总检察长及根据规定所确定的其他公务员，也必须申报财产。

二、日本、韩国财产申报主体

日本财产申报制度主要由两部分构成，一是公务员财产申报，二是国会议员财产申报。据《国家公务员伦理法》及《政治伦理确定国会议员资产公开法》，申报主体有：国会议员（众议员和参议员）；内阁总理大臣；国务大臣、副大臣；内阁官房副长官；内阁法制局长官；大臣政务官；总理大臣辅佐官；地方议员（都道府县议员、政令城市议员）；都道府县知事；政令城市市长；特别区区长。一般职国家公务员及一般职地方公务员也要申报财产，但不公开。

韩国财产申报制度在《大韩民国宪法》《国家公务员法》《地方公务员法》《公职人员伦理法》《〈公职人员伦理法〉实施令》《公职人员伦理法实施规则》《公职人员伦理宪章》《公共事务条例》《公务员服务规定》及《防止腐败法》中都有体现。申报主体包括一般主体和特殊主体。一般主体基本与美国财产申报主体一致,包括:总统、总理、国务委员、国会议员;地方政府和地方议会的各级首长和议员;四级以上担任一般职务的国家和地方公务员、报酬与四级以上公职人员相当的担任其他职务的公务员,四级以上外交公务员、国家安全企划部公务员;检察官和法官;上校以上军官,以及与上校军衔相当的军务员;教育公务员中的大学校长、副校长、学院院长、研究生院院长及专科大学院长,相当于大学的各类学校校长,首尔特别市、直辖市、各道教育总监、教育长及教育委员成员;警衔在总警以上的警察系统公务员;由政府提供经费机构的正、副首长、常任监事,韩国银行的总裁、副总裁及监事,农业合作组合中央会、水产业合作组合中央会、畜产业合作组合中央会的会长及常务监事;政府财政供养机构、政府捐助或补贴机构、团体以及接受委托执行政府业务的机构团体任员。

根据《地方企业法》建立的地方公团、地方公社和得到地方各级政府捐助、补贴的团体、机构及接受委托执行地方各级政府业务的机构、团体任员;需要得到中央行政机关首长、地方各级政府首长承认的或由中央行政机关首长、地方各级政府首长选任的机构、团体的任员也需申报财产。2013年后,韩国行政安全部计划扩大财产公开主体范围,中央和地方公务员中负责会计业务的5级~7级公务员必须公开财产。

三、泰国、马来西亚财产申报主体

泰国是世界范围内为数不多的将财产申报制度纳入宪法的国家之一。泰国财产申报主体包括:政府总理、各部部长;众议员、参议员;最高法院院长、副院长;最高行政法庭庭长、副庭长;宪法法庭庭长、法官;总检察长、副总检察长;军事法庭庭长;选举委员会委员、国会调查员、国家审计委员会委员;地方政府行政长官、地方议会议员;其他副部级以上政府和军警部门高官;各军种司令、各部次长、厅长、海关、税务、警长、董事长等政府高层公职人员和国营机构高管。上述官员本人及配偶、未成年子女均需申报财产。在泰国13个级别的官员中,9级以上官员需要申报财产,有四五千人之多。

在马来西亚，2016 年民联执政的雪兰莪州计划强制州议员申报财产。如果计划获得批准，地方政府中雪兰莪州将是第一个施行财产申报的州政府。按规定，雪兰莪州州务大臣与行政议员必须申报财产。马来西亚内阁成员要向首相申报财产，国会议员没有此项义务。2018 年 5 月，马来西亚副总理旺·阿兹莎（Wan Azizah Ismail）宣布，所有正副部长和国会议员必须公开财产，具体申报日期并未确定。国民阵线在以前执政时，曾要求正副部长和国会议员向总理申报财产，但申报材料需要保密。① 在未来几年，马来西亚财产申报和公示制度仍有很大变数。

四、印度、巴基斯坦财产申报主体

1961 年，印度颁布《个人所得税法》，要求所有公民缴纳所得税，这可视为财产公示最早规定。印度官员和公务员工资都被转存到银行账户，政府可以根据账户变化及缴税情况，判断和监控官员收入和资产变动。

1964 年《中央行政官员行为准则》规定：中央、各邦政府及其他公职人员必须向上级机关申报本人及配偶和子女的财产和债务，申报文件不公开。近十几年来，印度财产申报制度变化较大。2002 年，据新修订的《印度公民知情权法》，所有竞选议会议员与邦立法院成员的候选人均需申报本人、配偶及子嗣财产，但不对外公开。2004 年，印度通过了《联邦院成员财产申报条例》及《人民院成员财产申报条例》，要求新当选的人民院和联邦院议员及各邦立法院成员，在当选后 90 天内申报本人、配偶及子嗣财产。2009 年印度议会讨论了《法官申报财产与债务法令》，要求法官申报并公布财产，但未得到法官响应。2011 年，印度政府修订《部长行为准则》，要求部长向总理或首席部长申报本人及配偶、儿女或其他有血缘和姻缘以及完全依附关系的人的财产和债务。印度地方自治机构候选人、当选市政机构和村庄潘查

---

① 马来西亚部长与议员都须申报财产 [EB/OL]. 中华人民共和国驻马来西亚大使馆经济商务参赞处网站，2019 - 08 - 03.

亚特①的人员也要定期申报财产。

巴基斯坦是联邦制国家，联邦政府、省政府和地方政府构成了巴基斯坦主要行政系统。据分属系统不同，公务员分为全巴公务员、中央联邦政府公务员和地方政府公务员。巴基斯坦1964年通过《政府公职人员条例》，对公职人员接受礼品、奖品、借款、动产和不动产买卖、建房、经商、租赁、创办公司、铺张浪费、负债等问题加以规制。条例第13、14条涉及公职人员财产申报和登记问题。在巴基斯坦境内外，以文职身份从事与中央政府事务有关工作的，在位或正在休假的任何人，以及被省政府雇用期间受委托代表任何其他政府、机构、团体或机关的某"全巴公务系统"成员要进行财产申报。在巴基斯坦，中央联邦政府公务员及一部分全巴公务员也要申报财产。

五、越南财产申报主体

越南财产申报制度体现在《反腐败法》中。《反腐败法》于第十一届越南社会主义共和国第八次会议通过，2007—2012年修订四次，宗旨在于预防和惩治腐败。《反腐败法》要求财产、收入申报义务人，必须按法律规定做出财产、收入申报，必要时有关机构将对申报内容进行核实。据《反腐败法》，下列人员应申报财产：国会、人民议会代表的候选人；管理国家预算和资产或直接参与处理机关、组织、单位、个人事务的人员；社、坊、乡镇一些干部和公职人员；村县、市区、省会或市镇人民委员会副处级以上干部和机关、组织、单位中的同级干部。哪些具体人员需要进行申报，《反腐败法》要求中央政府做出详细规定。②

2007年中央政府第37号决定，要求下列11类人员申报财产：专职国会代表、专职议会代表、国会代表和议会代表候选人；县级副处以上干部和公

---

① 潘查亚特（Panchayat）是古代印度集决策、管理和司法功能于一体的乡村机构，意为"五人议事会"或"五人长老会"。潘查亚特表示印度乡村所有由年长者组成的委员会式管理组织。家庭、种姓、村社与潘查亚特交织在一起，使村社内部权力呈现出多重结构。潘查亚特还有司法功能，根据村社习惯法处理纠纷，实现解决纠纷、惩罚犯罪和维护社会关系。

② 越南反腐败法［M］．孙平，黄贵，译．北京：中国方正出版社，2013：24-30.

职人员或机关、组织、单位中享受副处级以上待遇人员；部队副团级以上指挥官和县级武装部副指挥长以上军官；公安部门副团级以上、区县级公安局副局长和大队副队长以上干部；国营医院和研究院的经理、副经理、院长、副院长、会计师、处长、副处长、科室主任、科室副主任和主治医师；国家财政拨款的报纸和杂志的总编辑、副总编辑、会计师、处长、副处长；国家下属各省、市、区小学和幼儿园园长、副园长和会计师，国家下属各初中、高中、中专、职业学校和培训中心校长、副校长和会计师，国家各所大学和高等院校校长、副校长、会计师、处长、副处长、系主任、副系主任和正教员（相当于副教授）；国家财政投资项目经理、副经理、会计师、处长、副处长、项目主任和副主任，官方发展援助资金项目经理、副经理、会计师；国有公司中的总经理、副总经理、经理、副经理、董事长、副董事长、董事、监事长、副监事长、监事、会计师、处长、副处长、项目主任、项目副主任及业务处长，受国家委派到国有企业担任上述职务者；党委书记和副书记，各级人民议会主席和副主席，各乡、坊、镇级人民委员会主席、副主席和委员，公安局局长，乡级武装部部长，土地和建设局干部，乡、坊和镇级财务和会计；国家调查员、检查员、审判员、法庭书记员、国家巡检员、监察员、执行员和公证员。经内务部和各部级单位领导商定并呈报总理批准，如下人员也在申报之列：在国家财政和资产管理部门的工作人员，在国家各级党政机关、政治—社会组织及国会办公室、人民议会办公室和国家主席办公室工作人员，由于他们直接接触并负责处理机关、组织、单位和个人事务，产生利益冲突机会较大，因此法律要求他们必须申报财产。根据2011年政府第68号决定，属于申报范围的机关、组织和单位包括：国家机关、政治组织、政治—社会组织、社会组织、社会—行业组织、人民武装单位、事业单位、国有企业及其他使用国家财政的机关、组织和单位。

2012年修订后的《越南社会主义共和国反贪污腐败法》[①] 规定以下人员

[①] 米良. 越南反腐败法简述——附：《越南社会主义共和国反贪污腐败法》[J]. 环球法律评论, 2013, 35 (2): 156–176.

须申报财产：国会代表、地方人民议会代表的候选人。乡、坊、镇的部分干部、非公务员；从事国家财政、财产管理工作和直接接触或办理机关、组织、单位和个人公务的人员。县、郡、县级市、省辖市的人民委员会和级别相当的机关、组织和单位的副处长以上的干部。上述有财产申报义务的人员必须申报本人、配偶所有及未成年子女的财产及其变动。越南财产申报主体范围在进一步扩大，正在从有一定级别的公务人员向全体公职人员过渡。

第三节　高级公职人员

高级公职人员主要是指政府、议会、法院及军队高层人员，他们基本属于政治家。要求行政、立法、司法、军队、监察系统的高级官员进行申报财产并加以公示，是防止高层腐败的重要举措，许多国家财产申报制度的确立与该国高层甚至是国家领导人本人有着密切的关系。法国、英国、西班牙、澳大利亚、新西兰、巴西、南非及坦桑尼亚属于这一类型。

一、英国、法国、西班牙财产申报主体

尽管有关财产申报的法律最早在英国诞生，但在狭义上，英国并没有财产申报的专门法律。为规制议员和公务员的行为，英国上、下议院都制定有《行为规范》，规范要求议员必须无私、正直、客观、负责、公开、诚实，并要求议员进行利益登记和公示。上下院议员登记和公示内容有细微差别。普通公务员要根据《公务员管理规范》，向所在部门或机构申报所有经济利益。

在法国，规定公职人员财产申报的专门法律是1988年制定的《政治生活资金透明法》。根据该法，法国于当年成立了专门管理财产申报的机构——政治生活资金透明委员会。《政治生活资金透明法》经多次修订，申报人的范围逐步扩大，主要有：总统；总理；各部部长；国务秘书；国民议会议员、欧洲议会法国议员、参议院议员；区、省和海外省一级地方机构的议长；具有行政机构负责人身份的大区和省议会议员；人口三万以上城市市

长及人口十万以上城市副市长。上述申报主体总人数在六千人左右。《政治生活资金透明法》规定，总统的财产在当选后和卸任前必须公开，阁员和议员仅有申报义务，申报资料不公开。所有国民议会议员和参议员要公开利益冲突和从事职业情况。

西班牙财产申报较为复杂。公职人员个人活动和财产、利益关联申报公开并不涉及全部公职人员，重要部门且具有高级官衔、个人参与决策对公共利益拥有巨大影响力的公职人员群体才需要申报和公开财产。主要包括：国务秘书和附属秘书；政府在公共实体中的代表；外交使团首领和派驻国际组织的代表首领；部长委员会任命的长官和执行负责人；国家保护竞争仲裁法庭主席及其成员；国家信用机构的主席及长官；公共行政、财政占据主导地位的相关非政府机构中的主席及行政人员；总统内阁成员以及由部长委员会任命的副总统；公共基金会主席、主任和经理；部分监察机关长官；由部长委员会任命的其他政府公共机构的部分职位任职者。

在加泰罗尼亚特区，只有高级官员需要申报、公开个人财产及利益。包括：政府内阁成员；部门总务秘书、副秘书或类似职务任职者；由政府任命的特别专员；政府派驻的地区代表；政府任命的负责管理社会保险机构的长官及负责管理医疗服务机构的长官；特区主席的特别参事；特区国有电台和电视台长官；特区各类自治机构和公司主席、行政长官及经理人。在加泰罗尼亚，政府内阁成员、部门总务秘书、副秘书除了申报个人活动和相关利益关联外，还需要申报个人财产。

二、澳大利亚、新西兰财产申报主体

在澳大利亚，人人财产都公开，只是公开程度和角度不同。在税收系统中，所有人的资金、税收、交易情况都有据可查。从财产申报角度看，只有国会议员、各州、各地方议员的财产需要公开。联邦政府官员从议会中产生，所以政府部长级高官需要申报并公示财产。按照1983年及1994年通过的《澳大利亚参议员个人利益登记与申报规定》（1995年、1999年、2003年及2006年对其中一些条款先后做出修订），部长、部级人员、高级公职人员要申报本人、配偶、伴侣及未成年子女的财产。

新西兰财产申报制度在《官方信息法》有明确规定，申报主体主要有：政府总理；各部部长；国会议员；地方行政系统的市长、立法系统的区议会议员，上述公职人员都须按要求申报并公开财产。从解决利益冲突的角度看，任何为政府部门或是公共机构工作的人员都在《管理利益冲突：对公共实体的指导》（2007）规制之下。仅从财产申报的视角看，新西兰仅要求高级官员进行申报，而公共部门官员及其成员为辨别和解决利益冲突提交的"利益登记簿"，只是一种记录，并不公开。"利益登记簿"可以帮助公共实体识别什么时候可能发生利益冲突，以便采取措施加以管理。在地方政府层面，市长、市议会议员、区议会议员等经选民选举的公职人员，需要每年申报个人收入和家庭财产。为保护这些公职人员的财产隐私，新西兰只要求包括首席执行官、局长在内的事务型公务员的财产申报资料接受部门内审核，这类公职人员在任职前，不需要每年申报个人具体财产，但需每年报告自己所任公职是否与家庭利益和个人利益存在冲突。

三、巴西、南非、坦桑尼亚财产申报主体

巴西在《巴西立法、行政、司法部门高级官员财产申报法》详细规定了财产申报制度，申报主体包括：总统、副总统；各部部长；国民议会成员；联邦法院法官；联邦检察机构成员；在联邦权力机关直属、非直属和基层管理机构中执行编制内职务、一般职务或受雇用的或执行要害职务的一切公职人员。上述人员在就职、开始执行职务或接受雇用履职时，在每一财政年度结束、任期届满结束或管理工作完成，或因辞职、被解职、调离原职务等情况，必须申报财产及说明财产来源和所在地。

南非1994年通过《非洲人国民大会当选成员行为守则》，要求当选为国民大会、参议院和省级立法大会的非洲人国民大会名单中的人员及参议院中由省级立法机构选出的成员必须向组织申报财产及获取金钱收益的其他任职情况。1997年施行的《行政道德法规》设计了财产申报制度，要求总统、副总统、内阁成员必须申报并公示财产；包括副部长在内的政府高级官员不能

从事获得报酬的兼职工作。根据南非议会制定的《议事行为准则》，议员的工资外收入、股票和其他金融收益、在议会外有偿兼职收入、咨询律师聘用费、赞助、旅行、土地和财产、礼品和款待、津贴和补助等应该全部公开。南非执政联盟决定，自 2016 年 10 月后，南非非洲人国民大会、总工会、南非共产党、南非公民组织的领导人必须公开财产及收入，接受生活方式审查。

《坦桑尼亚联邦共和国公共领导职位道德规范》于 1995 年 7 月 1 日生效，规范强调所有选举、任命的公共领导人必须声明本人、配偶及未婚未成年子女的财产和债务，具体包括：联邦共和国总统、副总统；联邦共和国总理；桑给巴尔总统；桑给巴尔总理；发言人和助理发言人；联邦共和国大法官；部长、副部长和区域委员；首席检察官；法官和地方治安官；议会议员；坦桑尼亚驻外大使或高级官员；秘书长、大秘书、区域发展指挥、地方委员；管理员和审计长；国民大会秘书；国防部长；警察部门监察长；国民服务总长；监狱大委员；情报部门总指挥；反腐局总指挥；地方政府市长、主席、成员或总执行官；政府控股法人机构主管人员、主席、经营指挥、总经理或总指挥；全职任命的各职务上的主席及成员；主管独立政府部门的公务员，共 25 类人员需要申报财产。

第四节　特殊职业人员

很多国家除规定了高级官员、特定级别官员甚至是全体公职人员需要申报财产外，对于具有特殊职能、从事特殊职业、身居要害部门或是具有检查、监察身份的人员，并不要求级别，规定只要从事了这项工作的，就要进行财产申报。

《巴西立法、行政、司法部门高级官员财产申报法》第四条规定：联邦任何权力机构直属、非直属和基层管理部门的公共财产和证券的管理人员和负责人员，以及法律规定要向联邦审计法院报账的人员，均有义务根据所得税法，将递交给相关部门关于经营期间收益和财产申报的副本连同相关文件汇集在一起。如果递交给联邦审计法院的文件不符合本条规定，联邦审计法院将视为未收到。联邦审计法院可以使用根据本条规定收到的收益和财产申报，对申报人的财富变化进行调查。

在韩国，财产申报的特殊主体是指那些职级较低，供职于监察、警察、关税、国税及法务部门的某些有权势的公职人员。上述部门中具有相当于5、6级级别的担任一般职的公务员都属于申报主体。无论是一般主体还是特殊主体，上述人员在申报财产时，其配偶及直系亲属都要进行申报，已经出嫁的女儿不在申报之列。在申报义务者中，如果申报方为男子，且该男子已经入籍妻子家中，则女方的直系亲属也视为男方的直系亲属。

土耳其财产申报主体也包括诸多特殊职业人员，如专栏作家和社论作家；俄罗斯将警察、安全部门的人员列入财产申报之列；印度尼西亚则要求建筑工程项目的负责人进行财产申报；乌拉圭把所有从事政府采购的人员纳入财产申报行列，并且要求所有申报主体的姻亲及父系家族的成员进行财产及收入申报；加拿大规定皇家骑警队官员要进行财产申报；我国台湾地区则将税务、关务、地政、会计、审计、建筑管理、工商登记、都市计划、金融监督、公产管理、商品检验、商标、专利、公路监理、环保稽查、采购业务等与经济领域密切相关部门的主管人员都纳入财产申报主体之列；等等。

第三章

财产申报内容

财产申报内容，即具体需要申报哪些财产，以及是否包括说明财产来源及范围。不同国家申报财产内容及范围并不一致，并且财产随技术和时代的发展会不断更新变换形式。财产申报及公示涉及的财产，各国均采用列举方式加以限定，标准无法统一。总体来看，大多数国家都把工资、动产、不动产、金融收益、投资作为首要申报和公布的内容，但具体到某一国，差别较大。

第一节 发达国家财产申报内容

以国际货币基金组织提供的较高人类发展指数、人均国民生产总值、工业化水准和生活品质为标准，截至 2015 年，世界上有 31 个发达国家，主要分布在欧洲、北美洲、大洋洲、亚洲。本研究选择了北美洲的美国、加拿大；欧洲的英国、法国、德国、意大利、西班牙；大洋洲的澳大利亚、新西兰；亚洲的日本、新加坡作为发达国家的代表，来分析财产申报制度涵盖的财产内容。

一、美国、加拿大财产申报内容

美国与加拿大同处北美洲，均为联邦制国家。在政党体制上，加拿大实行多党制，美国则是典型的两党制。加拿大在政府管理体制上实行议会制君主立宪制，内阁由众议院中占多数席位的政党领袖出任总理并组阁。美国实行总统制，政府由总统、副总统、各部部长和总统指定成员组成。内阁并不是美国的决策机构，只是总统的助手和顾问。为预防和惩治腐败，贯彻行政伦理和解决利益冲突，两国都较早建立了财产申报制度。两国财产申报制度在内容上既有共同之处，又存在很大差异，而且为解决利益冲突，两国政府都设立了针对资产进行处置的信托制度。

（一）美国财产申报的内容

1978年《美国政府道德法》、1989年《道德改革法》规定了义务人申报的主要内容，包括财产及收入、买卖交易、获赠及报销、债务、任职协议与安排、兼职收入以及5000美元以上补偿来源等七大项。具体事项分类列于四张表格。上述七项内容中最重要的为前四部分。

第一部分内容包括：申报人及配偶和抚养子女的所有财产及基于财产产生的收益和各种服务性收入。财产包括债券、证券、抚恤金、退休金、个人储蓄、避税年金、房地产、自产粮食、互助基金、牲畜、用于出售和投资的收藏品以及其他用于投资或收益的财产。申报人必须申报个人参股私人企业、合资企业、合股公司等所有公平市场价值超过1000美元的经营性财产利益，包括动产、不动产及经营活动。在申报和审核时，对于申报义务人本人、配偶、抚养子女拥有同一公司的证券和来自同一来源的收入，财产申报管理部门要累计。申报财产的价值按当时市场收购价进行评估。财产申报人在申报时，只报告财产来源和财产的价值等级，不报告具体数目。申报收入分为投资收入和劳动收入。投资收入包括申报人及其配偶和抚养子女利用已有财产和通过经营活动获得的租金、利息、股利、版税、资本收益，上述收入只要超过200美元，就必须申报。劳动收入包括工资、服务费、佣金、稿费、讲演所得及其他劳动性补偿，申报起点是200美元。申报人配偶在进行收入申报时，起点是1000美元，只需申报收入来源不必申报具体数量。申报义务人抚养的子女，收入不必申报。申报义务人及配偶和抚养子女的下述财产不申报：在联邦政府任职领取的工资；个人拥有的住宅；老人补助和社会福利；在联邦政府取得的退休福利金；父母、子女之间的债权、债务；离婚或永久分居带来的收益；正准备离婚或永久分居的夫妇不申报配偶的财产和收入；同居但不构成婚姻关系的不申报对方财产和收入；在单一金融机构存款合计低于 5000 美元，并用在短期资本市场投资的资金。

第二部分内容主要为财产买卖及财产交换，包括本人、配偶和抚养子女的证券、地产、债券、互助基金股票及其他证券。其他财产交易、夫妇双方的个人住宅、家庭成员内部的买卖和交换、国库券、现金账户及支票账户不需申报，这是立法时考虑到保护个人隐私的制度设计，主要是为平衡公众知情权和个人隐私权。

第三部分内容是义务人在任职期间获得的财产赠予及财务报销。义务人必须申报本人、配偶和抚养子女接受的涉及吃、穿、住、行及娱乐等场合获得的馈赠、款待、补偿、好处及其他具有一定价值的赠品。申报起点是按消费时公平市价估值 250 美元。接受同一人或同一单位的馈赠要累计，价值达到 250 美元必须申报，但义务人为初任者，免除该项义务。义务人涉及如下馈赠、礼品不需申报：根据法律规定或合同约定，义务人可以接受的；义务人已经按照公平市价付款的；配偶、抚养子女接受的申报人不知情或与申报人无关的；申报人亲属赠予的；申报人取得的遗赠或遗产；在国外，由外国政府，或在国内由联邦政府、州政府、地方政府提供的与食、宿相关的生活补偿；单位之间仅具有交往性质的报纸及杂志；任职单位规定可接受的旅行补偿；只具纪念意义的小礼品；个人出于友谊或家庭内部给予的不具有商业目的的礼物。

第四部分内容为一定数额以上债务。申报人在法定期限内必须申报本人、配偶和抚养子女超过一万美元的债务，即便该项债务在申报期间从一万美元降到一万美元以下。包括：学生贷款；租借、抵押贷款；个人限额信贷；投资贷款。下述贷款不在申报行列：父母、子女、配偶、兄妹之间的个人债务；家庭股本贷款；以个人拥有的汽车、家具、电器设备作担保的贷款；不超过一万美元借贷的充值账户；离婚或永久分居带来的负债。

美国地方各州也有自己的财产申报制度，各州申报内容并不一致，如北卡罗来纳州经济利益公开制度，要求申报人申报并公开本人及家庭的特定财务信息、个人信息，以及竞选捐款和与竞选有关的活动。特定财务信息指价值达到 10 000 美元或超过 10 000 美元的资产和负债。资产指房地产，个人财产，在各种所有制企业的利益，法定信托及负债。负债包括本年度 12 月 31 日前发生的价值在 10 000 美元以上的信用卡债务、助学贷款和汽车贷款等。北卡罗来纳州的宪制官员必须披露累计总额超过 1000 美元的竞选捐款。①

（二）加拿大财产申报的内容

加拿大财产申报的内容较为复杂。《加拿大利益冲突法》规定，公职人员在指定期限内，需要对其任命前、任命后的活动、收入、财产状况作保密报告。包括一般保密报告和特别保密报告。

一般保密报告指公职人员在接受任命之日起 60 天内要向专员提交保密报告，包括：报告公职机构负责人的财产种类及估算价值；报告公职人员的直接及临时债务；报告任命之日前 12 个月的收入以及任命之日后 12 个月应获得的收入；在任命之日前两年时间内参与的活动；任命之日前两年内参与慈善救助或非商业活动；在任命之日前两年时间内作为托管人、继承权执行者或清算人、或被委托人的活动。

特别的秘密报告包括：报告人对部长、内阁大臣和议会秘书的附加报告内容；公职人员在报告中对本人或家庭成员在任命之日后 12 个月内有权从中享受利益，并与联邦公共行政管理机构签约的合伙企业或私营企业进行描述；提交秘密报告的相关事务发生实质性变化后，报告人应在变化产生后 30 日内向专员提交报告；报告人或其家庭成员在 12 个月时间内从除亲属、朋友外其他来源接受的礼物或其他好处总价值超过 200 美元，报告人应在价值超过 200 美元之日起将礼物或其他好处告知专员；报告人应在 7 日内向专员书面汇报外聘的实际收入；接受外聘的报告人应在 7 日内向专员及下列人员书面汇报接受聘任情况：部长或内阁大臣向总理汇报；议会秘书向主管部长汇报；枢密院副院长向枢密院书记员汇报；其他报告人向相关部长汇报。

---

① 王晖. 美国北卡罗来纳州财产收入申报制度简介[J]. 中国监察, 2012 (4): 61-62.

加拿大公职人员还应就下述情形做出公开声明，包括：报告人已经自行退出避免利益冲突事项，该报告人应在 60 天内起草公开回避声明，提供充分细节说明避免利益冲突的相关情况。报告公职人员应在其被任命为报告公职人员之日后 120 天内，对其控制资产及免税资产外的资产负债做公开声明，部长、内务大臣或议会秘书应在任命之日后 120 日内，对其 10 000 美元以上的债务做公开声明，并提供细节说明负债来源及性质，但不包括金额、外部活动声明，如果报告公职人员担任金融或商业企业董事或官员，则该公职人员应在接受任命之日起 120 日内对该事实进行公开声明。接受礼物的声明，如果报告公职人员或其家庭成员一次接受了除来自亲戚或朋友外其他人 200 美元以上的礼物或其他好处，报告公职人员应在接受礼物或好处后 30 日内公开声明，提供细节说明接受的礼物或好处、送礼人以及接受礼物时的情形。旅行声明，部长、内阁大臣和议会秘书及家庭成员、部长顾问或部职员不得以任何目的乘坐非商用包机或私人飞机旅行，除非出于职责需要，或有特殊情况，或经专员预批。如已从其他来源接受公款旅行，相关部长、内阁大臣或议会秘书应在接受之日起 30 日内公开声明，提供细节，说明来源及接受旅行时的情形。①

为解决利益冲突，美国和加拿大财产申报制度都为申报人的某些财产设立了信托。美国称为"合格的盲目信托"，委托人必须放弃对信托财产的所有支配权，受托人对财产拥有充分的自由裁量权。委托人与受托人签订合同后，受托人对财产以及财产经营管理无权过问。按照《政府道德法》，经过"合格盲目信托的财产"可以不进行申报。美国强制要求义务主体必须申报财产，但不强制相关义务人设立盲目信托。

加拿大为防止利益冲突采取了资产处理制度、财产申报制度及离职后行为限制制度。资产处理制度是指对在审查中发现的构成实际或潜在利益冲突的资产，公职人员必须在任职后 120 天内或以公平交易的办法卖掉资产，或委托信托人代为管理经营，即将资产以保密信托的方式转让给控制方，签署

---

① 加拿大利益冲突法 [M]．王赞，译．北京：中国方正出版社，2016：1-12.

的信托条款必须包括：除在注册的养老金储蓄计划账户中的资产外，委托人的资产应在受托人处进行登记；报告人本人无权管理或控制委托资产；受托人不应向报告公职人员寻求或接受任何相关资产管理或行政管理的指令或建议；委托资产应列入委托文书或合同的附表中；委托期限应为进行委托的报告公职机构负责人在职时间，或至其委托资产已经耗尽为止；委托终止时，受托人应将委托资产交给报告公职人员；受托人不应向报告公职人员提供关于委托资产的信息；报告公职人员可接受以委托资产赚取的收入，并投入委托投资基金中，或从委托投资基金中取出；受托人必须为公营信托受托人，或上市公司，或有能力行使受托人职责的信托公司、投资公司，能在其正常工作程序中行使受托人职责的个人；受托人应在委托满周年时，向专员提交书面年度报告，该报告应能证实托管资产的性质及精确市场价值。虽然保密信托条款有上述规定，但若专员批准，保密委托文书或合同可包含在普通投资指令中。

对保密委托合同或文书不得做出口头投资指令。报告公职人员应向专员提供转让的控制财产的销售证明，或提供委托合同、委托文书的复印件。专员应对报告公职人员提供的信托财产信息保密。根据专员批准，公职人员转让作为证券交给借贷机构的控制资产可以不进行报告。[1]

二、法国、德国、意大利、西班牙、英国财产申报内容

法国、德国、意大利、西班牙均为欧盟国家。欧盟最高决策机构欧洲理事会，即欧盟首脑会议于1999年成立了反腐败国家集团（以下简称为GRECO）。GRECO的目标是监督成员国反腐败政策的制定。2000年，欧洲理事会通过了《公职人员行为守则范本》，由GRECO负责监督守则的实施。GRECO和《公职人员行为守则范本》认为：现代公共行政不但要强调程序及合法，而且要强调效率和质量。行政秩序应建立在透明及道德的基础上。上述国家正是基于预防和惩治腐败及提高政治透明度和行政道德标准来设计

---

[1] 加拿大利益冲突法 [M]. 王赞, 译. 北京：中国方正出版社, 2016：4-15.

财产申报主要内容的。

(一) 法国财产申报内容

《政治生活资金透明法》经2011年修订后，规定义务人申报的财产及其他事项包括：房屋，包括建成的和建设中的房屋，需写明房屋性质、地址、面积、获得途径及时间、法律形式、购买总价、房屋现值、装修费用；有价证券，申报时写明公司名称、购买价格、现值、投资类型、银行账户、证券开户账号；人寿保险；银行账户、存折和现金、家庭储蓄账户；家具，写明购买价值和评估值；珠宝、艺术品、收藏品、黄金、首饰，说明类型及价值；带动力的交通工具，如船只、飞机、车辆，需写明性质、品牌、购买年份、价格及现实估价；开支和办公基金、商业或客户、企业账户；位于法国以外的动产、不动产及账户；负债，写明债权人自然信息、债务性质、时间、金额、期限、余额及月偿额；薪水、退休金、职务补贴、职业收入、动产和地产收入、特别收入等财产收入；财产变动时间与事件、财产流入和流出数额等可能影响财产构成的事件或行为。

(二) 德国财产申报内容

德国政府对公务人员的纪律约束较多，而且公务员犯罪成本极高，因此，德国的财产申报制度并不严格。

德国财产申报，重点在于监控公职人员的兼职行为和兼职收入。《联邦议院议事规程》《议员法》《议员行为准则》都对议员的兼职行为和兼职收入有明确规定。《议员法》规定：联邦议员应把工作重心放在与议员身份相关及授权的职责上。除此之外，议员可以从事授权之外的职业或活动，也可通过这些活动获得兼职收入或额外收入，但议员的兼职活动或行为如构成利益冲突，则该活动或行为必须申报公开。

1972年，《议员行为准则》规定联邦议员要向议长报告本职工作之外的行为，以及该行为可能给议员带来的利益或价值，包括：议员在企业从事的有偿工作；议员在基金会、协会和联合会任职情况或担任的名誉职务；议员与他人或公司进行合伙情况；参与资本投资公司信息；议员获得的企业和社会捐款。联邦议员兼职月收入超过1000欧元或兼职年收入超过10 000欧元，就必须申报每一行为及其带来的收入。兼职收入的公开按事先划定的档次进行，不必说明具体数额。收入申报分三档：第一档为1000~3500欧元；第二档为3500~7000欧元；第三档为7000欧元以上。① 符合兼职收入申报的议员收入信息与个人履历将在因特网定期公布并随时更新。德国对公职人员收受礼品规定较严。按制度要求，部长、国务秘书等级别的公务员在公务活动中不准接受礼品、礼金。普通公职人员在公务活动中只能接受价值在50马克以内的礼物，不允许收受现金，接受的礼物必须上报。

（三）意大利财产申报内容

与德国相较，意大利对于兼职的要求更严，行政透明性更强，但对于申报和公布的事项则较笼统。《意大利反腐败法》要求公共行政部门必须承担公开、透明和信息发布的义务。行政部门除清理、协调现行行政部门承担公开性义务的各项规定及加强使用公共资源方面的程序透明度外，还要求担任国家级、大区级和地方级政治职务或选举性职务的人员，以及行使确定政治权力的人员承担资料公开的义务。公开的事项至少包括有关人员在担任职务时的财产概况，企业中的头衔，本人、配偶和双亲等亲属参股情况，及担任相关职务所获报酬。

为防止利益冲突，《意大利反腐败法》规定在最近三年的公共活动中以公共行政部门名义行使过批准权或者谈判权的职员，在相关的公职关系终止后三年内，不得在行使权力的公共行政部门所针对的私营部门从事劳务性或职业性活动。违反规定缔结的合同和接受的职位一概无效，并且禁止缔结上述合同或者授予上述职位的私营部门在三年内同公共行政部门缔结合同，上述人员必须退还可能取得的报酬。2001年3月公布的《关于公共行政部门职员工作制度的一般规定》认为不属于取酬职务的行为不必申报，包括：与报纸、杂志、百科全书等出版物进行的合作；作者或者发明人对自己智力作品和工业发明的有偿利用；参加会议和讲座；只根据票据报销相关费用的活动；职员在停薪留职、调动或者编外待职期间从事的活动；工会组织为其分

---

① 郑红. 德国治理公务员腐败需更多投入 [N]. 人民日报，2015-02-06（21）.

支机构的职员或者处于不取酬假期中的职员安排的职务活动；向行政部门职员提供的培训活动。①

（四）西班牙财产申报内容

与法国、德国、意大利相比，西班牙在申报内容上，更强调行绩申报（the declaration of activities）。行绩包括入职现岗前两年内的任职情况，如果任职部门是私属性质，则申报私属部门的名称、性质、所任职务、性质及与其他私营部门的关系。至于财产申报内容，西班牙规定的更为笼统。申报义务人需要对拥有的可直接兑现的财产和股份进行申报。对于申报义务人占有全部或部分股份的公司企业，要说明企业或公司名称及性质，申报人如果在公司或企业的股份超过 100 000 欧元②，则申报人必须将管理权进行委托，不得直接经营和管理。

（五）英国财产申报内容

虽然行政系统的公务员和议会上下两院议员均进行利益登记和利益声明，但英国更注重议员的利益申报。议会下院于 2015 年 3 月 17 日通过《议员行为准则指南》，规定了议员必须登记的 10 项利益，其中 9 项有财务门槛，现以 2017 年 6 月 8 日当选议员必须登记的内容为例，加以说明。

2017 年 6 月 8 日当选议员必须在当选后一月内登记利益。此后，他们必须在 28 天内登记权益变更。内容包括：就业和收入，登记门槛是个人付款超过 100 英镑；用于支付同一日历年、同一来源的多次付款，总数超过 300 英镑；捐款及其他支援，登记门槛是个人捐款单次超过 1500 英镑，或在一个日历年度内同一来源单次捐款超过 500 英镑，多次捐款总额超过 1500 英镑；来自英国本土的礼物、福利和款待，登记门槛是在一个日历年里从同一来源获得的各种规模福利总额超过 300 英镑；访问英国以外地区，登记门槛是：如果不全部由议员或公共基金承担，那么，在一个日历年度中来自同一来源任何规模的利益总额超过 300 英镑；来自英国以外的礼物和利益，门槛是在一

---

① 意大利反腐败法［M］．黄凤，译．北京：中国方正出版社，2013：15-17，48.
② 中国社会科学院"政治发展比较研究"课题组．国外公职人员财产申报与公示制度［M］．北京：中国社会科学出版社，2013：58.

个日历年里从同一来源获得各种规模的利益总额超过300英镑；土地和财产，门槛为持有房产总价值超过100 000英镑以及一个日历年度物业收入总额超过10 000英镑；股权，门槛为当年4月5日前已发行股本的15%以上，或在4月5日前虽在发行股本的15%或以下，但价值超过70 000英镑；杂项，没有门槛，但议员必须相信其他人可能合理地考虑到他（她）的行动、发言的利益影响；以议会经费雇用议员家庭成员，门槛是日历年超过700英镑；家庭成员参与游说，没有门槛。

如有证据显示下院议员未按下院规则登记利益，议会标准事务专员可对其进行调查。如发现议员违反注册规则，但属轻微或无意，议会标准事务专员可自行采取纠正程序。情节严重者，议会标准事务专员将向标准委员会提交备忘录。

议会上院议员的利益申报与下院大体相同，但细节上存在差别。根据守则，议员须在上议院利益登记册内登记利益。相关利益可以是财务利益，也可以是非财务利益。

上院议员需要登记的利益包括：（1）管理职位。公营及私营公司的受薪董事职位，包括非执行董事职位，以及非直接受薪，但透过同一集团内另一间公司支付薪酬的董事职位。（2）获得酬金的就业。获发薪酬或与议员有任何金钱利益的雇佣、公职、贸易、专业或职业关系。所有在议院以外的工作，以及任何不属于其他类别的薪酬来源，均应在此登记。应当说明就业、用人组织的业务性质、职位性质等事项。曾担任顾问或顾问职位的委员，应说明所提供的顾问或意见的性质，如"管理顾问"、"法律顾问"或"公共事务顾问"。单一来源的演讲、广播或新闻，每年超过1000英镑的偶尔收入或收益应登记在这一类别，并应确定来源。（3）为客户提供公共事务咨询和服务。服务类别属公共事务咨询及服务的广义范畴。（4）股权。包括：任何相当于公司控股权益的持股。不属控股权益但价值超过50 000英镑的股份。（5）土地和财产。资本价值超过25万英镑或每年收入超过5000英镑的任何土地或财产。（6）赞助。以上院议员身份获得的任何形式的财政或物质支持，无论是单一来源，还是多次捐赠或实物服务，价值超过500英镑。

(7) 海外访问。议员或议员配偶的海外访问主要由众议院议员身份产生，但访问费用完全由议员或英国公共基金承担的情况除外。(8) 礼物、福利和好处。从英国境内或海外的任何公司、组织或个人获得的向该议员或其配偶或合伙人赠送的任何礼物，价值超过 140 英镑。(9) 各种各样的经济利益，即众议员申报之杂项。(10) 非财务利益。某些非财务利益可能被合理地认为会影响上议院议员履行公职的方式，因此必须登记在这一类别中。

三、澳大利亚、新西兰财产申报内容

澳大利亚和新西兰同处大洋洲，为英联邦国家，英国女王是两国名义上的国家元首，女王派总督在两国代行职权。两国都实行议会君主立宪制，澳大利亚议会实行两院制，新西兰实行一院制。

澳大利亚于 1994 年通过《参议员个人利益登记与申报规定》，（1995、1999、2003、2006 年四次修订），要求参议员必须在指定时间内提交本人、配偶以及完全或主要依靠参议员抚养的子女的应登记利益，包括：国有或私营公司股份；房产；公司注册董事身份；合作人身份；债务；债券或类似投资；存款及投资账户；任何其他价值超过 7500 澳大利亚元的资产（家庭及个人财务除外）；其他主要收入；从官方渠道获赠的、价值超过 750 澳大利亚元或非官方获赠的价值等于或超过 300 澳大利亚元的礼品；由他人提供的价值超过 300 澳大利亚元的旅游或接待；以赞助人身份在一年内向任何组织提供的价值超过 300 澳大利亚元的赞助；其他任何与参议员职责可能产生冲突的利益。出席任何场合的参议员、陪同参议员，以及参议员的配偶、家人或工作人员获赠的礼品也须申报。

新西兰对申报或报告内容规定的较为简单。国家公职委员会于 1990 年通过了《新西兰公务员行为准则》，准则强调公务员对政府的忠诚廉洁、政治中立、对上级负责。在执行公务时，必须避免利益冲突。为避免利益冲突，公务员必须将兼任的公司董事职位、股份拥有权等向主管或负责官员报告，或将已经接受的可能危及或被视为危及其廉政的礼品、奖赏或利益向上级或主管官员报告。

总理、政府各部部长和议会议员每年申报一次个人财产及收入，包括夫妻共有房产、信托投资、公司股份及其他任何与经营性公司有关的财产。高级官员在对外交往中收取价值超过 500 新西兰元以上的礼品要申报。① 地方政府的市长、市议会议员、区议会议员等民选公职人员，也需每年申报个人收入及家庭财产。非民选产生的事务型公务员，在任职前，要将个人情况进行申报，由单位审核，不需要申报财产，但需每年就所担任职务是否与个人、家庭利益相冲突进行报告。

四、日本、新加坡财产申报内容

日本与新加坡是亚洲发达国家，日本实行君主立宪制，新加坡实行议会共和制。日本国会由众议院和参议院组成，为最高权力机关。在国会与政府之间，国会可通过内阁不信任案，内阁首相有权提前解散众议院，重新举行选举。众议院在权力上优于参议院。新加坡国会实行一院制，由占国会议席多数的政党组建政府。两国均是多党制国家，日本自民党曾长期占据日本政坛，近 10 几年来，其地位受到强烈挑战。新加坡多年来一直是人民行动党一党独大。与新加坡相较，日本政坛腐败严重，尤其是政治家的腐败成为日本政治的主要问题。在反腐败领域，新加坡素以严刑峻法著称，而日本在惩处腐败问题上，则逊色得多。

（一）日本财产申报内容

日本财产申报以议员为主，行政系统为辅。国会议员从当选之日起（再选和补选议员从再选或补选日起）100 天内要向议长申报财产，内容包括：具有所有权或具有使用权的土地；建筑；常用账户和储蓄账户之外的存款；有价证券；汽车、船舶、航空器、美术工艺品；高尔夫球场使用权；除维持生计以外的贷款、借款。法定外的财产事项是否申报，由参众两院协商决定。地方都道府县议员、都道府县知事以及市町村长的财产申报据此办理。

---

① 刘洁秋. 新西兰：民选公职人员财产均须公示 [EB/OL]. 参考消息网, 2013 - 02 - 05.

日本中央省厅课长助理级以上级别的职员收受的金钱、物品、财产上的利益或招待以及价值超过5000日元与职务有关的劳务报酬在每年的1月至3月、4月至6月、7月至9月以及10月至12月，于收受时下一季度前14天，向各省厅长官或是受长官委任者进行申报，申报内容包括金额、日期及原因、提供人以及伦理规程要求的事项。中央省厅审议官级以上的职员必须就前一年进行的股票交易情况，包括股票种类、数量、金额、交易时间等形成报告书，在每年3月1日—3月31日，提交给各省厅的长官或受其委任者。审议官级以上职员还要对上年度所得进行申报，范围包括价值超过100万日元的、能单独计算的、除去1965年所得税法第30条和32条规定的退职所得额与山林所得额之外的、符合所得税法第22条规定的所得总额及山林所得，上述事项要报告数额、构成及获得原因。按照1950年继承税法，对于课税金额超过100万日元的赠予财产的课税金额也要进行申报。报告书提交给各省厅长官或受其委任者。

（二）新加坡财产申报内容

新加坡公职人员每年必须对自己及配偶的全部财产和收入进行申报，包括：申报者本人、配偶和子女拥有的不动产、动产；申报者配偶或其抚养家庭成员可能存在利益冲突的投资；投资情况，包括公司股份、房地产投资、动产投资，涉及资金、存款、股票、汽车、飞机、首饰、艺术品、无形资产、交通工具、机械、珠宝、古董等。不动产投资包括房产、地产、土地所有权、使用投资。在具体申报时，要详细说明每一申报内容的情况。如船只、飞机、车辆在申报时要说明型号、商标、出厂商、注册码、使用时限和购买费用；申报债务时，要明确债权人的姓名或名称、地址、日期或期限、数额，如果涉及公债，还要注明公债的发行者、序列号。

此外，公务员在初任时需声明其不存在财务困境，如已陷入财务困境，将面临解职或被革职。公务员未担保的债务超过其3个月的薪资或该公务员面临破产，要立即通知部门常务秘书长。

对于公务中收受礼品，制度亦有明确说明。除私交外，公务员不得接受下级企业或个人赠送的任何礼品。公务员接受礼品的最高价值不超过300美元，若公务员接受礼物，必须向公务员所在机关管理部门常任秘书申报，并列明礼品名称、赠予人、价值等事项。因无法拒绝而收受的礼品，在收受后必须及时向上级报告并将礼品上交。公务员不得以任何名义向下属或与其有工作关系的单位和个人借钱，政府官员把钱借给他人不得索取利息或变相索取利息；公务员不得以作为或不作为的方式向行政相对人索取报酬，不能因职务便利帮助他人获得经济利益或不正当利益。公务员在职期间，如果未经上级或是直接上司批准，不得担任社会兼职与从事自由职业。

第二节 "新兴经济体"国家财产申报内容

"新兴经济体"又称"新兴市场"或"新兴市场经济体"。对"新兴经济体"的明确界定及涵括范围，目前仍处于讨论中。为研究之便，课题认同将"第二次世界大战以来具有相当的经济规模和人口总量；具有相对较高的经济增长率；具有中上等或中下等的人均收入水平；不在公认的发达国家或最不发达国家之列；具有较为广泛的代表性；具有较高的经济开放度；具有较小争议性"等七项指标作为标准，将 G20（二十国集团）中的 11 个发展中国家作为"新兴经济体"国家。① 本课题涉及的"新兴经济体"国家有中国、俄罗斯、巴西、印度、南非"金砖五国"以及韩国、印度尼西亚、墨西哥和土耳其。近年来，"新兴经济体"国家均采取了较为严厉的措施预防打击腐败，有些国家取得了一定的成效，有些国家则效果不彰。下面将对上述国家的财产申报内容进行分析。对于中国的财产申报制度，本书将列出专章系统讨论，此处不再赘述。

一、俄罗斯、巴西、印度、南非财产申报内容

"金砖国家"指中国、巴西、俄罗斯、印度及南非五国，取五国英文国

---

① 张宇燕，田丰. 新兴经济体的界定及其在世界经济格局中的地位 [J]. 国际经济评论, 2010 (4)：7-26, 3.

名首字母组合而成，类似英语单词的砖（brick），所以称"金砖国家"。金砖国家合作已经拓展到财经、文化、教育、卫生等多个领域。从 2014 年到 2018 年，金砖国家领导人在会晤期间，已多次谈及反腐败国际合作。第六次会晤提出打击国内和国外贿赂；第七次会晤强调司法互助对于打击腐败的作用。第八次会晤认为非法资金流动是全球挑战，必须加强追逃追赃工作；第九次会晤倡议国际社会要加强资产追回合作；第十次会晤提出要根据本国法律体系，开展反腐执法、追赃追逃，拒绝国际社会为腐败人员和资产提供"避罪天堂"。"金砖国家"反腐败合作机制的最终目标是"把惩治腐败的天罗地网撒向全球，让已经潜逃的无处藏身，让企图外逃的丢掉幻想"[①]。

（一）俄罗斯财产申报内容

1997 年，叶利钦（Boris Nikolayevich Yeltsin）签署总统令，要求联邦政府组成人员申报收入和财产，但该令执行不利。2008 年，梅德韦杰夫（Dmitry Anatolyevich Medvedev）就任总统，要求所有公职人员申报本人、配偶及未成年子女的财产，并于次年公布了自己财产。2010 年，俄罗斯将官员财产信息在互联网上公开。

据《俄罗斯联邦反腐败法》以及俄罗斯财产申报相关法令，财产申报具体内容包括：（1）收入信息。需要填写收入类型及收入数额。收入类型有：主要工作的收入、教育收入、科研收入、商业活动收入、银行和其他信贷机构存款收入、有价证券和商业机构股份收入及其他收入。（2）财产信息。需填报财产类型和名称、所有权种类、所在位置及面积。财产类型包括：地段、住房、套房、别墅、车库及其他不动产。（3）交通工具。应写明交通工具类型品牌、所有权种类和登记地点。交通工具包括货车、小汽车、汽车运输工具、汽车拖车、农业设备、水路交通工具、空中交通工具及其他交通工具。（4）在银行和其他信贷机构账户的资金。需写明银行和信贷机构名称、地址，账户种类及货币，开户日期，账号及账户余额。（5）有价证券，包括股票和商业机构股份以及其他有价证券。股票和股份需要标明机构名称和组

---

① 彭飞. 国际追逃，让贪官无处藏身［N］. 人民日报，2016 - 11 - 17（5）.

织法律形式、机构所在地、注册资本、股份额及入股依据,其他有价证券须写明证券类型、发行人、债券额定值、总数及总价值。(6)财产性债券,包括拥有所有权的不动产项目及其他债券。前者须列出财产类型、使用类型和期限、使用依据、所处位置及面积;后者须开列债券成分、债权人、发生依据、债券总额及债券条件。

2012年12月生效的《俄罗斯联邦审查公务员消费占收入比例法》规定:公职人员及配偶一次性消费额超过前三年收入的总和时,要提交本人、配偶和未成年子女的收入信息,包括购买土地、不动产、交通工具、有价证券及股份的交易明细。2013年5月生效的《禁止国家官员及其配偶和未成年子女拥有海外资产法》规定:禁止公职人员及配偶和未成年子女在国外拥有银行账户,持有国外发行的股票和债券。2015年1月生效的《俄罗斯联邦政党法修正案》规定:禁止在国家安全领域工作的官员在国外银行开设账户,禁止政党接受有外国代理人嫌疑、位于俄罗斯的非政府组织捐赠。①

(二)巴西财产申报内容

自20世纪90年代以来,巴西颁布了《政府行为不当法》《行政、立法、司法部门高级官员申报财产法》《公职人员道德法》《反洗钱法》等一系列反腐败法律。其中1993年11月通过的《立法、行政、司法部门高级官员财产申报法》,规定了巴西高级官员必须进行财产申报。2005年,卢拉颁布总统令,决定对高级官员的财产设立司法调查制度。

巴西财产申报的主要内容为:申报人除廉价的家用物品和器具不申报外,其他包括其家属在内的位于国内外的不动产、动产、票据、房地产,拥有的汽车、船只和飞行器的所有权,金钱或资金的运作等财产信息都必须申报。具体申报时须注明:(1)财产按所有权转移文书中分别载明的购置价值。(2)如无所有权转移文书,则要指明财产的购置价值,并提供转移时售价及当前售价。(3)写明在国外购置财产的价值,同时使用所在国的货币写

---

① 徐海燕. 俄罗斯联邦反腐败法制建设评析[J]. 国际研究参考,2016(7):177-182.

明其价值。(4) 财产和收入申报中应写明申报人（包括家属）的真实负担和债务。(5) 说明财产和债务后，申报人要说明在本时期的财富变化，写明收入增加来源。(6) 写明申报人在国内外私人企业或公共部门企业以及其他机构中担任的或最近两年担任过的领导职务和团体职务。

有申报义务的高级官员进行财产申报后，联邦审计法院可以对其申报表和寄送副本的最后期限作出指示；并随时可以要求申报人在申报期内证实其财富增加部分的财产和收入来源的合法性。

（三）印度及南非财产申报内容

从印度各类与财产申报相关的法律规定看，行政、立法、司法三大系统以及中央和各邦的申报主体，申报财产的内容及时间并不一致。总的来看，下述收入和财产是申报主体（包括配偶及子女）必须填写和确认的内容：现金、股份、债券、房屋、土地、汽车、商业利益、珠宝、与企业的关系。与巴西及俄罗斯相比，印度对上述财产的说明及申报时的注意事项并不详细，这也为执行留下了制度漏洞。

南非是非洲第二大经济体。南非执政党和政府把反腐败作为国家战略，制定了一系列预防和打击腐败的法律与准则，与俄罗斯、巴西和印度相比，其执行成效较为显著。1994年后，南非非洲人国民大会一直是该国主要执政党，为清除党内腐败，非洲人国民大会着力加强党建工作，如1994年推出的《非洲人国民大会当选成员行为守则》就是其加强党建的重要措施。

该守则重申南非必须加强廉洁政府建设，为促进廉政建设和模范行为、避免利益冲突，非洲人国民大会所有成员应当向党组织申报其财产及在其他组织、公司或部门中可获取金钱收益的任职，尤其应当报告本人或其家庭成员在本单位外担任的顾问、股东、董事资格或其他金钱收益。

非洲人国民大会当选代表应申报的财产和金钱收益包括：土地、固定资产（房屋、农场、别墅），需声明上述不动产的购买价格及日期和任何抵押债券的未偿价值；金融资产，包括所有股份、股票、债券、金融证券、在银行和金融机构的存款、保险金、公积金、养老金；其他资产，包括任何合伙、其他商业或职业活动收益，如商店、律师事务所，并声明其估值；本人及家庭成员所担任的董事职位及因此所得收入，过去六个月内担任顾问工作及收到的报酬，所有预期超过200兰特的礼物（家庭内部赠送除外）。

非洲人国民大会全国执委会对在登记官处登记的金融利益做一般公开声明，声明包括：雇主的姓名或其是否有自由职业；工资；房地产收益；养老金；董事或顾问身份；个人经济收益，即股票、股份、债券和商业收益；收到的价值超过100兰特的礼物；收到的价值超过100兰特现金或其他服务费用。

二、韩国、印度尼西亚财产申报内容

韩国实行总统共和制，总统是政府首脑，总理辅助总统开展工作，实行多党制。印度尼西亚实行总统共和制，总统既是国家元首又是政府首脑，同样是多党制国家。高层腐败一直是困扰两国的难题，韩国多位总统因腐败和经济问题锒铛入狱，印度尼西亚在苏哈托统治时期，其家族及亲信通过裙带关系建立了巨大商业帝国，成为印度尼西亚富可敌国的腐败家族。近年来，两国都在强力反腐，但效果有限。

（一）韩国财产申报内容

根据韩国《公职人员伦理法修正案》的规定，申报人的下列财产要按规定时间进行申报：不动产所有权、土地使用权和转卖权；矿业权、渔业权及其他不动产权，船舶、飞机、机械、汽车应包括所有权和抵当权；所有人持有的合计1000万韩元以上的现金（包括支票）及存款；所有人持有的合计为1000万韩元以上的公债、国债、股票、公司债务等有价证券；所有人持有的1000万韩元以上的债权、债务；具有一年内能够获得1000万韩元以上收入的无形财产权；所有人持有的合计价值为500万韩元以上的黄金、白银（含制品）、宝石、古董、艺术品及每券为500万韩元以上的高尔夫俱乐部会员券。申报人在申报财产时，需说明价值数额、取得日期、财产来源及取得经过。

（二）印度尼西亚财产申报内容

根据《关于国家官员廉洁自律、反对三股歪风法令》《关于肃贪委员会法令》、《加快反贪法令》和《国家官员财产申报规定》,印度尼西亚官员财产申报的内容主要有:个人信息,包括身份证号、出生年月、出生地、服务机构、个人税务登记号和家庭住址、工作经历。家庭信息,包括夫妻基本信息、工作信息、夫妻单人照片及成年子女和未成年子女信息。财产信息,包括不动产(土地和地面建筑)、动产(交通工具、机器);养殖、畜牧、农业、矿业、林业等投资;其他动产(贵金属、宝石、艺术品、家具、电器);有价债券、股票;现金、存款、汇票与相当于现金的票据、债券;债务;公务员收入(包括工资、奖金和其他智力报酬);配偶收入;支出,包括家庭日常生活开支、交通费、教育支出、健康支出、休闲支出、个人所得税支出、其他税支出及其他开支。①

三、墨西哥、土耳其财产申报内容

墨西哥实行总统共和制,联邦议会分为参、众两院。鉴于从地方警察到政府官员,从办理证件到开办企业、土地使用,收受贿赂行为极为普遍。因此,政府近年来开始进行第四次变革,把打击腐败、纠正不公以及重塑墨西哥政治生态作为重要政治任务。

《墨西哥公务员职责法》规定监察部负责分发公务员申报财产状况格式表及申报手册和指南。在最初和最后的财产状况申报中,要写明不动产的名称、获取日期和价值。在年度申报中,需要写明财产变化、获取日期和价值、获取方法。关于动产,监察部将根据总决议,决定应该申报哪些具体事项。如果财产明显超出一个公务员可能获得的合法收入,监察部可以根据决议,对其检查和查账。进行检查或开始查账之前,监察部要向公务员通报原因,并在之后向他们提供相应记录。被检查的公务员可以书面向监察部提出对记录所述事实的不同意见,此意见应在上述文件提交后的 5 天内上呈,并在起诉后 30 天内提供证据。

---

① 中国社会科学院"政治发展比较研究"课题组. 国外公职人员财产申报与公示制度[M]. 北京:中国社会科学出版社,2013:125-126.

1995年出台的《土耳其财产申报与反贿赂腐败法》在第五条规定了申报主体应申报的事项，具体为：公职人员、配偶及其子女名下的不动产，劳动所得月薪；未取得报酬的公职人员，若月薪高于一级国家公务员月薪的5倍，需进行申报。另外在财产申报材料中还需说明包括钱财、股票、债券、黄金、珠宝及其他动产或利益在内的所得来源，以及债务及负债原因。公职人员出于国际礼仪、以示尊重以及其他原因，收到外国政府、国际组织、其他国际法规定的法人、非土耳其籍自然人或法人或组织赠送的礼品，如礼品价值超过10倍净月薪，该礼品则需要上交。礼品价值由财政部和海关总署根据相关规定进行确认。

第三节　发展中国家财产申报内容

在世界范围内，发展中国家是一个庞大的群体。联合国、国际货币基金组织、世界银行等国际组织都按照不同的标准，对世界各国进行过发达经济体和发展中经济体的划分。第二次世界大战后，随着各经济和社会的发展，划分标准一直在调整，所以发达国家和发展中国家应该是一个动态的概念。联合国统计司认为，在实际操作中，"将北美洲（美国和加拿大）、欧洲（不包括俄罗斯和部分东欧国家）、亚洲的日本和大洋洲的澳大利亚和新西兰归入发达经济体；将非洲、拉丁美洲和加勒比、亚洲（不包括日本）、大洋洲（不包括澳大利亚和新西兰）归入发展中经济体"①。本书选择的下述发展中国家符合这一要求。发展中国家一般面临着发展经济的重要任务，基于现实或是文化、习惯及历史传统，腐败问题较为普遍。

一、巴基斯坦、菲律宾、泰国财产申报内容

1964年通过的《巴基斯坦政府公职人员行为条例》要求公职人员在任职

---

① 闫海琪. 国际组织关于发达国家和发展中国家的界定［J］. 调研世界，2016（7）：58-61.

前，必须通过正常渠道向政府申报本人和家庭成员名下拥有的所有动产和不动产，包括证券、股票、保险单和价值在10 000卢比或10 000卢比以上的珠宝饰物，申报时必须逐件标示总价值超过10 000卢比的珠宝饰物，必须说明财产所在地区。

任何公职人员必须在每年12月1日—12月31日向政府申报本年度的资产变化情况，说明本次申报的财产比上一年申报的资产增加或减少部分，并提供原因。此外，公职人员必须根据政府法令提供资产情况，登记流动资产及一切其他动产和不动产，包括股票、证券，保险单、珠宝。

政府公职人员接受的所有礼物，不论价格高低，均需报送内阁局专管单位，礼物价值由内阁局做出估价。准许受礼者个人留用的礼物必须符合一定的价值标准和条件，包括：价值在1000卢比以下的礼物可允许归受礼者本人所有；价值在1000至5000卢比之间的礼物，可准许受礼者交付该礼物价值25%的款数后归个人留用，但交款数额最低不得少于1000卢比；价值超过5000卢比的礼物，可准许受礼者交付礼物本身价值25%款数后归个人留用，但个人所交数额最低不少于1000卢比，最高不超过5000卢比。按礼物价值的25%计算，应交款数如超过5000卢比，个人应再交付原价值其余部分的15%。公职人员如与他人进行价值在25000卢比以上的动产或不动产买卖或其他方式的转让，必须向所在局领导或政府秘书提出申请，经批准后方可办理。政府公职人员与下属官员的一切交易均应向上一级主管领导报告。

为加强公务员道德建设，避免利益冲突，巴基斯坦《政府公职人员行为条例》对公职人员的行为做出了限制。包括：除非经政府事前批准或法律规定，公职人员本人不得接受或允许家庭成员接受他人赠送的、可能承担责任的礼品。如无法拒绝某项礼物，可以先行接受，接受后需在指定时间报告内阁局并将礼品上交至指定部门。对于外国元首、代表赠送的礼物，尽量不予接受，如果不接受有可能造成失礼，则应先接受，然后向编制局报告。公职人员接受礼物的价值由内阁局评估，评估价较小的礼物可由本人留用。公职人员非经政府事前批准，不得索取、接受或以任何方式参与赞助和资助。公职人员不得借钱给管辖范围内以及在公务上与其有联系的人，公职人员亦不得向上述人员借钱,不得使自己处于对上述人员在金钱上承担任何义务的境地。公职人员不得建房,除非其建房申请得到事前批准。公职人员拥有价值在25 000卢比以上的巨额财产①,必须向所在部门的领导或政府秘书长申请,经有关方面批准后才能转让。如果财产转让人是部门领导或政府秘书长,则必须向所在部的秘书或编制秘书提出申请方可进行。非经事前批准,公职人员不得参与公司、银行的创办、注册和经营。未经批准,公职人员不得经商或接受雇佣工作。公职人员不得与基金会、私人托拉斯等机构发生经济联系。

按照菲律宾财产申报制度,公职人员需申报的内容有10项,包括:各类资产,即申报者的不动产与个人财产。不动产主要有住房、写字楼、工农业用地;个人财产主要包括珠宝、器械、汽车、现金、股票、有价债券。负债,主要是向各金融机构的个人借贷款项。净资产,指家庭总资产减去负债。商业利润,指投资企业的收入。财务联系,指充当企业的顾问或提供服务。政府部门亲属关系,包括亲戚四代关系,无论是血亲、非血亲。毛收入,指除个人所得税外的总收入。家庭支出,包括负担未满18周岁子女的支出。

1996年泰国政府颁布《两院议员财产申报法案》,1997年泰国正式将财产申报写入本国宪法,1999年《反腐败组织法》颁布。上述法律对泰国财产申报审核制度进行了明确规定。申报财产的范围包括:本人、配偶及未成年子女拥有的国内外动产、不动产;进行财产申报时,要提交财产项目清单、财产权属证明,以及前一财政年度申报义务人本人的所得税申报表;财产申报材料的主要内容,将通过一定渠道向社会公开。

二、哈萨克斯坦、乌克兰、爱沙尼亚财产申报内容

1998年7月,《哈萨克斯坦共和国反腐败法》获得通过,它要求实施财

---

① 许道敏.国外预防职务犯罪立法扫描(六)巴基斯坦:别出心裁的制度设计[J].中国监察,2002(18):58-59.

产申报，对国家公职人员进行财务监督。根据规定，国家机关和国家公职人员在指定期限内要向有关机关提交、申报或说明下列事项：(1) 向税务机关提交境内外的收入申报单和作为纳税对象的财产申报单，申报单应载明财产价值和所处位置；位于境内、境外的银行存款和有价证券；义务人有权直接、间接支配的现金；作为股东、法人创办者或参与者直接、间接投入的注册资金和全部银行项目；所投保险类别、保险数额和投保保险公司的注册国别；与申报人有业务关系、协定关系、工资关系及代管财物和现金关系的其他单位名称和银行项目。(2) 担任国家职务者，任职期间每年向当地税务机关提交申报单；被解除职务者，被革职后三年内须向税务机关提交申报单。(3) 国家职务和同类职务的候选人、国家职务担任者的配偶，按居住地向税务机关提交存放于境内外的属于纳税对象的收入及财产申报单。(4) 上述人员，还须向任职机关，或者向居住地的相应机构，提交税务机关规定的各项申报收据。(5) 任国家要职人员的收入及其来源，按法定程序公布；被提名为国家职务候选人的公民，要公开收入。(6) 执行国有财产管理职能的自然人和法人，按政府规定的程序、期限，向行使国有财产所有者管理职能的国家机关，提交国有财产所有财物契约和金融活动项目清单。

为解决利益冲突，哈萨克斯坦于《反腐败法》中规定了对兼职行为的限制，包括：履行国家职能的各级官员以及履行同类职能的其他公职人员，除教学、科研和创作活动外，禁止从事或担任其他有酬职务，不得从事企业活动并参与管理经济实体。除合法拥有的现金及其他租用财产外，上述公职人员必须于就任后一个月内，暂时将其所有包括用以获取收入的财产委托有关机关代管。上述人员如果已经担任禁止兼任的职务，应予以辞退或按程序解除职务。因担任上述兼职而被免职的公职人员，不得被授权重新履行此种职能，直至兼职情况解除。①

在前苏联时期，作为加盟共和国的乌克兰腐败现象就非常严重。独立后，历任总统都宣布把解决腐败问题作为主要施政纲领，但鉴于政治、历

---

① 于洪君. 哈萨克斯坦《反腐败法》[J]. 外国法译评，1999 (1): 102 – 106.

史、文化及社会原因，腐败现象仍一直困扰着乌克兰。乌克兰有关财产申报及防止利益冲突的主要内容在2010年开始执行的《乌克兰预防和惩治腐败法》中有所反应，包括：财产及利益申报主体按照法定程序和范围，提供来自国内外的财产、收入、支出、财务状况资料。在银行开列的外汇账户，申报人应在10天内通知居住地的国家税务机关，并说明账号和地址。《乌克兰预防和惩治腐败法》规定一定范围内的申报人在被任命和选任职务前，应提交国内外财产收入证明；如不提供，或提供不准确，则不能被任命和选任相应职位，已经做出任命的应该被辞退。

《乌克兰预防和惩治腐败法》同时规定了全体乌克兰公职人员在执行公务中不得获取非法利益，并应该防止利益冲突。对于接受礼品，该法亦有相应限制。非法利益是指无偿或没有合法依据得到的金钱，低于市场最低价的其他财产、资产、优惠，以及物质和非物质服务。禁止公职人员利用职权获取非法利益或接受承诺，或要求给予本人或其他人利益；禁止公职人员直接或通过其他人进行有偿或经营性活动，但业余从事的教育、科研、创造活动、医疗实践、体育教练和裁判除外；公职人员不得进入企事业单位的管理机构和监事会。关于收受礼物，法律规定公职人员在执行国家职能和地方国家机关自治职能时，禁止收礼，但可以接受符合公认礼仪标准的私人馈赠，条件是一件礼品的价值不得超过一个社会税务优惠额度。① 如果公职人员在公务活动中接受了礼物，受礼人应在3天内将礼品上交到任职机关或指定机构。

爱沙尼亚现行法律规定，所有公职人员每年须进行财产申报，报告所有收入情况。但在公布时，仅公布其任职期间的工资收入，其他情况供内部掌握。爱沙尼亚公职人员需要申报的财产及经济利益包括：不动产，包括载入土地登记册之前的建筑和建筑物的某些部分，应标明用途、位置、土地登记范围及不动产编号。载入登记册的汽车，注明型号和生产年份。持有的股票、证券，包括投资基金中的权益份额、债券、可转让债券、私有化证书、

---

① 乌克兰一个社会税务优惠额度相当于居民最低月收入的50%，约55美元。

证明采购或者销售权利和义务的证书；股票，填写发行人、种类、数量、每股面值。向银行或其他人所担保的债务和合同，注明债权人和债务数目，如债务数目超过6个月的工资或者每年50 000克朗，并且相关部门没有发放该工资。其他专有义务，包括租赁、担保合同、抵押、质押、不动产留置等，超过6个月的工资或者每年50 000克朗，并且相关的部门没有发放该工资；其他收入。银行账户，注明银行、账户种类和账号。可以收税的收入及红利收入，以上年交给税务部门的个人所得税为基础。

三、坦桑尼亚财产申报内容

坦桑尼亚地处非洲东部，以农业为主，是最不发达国家之一。坦桑尼亚实行总统共和制，在政党制度上，实行多党制，议会实行一院制。腐败是坦桑尼亚非常严重的社会问题。

《坦桑尼亚联邦共和国公共领导职位道德规范》规定了财产申报主体的哪些财产需要声明和公布、哪些财产不需要声明以及哪些行为涉及利益冲突。

每个公共领导人应当在《坦桑尼亚联邦共和国公共领导职位道德规范》生效后3个月内，或者在就职后的30日内、每年末及在任期届满时，以规定的形式向其长官提交本人、配偶、未婚未成年子女的财产和债务情况。财产和债务应该声明：不是婚姻生活的财产；不是与其配偶共有的财产。公共领导人突然拥有与其收入来源相比的巨额财产，而无法解释其来源，对此没有举报的，不应要求其将这样的财产声明为他本人的财产，也不应认为这种财产是可以声明的。

公共领导人及其家庭私人使用的财产和利益以及不具有商业性质的财产，正常情况下不在公开声明之列，具体有：被公共领导人或其家人使用或意图为他们使用的住所、娱乐设施、财产及农场；家用物品及个人财产；艺术作品、古董及收藏品；机动车辆和其他个人使用的运输工具；通过在其所有或占有的土地上劳作而得的收获或利益；经注册的非自给退休存款计划、养老金和保险单；由前雇主、客户或合作关系而节省的钱；应收的公共领导人的直系亲属的个人贷款,及应收的其他的小额个人贷款。

公共领导人应该就可声明财产予以说明,在不发生利益冲突的情况下,可以正常运营这些财产。可声明的财产包括:在银行或其他金融机构的现金或存款;国库券或定额股票;将钱存在银行、房屋建筑协会或其他金融机构而获得的利息;持有任何公司或其他法人实体的股票或股份而获得的股息或利润;从不与政府订立条约、不拥有也不控制公开交易股票的企业获得的利润;商业运作之下的农场;不属于不可声明的财产中的不动产;不属于不可声明的、间接经营的且用于盈利的财产。

公共领导人在政府合同中的利益应该声明,具体包括:说明在特定的法人实体或公司享有的利益;说明利益的性质和范围;如果利益表现为股份还是合伙,则需说明其所代表的公司所有权份额。

四、乌拉圭财产申报内容

乌拉圭东岸共和国,简称乌拉圭。乌拉圭自20世纪80年代结束军人独裁统治后,开始实行民主共和制,议会实行两院制。1998年通过《反腐败法》后,乌拉圭政府自1999年起开始实行财产和收入申报制度。

申报义务人必须在指定期限内申报本人、配偶、姻亲及父系家族成员、监护人的准确、详尽的财产情况,具体有:动产、不动产和收入;国内的、国外的、法人的、非法人的私人公司、有限公司、无限公司或股份合资公司或控股公司以及本人担任董事长或总经理的公司拥有股份情况;配偶财产和收入应由配偶在申报单对应处签署;应按项目和日期注明所拥有、租借或使用的每一项财产的现所有权的来历,以及在国内外的存款和其他有价证券数额和存放地点;租金、报酬、工资或持续获得的收益。

上述申报内容按照要求填写在格式表格内,表格由顾问委员会提供并加以说明。义务人应将填好后的申报单装入信封密封后,上呈顾问委员会。顾问委员会负责对公务员的申报信进行注册登记,并对所接收的申报信出具收据。该委员会有权开启总统和副总统的申报信,并将其公布在官方日报上。

五、越南财产申报内容

越南位于东南亚的中南半岛东部,是亚洲的一个社会主义国家,实行人民代表大会制,国会为国家最高权力机关,在现行政治体制上与中国有诸多相似之处。相较其他几个社会主义国家,越南的财产申报制度最为完善。2005 年通过并施行的反腐败法对该制度有明确规定。按照要求,申报主体必须就下述财产进行申报:房屋、土地使用权;贵重金属、宝石、金钱、有价证券和每种价值 5000 万越南盾及以上的其他类财产;在国外的资产和账户;依法应纳税收入。有财产申报义务的人员必须申报财产,包括本人所有的财产、配偶所有的财产和未成年子女的财产及其变动情况。[1]

自 2011 年 7 月 1 日起,越南国有全资集团和总公司要进行财产、贷款、债务和以黄金、外汇、越盾存款为内容的财产申报。申报的财产包括现金(含金、银、宝石)、各种存款,包括参与联营的款项、基金和银行的各种外汇存款。各种长期证券投资款,联营股金、短期证券投资款、基金、短期及长期保证金都须申报。

---

[1] 越南反腐败法 [M]. 孙平,黄贵,译. 北京:中国方正出版社,2013:24-30.

第四章

财产申报方式、管理及责任

财产申报制度是通过监控官员的财产状况,来预防和惩治腐败的一项制度设计,无论是制度构建还是制度施行,都是一项复杂的政治工程。财产申报的主体、内容属于财产申报制度的实体,财产申报方式、时间、材料审核及申报责任则属于程序。制度是实体和程序的结合,程序可以保证制度实体所规定的内容有序落实。财产申报制度程序性规定可以总括为财产申报的方式、财产申报的管理以及违反申报的责任。

第一节 财产申报方式

财产申报方式主要包括任职申报、年度申报和离任申报。任职申报是指拟任某一职务的公职人员或拟参加议员或公职竞选的候选人申报任前财产;年度申报,即在职公职人员每年进行的日常申报;因职务变动或被辞退、退休等情况,申报人进行的财产申报为离职申报。通过财产申报,管理机关可以掌握申报主体任职期间的财产变动情况,并根据变动情况,依据具体规定,做出相应处理。此外实践中还有随时申报和秘密申报。

一、初任申报

初任申报亦称任职申报、就职申报。在样本国家中,大多数国家都有明确的初任申报,只有少数国家没有明确规定。有些国家,针对不同的主体,初任申报比较复杂，有些国家则比较简单。在时间安排上，各国并不统一。申报起始时间和结束时间，有的国家较长，有的国家较短。对于需要申报的财产和利益的取得期间，有的国家按财政年度计算，有的国家按自然年度计算，但基本都是本年申报上一年度或是就任现职前几年或是就任现职前所有的财产和利益。

初任申报或任前申报的起始时间基本在确认正式竞选前、正式任命时或正式任职前，有些国家则要求在正式的法律文件通过之日或是法律上需要义务人必须履行完某种义务时。从样本国家反映的情况看，申报的期限以30天或一个月为限的国家比率较高，约为26.67%，即超过四分之一的国家采用了这种形式，包括美国、英国、南非、韩国、菲律宾、泰国、乌拉圭、爱沙尼亚。初任申报期限最长的是日本新当选的议员，为当选日后算起100天，印度次之，为当选日后90天。加拿大和墨西哥为任职后算起60天。法国申报时限最短，为正式竞选前、被任命或正式上任后算起15天。

没有明确规定初任申报时间或是没有明确规定是否进行初任申报的国家有德国、西班牙、新西兰、新加坡、俄罗斯、巴西、巴基斯坦、哈萨克斯坦、乌克兰、印度尼西亚。具体到上述国家，在初任申报细节上又有区别。

由于财产申报问题在德国的法律和其他规定中较为分散，且德国预防和惩治腐败的措施并不以财产申报为主，因此其对于初任申报没有明确规定，只是要求议员对兼职收入的最晚公示期限为担任职务、职务变更或延续后3个月内。西班牙没有详细规定初任申报时间。新西兰总理、政府部长和议员在就职时需申报个人财产，具体时间范围没有明确规定。新加坡每名公务员在初次上任及以后的每年都必须申报财产，具体时间没有详细规定。俄罗斯对初任申报没有明确规定，但希望竞聘有关国有集团公司、国有基金会以及联邦或市政机关职位的公民对收入和财产进行任前申报，也没有规定明确的时间范围。巴西只规定了就职申报，但未确定具体时间范围。巴基斯坦有初任申报，但具体申报时间及时间范围并不明确。政府公职人员在开始担任政府公职时，必须通过正常渠道向政府申报他们本人或家庭成员的、以及在他们本人或其家庭成员名下拥有的动产和不动产。哈萨克斯坦关于财务监督中涉及财产提交和申报的规定未涉及具体时限，《反腐败法》仅在财产委托和礼品上交问题上提到时限，如官员、国家公职人员以及同等类别其他人员违反规定收取的礼品，应于7日内无偿上交国家专门基金会。乌克兰现有法律没有明确是否进行初任申报。印度尼西亚根据相关法律，在大选期间，总统和副总统候选人、地方首长和副首长候选人，在选举之前要申报财产。

除上述国家外，初任申报时间较为复杂的国家有澳大利亚、土耳其、坦桑尼亚和越南。澳大利亚利益登记主体进行利益登记的时间是：在大选之后当年参议院7月1日后举行的第一次会议之后的28天内；参议院及众议院同时解散之后参议院举行第一次会议之后的28天内；宣誓成为某地区参议员或因补充参议院空缺被任命为参议员之后的28天内；每一位参议员都必须向参议员个人利益登记员提交一份登记表。

土耳其根据申报主体不同或是申报内容不同规定了不同的申报起始期限，具体为：部长委员会成员在任职后的1个月内；参加选举人员在选举结果确定后的2个月内；财产状况出现重大变化的1个月内；参加选举并当选领导监察委员会成员后的1个月内；职务终止后的1个月内；报纸公司所有人、报纸公司领导和监察委员会成员、部门负责人、社论和专栏作家自任职之日起1个月内；申报义务人在续任时，应在任职之初和终止年份的2个月内更新财产申报，主管机关需将更新的申报材料与之前的材料进行对比。

坦桑尼亚规定除非宪法或其他成文法有相反要求，每个公共领导人应在《坦桑尼亚联邦共和国公共领导职位道德规范》生效后3个月内、或在就职后30日内、或当年年末申报。官员在被任命相关职位后30日内，向总统或其他法定机构呈送财产、债务及收入年度声明，如实说明截止到声明日，官员财产和债务的价值，以及声明日前12个月官员的总收入及各种收入来源。

越南对初任申报未做明确规定，但规定了任前申报，未明确具体时间。国会代表、地方议会代表候选人的财产申报单必须在候选人参选地的选民会议上公开。公开时间、地点由选举委员会确定。预计可能入选国会代表、地方议会代表，其代表资格正接受国会或地方议会审查的人员的财产申报单必须在国会会议、地方议会会议上向国会代表、地方人民议会代表公开。公开时间、形式分别按照国会常务委员会和地方人民议会常务委员会相关规定执行。

二、日常申报

日常申报，即申报义务人在职期间进行的申报。对于申报主体而言，日常申报属于例行公事，对于管理机构和审核机构而言，通过日常申报可以查看申报人的财产变化情况。财产发生变化与时间因素息息相关，申报时限的长短会影响到申报人申报财产的具体数额或利益大小，因此，设置合理的日常申报时限是财产申报制度的一个重要环节。从样本国家财产申报制度反映的情况看，19个国家有（或判断有）确切的日常申报日期和时限，占样本国家的63.33%。有6个国家设置的申报时限是30天或1个月，这些国家有爱沙尼亚、巴基斯坦、墨西哥、韩国、日本和加拿大；期限最少的是1天，即在规定的1天时间内，申报义务主体要进行财产申报，采取这样方式进行日常申报的国家有乌克兰、俄罗斯、新加坡。日常申报时限较长的国家是泰国和乌拉圭，泰国每隔3年申报一次，乌拉圭是初次申报后，每2年申报一次。其他国家的日常申报期限，英国为28天、澳大利亚为35天、越南为12个月、菲律宾为4个月、意大利为6个月，美国为5个月15天。

样本国家中，日常申报较为复杂的国家有英国、美国、意大利和越南。英国议员具体登记财产时间是在议员当选后一个月内，登记后，如财产发生变化，则必须在财产发生变化后28天内进行登记。因此，一年内议员登记财产的次数不定，可根据财产变化情况来确定登记次数，登记内容将由议会统一对外公布。如下院议员于2017年6月8日当选，那么2017年6月8日当选的议员必须在当选后一个月内登记利益。此后，他们必须在28天内登记其可登记权益的任何变更。美国在职官员和雇员每年5月15日前申报上一年度个人、配偶和抚养子女的财产状况，如遇节假日，则下一工作日为最后期限，上一年度工作不满60天的不申报。在意大利，不应接受报酬的公共职员不上缴所接受的报酬，构成由审计法院管辖的国库问责情形。因此在给予报酬后的15日内，公职人员或者私人应向所属的行政管理部门报告所接受或给予的报酬数额。此外，公职人员向自己的属员授予或者批准授予职务，包括无报酬职务的公共行政部门,应当以电子通信的方式,在15日内,向公共职能司报告所授予或者批准授予的职位以及为其确定的毛收入。上述内容在每年6月30日前,随正式报告附送。没有明确说明日常申报时间和期限的国家有坦桑尼亚、马来西亚、哈萨克斯坦、土耳其、印度尼西亚、巴西、新西兰、西班牙、法国、德国、加拿大。根据本课题组目前掌握的资料,无法判断上述国家日常申报的具体时间和时间范围。

三、离职申报

离职申报,即有申报义务的主体因退休、被辞退、辞职以及离开原职务就任新职务等原因而进行的财产申报。爱沙尼亚、乌克兰、乌拉圭、泰国、菲律宾、墨西哥、韩国、巴西、新加坡和美国明确规定有离职申报。离职申报的时间基本从确定离职日开始,期限长短不一。巴西、新加坡没有明确具体期限。有七个国家规定在离职后30天或一个月内完成,占上述国家的58.33%,可视为离职申报期限的主流制度设计。离职申报期限最长的是乌克兰,为10年,其次是爱沙尼亚,为2年。

没有对离职申报做出明确规定或是现有资料无法判断离职申报的时间和时限的国家有越南、坦桑尼亚、哈萨克斯坦、巴基斯坦、印度尼西亚、南非、印度、俄罗斯、日本、新西兰、澳大利亚、西班牙、意大利、英国、法国、德国、加拿大。没有离职申报,并不等于这些国家对官员离职后就放任不管。为防止利益冲突,上述国家对公职人员离职后的从业或再就业都有一定的限制,有些国家的限制甚至极其严格。布鲁塞尔研究腐败问题的专家卡尔·多兰(Carl Dolan)指出:欧洲的腐败问题远非金钱贿赂那么简单,而是植根于"政治家与各行业的关系之中"。一些政客"向青睐的企业提供合同甚至为他们修改法律,并不是为了一笔现金",而是为了自己在下台后可以在那个企业"谋个好差事"①。为解决离职官员再就业的"旋转门"问题,许多欧盟国家都制定有法律和出台相关规定,对此进行约束。"等待期"制

---

① 柴野. 腐败事件不断 德国清廉形象受损 [N]. 光明日报, 2014 – 03 – 16 (8).

度目前在欧盟比较普遍。在欧盟层面，曾任欧盟委员会委员的高官卸任后"等待期"为18个月，欧洲法院法官为3年，所有欧盟机构的高级公务员为1年。欧委会委员在退任后三年内，根据在任时间长短，每月大概领取在任时基本工资的40%~65%的"等待期"补贴。如果三年内找到新工作，那么补贴将被削减，额度是再就业工资和补贴之和不高于在任时工资。① 加拿大对政府公职人员退休或辞职后的从业问题做出具体规定。首先是限制他们再就业范围，部长在离职后2年内，其他官员1年内，禁止到与其任职期间有工作关系或联系较密切的公司任职；其次是限制他们的活动，公职人员在离职后一定年限内不准作为某公司的代表或代理与其任职单位打交道，不准代表他国对本国政府进行游说活动，不准利用原工作岗位掌握的内部信息谋取利益。韩国《政府伦理法》对退职公务员从业行为亦有限制，凡是符合财产登记的主体，在退职前二年从事工作如果与有一定规模以上的、以赢利为目的的私营企业"有密切关系"，那么公职人员退职后不得到此类企业从业，如欲从业，则必须事前征得所在机关公职人员伦理委员会批准。根据《公职人员伦理法》实施细则解释："一定规模以上"指赢利的私营企业资产总额为100亿韩元以上，交易额为每年300亿韩元以上，此类企业由国税厅根据企业上年度缴纳赋税予以确定。"有密切关系"是指公职人员在退职前两年担任过下列工作之一：直接或间接担任过财政补助工作；直接担任过有关对工商业的申请进行审批的工作；直接担任过生产、经营监督、检查工作；直接担任过税收调查、征税工作；直接担任过工程、采购合同的检查、验收工作；直接担任过有关依法进行监督方面的工作；直接担任过能对私营企业财产权利产生影响的业务工作。有些国家限制退休后的公职人员从事与其在职期间从事的管理工作相关的职业，有些国家禁止离职后的公职人员或其近亲属收受礼品或利益，都属于解决"旋转门"问题的制度设计。

---

① 孙奕. 德国为卸任官员"下海"设等待期 [J]. 人才资源开发，2015 (23): 47-48.

第二节 财产申报管理

财产申报管理包括受理机关的设置，资料审核、转送、使用、公开等环节。在全球范围内，财产申报的管理有独立机构管理、内设机构管理、行政首长负责、立法机构管理、司法机构管理、人事组织机构管理、政党单设机构管理、税务部门管理等形式。资料审核是核查财产申报资料有无瞒报、漏报、谎报等；当申报人出现职务调任情况，一些国家还设置了申报资料转送程序；申报资料的公开，世界范围内有全面公开、许可公开和自愿公开三种情况。实践中有些国家采取秘密申报，资料不公开，或是仅在出现法律规定的情况下，出于查处案件的需要在小范围内公开。

一、财产申报受理机构

财产申报受理机构，即接受申报材料，对申报材料进行整理的机构。财产申报受理机构以接受申报材料为基本职责，大多数样本国家的财产申报机构仅有此项职责。少数国家的受理机构兼有接受和审核功能，有些国家的受理机构还具有一定年限内保存管理材料的职责，有些国家的受理机构还具有接受举报和进行调查的权力。样本国家对申报资料受理机构的设置类型多样。据本课题组掌握的资料，除印度和巴基斯坦目前无法准确判断财产申报资料受理机构外，其他国家均设有明确的受理机构。英国和德国是把申报资料送交国会，俄罗斯递交给各级人事部门，越南、乌克兰、新西兰、意大利的申报资料由申报人所在单位受理，巴西的财产申报资料送交联邦审计法院，墨西哥的申报资料送交联邦总监察部，新加坡的申报资料送交反贪污调查局。哈萨克斯坦较为特殊，财产申报资料要送交税务机关。为避免其他权力机构对财产申报制度运行的干扰，很多国家设置了专门受理机构，并赋予其较大的独立自主权，这些国家有坦桑尼亚、乌拉圭、泰国、印度尼西亚、南非、澳大利亚、法国、加拿大，占样本国家的 26.67%。而爱沙尼亚、菲律宾、土耳其、韩国、日本、西班牙、美国，这些国家的多个机构都可以受理财产申报资料。

在爱沙尼亚，议会成员、总统、政府成员、最高法院院长和法官、银行董事会主席和董事会成员、银行行长、武装部队指挥官和总司令、审计长、司法部部长、大使、检察长和检察官、巡回法院院长、行政法官、县和市法院院长向议会指定的委员会递交财产申请；州务卿、县长、农村和城市委员会主任、农村机构和城市政府负责人以及地区和城市元老向审计长递交财产申请；地方政府机构成员、地方政府官员以及执行政府官员职能的非公务人员向机构所指定的委员会或者该委员会的成员递交财产申请；在公法上管理机构的成员应该向该人的监管机构递交财产申请，在公法上监管机构的成员向议会指定的委员会递交财产申请；拥有大部分地方政府参与的公司的管理或者监管机构的成员向行使该种公司股东权部门的负责人递交财产申请；拥有大部分政府参与的公司的管理董事会和监管董事会成员向该地方政府指定的委员会成员递交财产申报；行政法官，县、城市和巡回法院法官，高级检察官，检察官和公证人员向司法部部长递交财产申请。

在菲律宾，按 1989 年 2 月 20 日批准的《菲律宾公共官员与雇员品行和道德标准法》规定，财产申报材料的受理情况如下：宪法规定的国家竞选官员，向国家监察专员办公室提出；参议员和众议员向两院秘书提出；最高法院法官向最高法院书记员提出；法官向法庭主管人提出；所有全国性行政人员向行政首长提出；地区和地方公共官员和雇员向代表其地区的助理监察专员提出；武装部队上校以上军官向部门首长提出，此级别以下军官向代表该地区的助理军事监察专员提出；所有其他公共官员和雇员向文官委员会提出。

在土耳其，土耳其大国民议会和部长委员会成员将申报材料提交至土耳其大国民议会议长办公室；公共机构和组织工作人员将材料提交至人事登记与档案管理部门；机关、企业、机构和组织总负责人，领导和监察委员会人员提交至相关部长办公室；高等法院行政主管和成员将申报材料提交至法院院长；公证人员将材料提交至司法部；其他组织机构职员和公务员将申报材料提交至该人员的职务任命部门；土耳其航空协会及红新月协会人员将材料提交至协会主席办公室；离职人员将材料提交至任职期间财产申报事宜主管部门；政党主席财产申报材料提交至上诉法院首席总检察长办公室；合作社和工会主席、领导委员会成员及部门负责人将材料提交至合作社和工会监察机构；注册会计师将材料提交至财政部和海关总署；土耳其航空协会、土耳其红新月协会等公共服务机构领导与监察委员会成员将材料提交至内政部，分支机构主席将材料提交至所在省政府；担任省议员职务的省长、担任市议员的市长以及县长将材料提交至内政部；管理财产申报人员，将申报材料提交至本机构的人事管理办公室；报纸所有人、报纸公司领导与监察委员会成员、部门负责人、社会与专栏作家将申报资料提交至所在单位最高行政办公室；基金会行政机构人员将材料提交至基金会管理总局。

在韩国，国会议员及国会所属公务员向国会事务处申报登记个人财产；宪法裁判所所长、裁判官及宪法裁判所所属公务员向宪法裁判所申报登记个人财产；法官及法院所属公务员向法院行政处申报登记个人财产；政府院、部、厅所属公务员向该公务员所属院、部、厅事务处申报登记个人财产；中央选举管理委员会及各级选举管理委员会所属公务员向中央选举管理委员会申报登记个人财产；监察院所属公务员向监察院事务处申报登记个人财产；地方政府公务员向各有关地方政府申报登记个人财产；国家安全企划部所属公务员向国家安全企划部事务处申报登记个人财产。

在日本，首相、阁僚、副大臣和政务官报告书由各省厅的长官或受其委任者（自提交期限之最后一日的次日起）保存五年，同时报告书的副本要上交至国家公务员伦理审查委员会。公务员伦理审查委员会是负责公务员伦理的专责机关，设于人事院下，对财产申报报告书进行审查。审查委员会由会长及四名委员组成，其会长及委员独立行使职权。

在西班牙，人民党内部设有人民监督办公室，人民监督办公室的主要任务是审查党内成员的收入、经济活动及财产变化状况，监测和防止党内存在的任何虚假或腐败行为，尤其是针对人民党党内的高官和公务员。大多数官员的申报信息直接提交到利益冲突办公室。

在美国，总统、副总统候选人及由总统提名参议院批准的官员向国会提名审查委员会和政府道德署申报；总统、副总统、独立检察官及其任命人员、各单位廉政官向廉政署申报；其他官员和雇员向本单位廉政办公室申报。总统、副总统、独立检察官以及独立检察官任命的工作人员，邮政总局局长、副局长及邮政系统官员直接向联邦伦理办公室主任申报。其他接受财产和利益申报的机构及对应的义务人是：司法会议负责最高法院首席大法官和大法官、上诉法院和地区法院包括海外领地等法院以及其他国会立法设立的法院法官及上述法院雇员的申报；各军兵种部长负责军职人员的申报；联邦选举委员会负责总统或副总统候选人的申报；众议院书记负责众议员、众议员候选人及众议院管辖机构雇员的申报；参议院秘书负责参议员、参议员候选人及参议院管辖机构雇员的申报。

二、资料保管、审查及核实

财产申报资料一般由受理机构负责保管，样本国家中，对于保管程序规定得较为详尽的只有爱沙尼亚和乌拉圭两国，尤其是爱沙尼亚。爱沙尼亚《反腐败法》对财产申报资料的保管人以及具体保管事项做了明确规定。保管人是指接收财产申报资料的官员或是由该官员指定的官员。保管人应该安排时间、地点、方式及时收取申报资料和各类证件。材料递交后，保管人应妥善保管，除保管机构的最高领导或者由保管人指定的官员外，任何人不得知悉宣告内容。除法定情形外，保管机构的最高领导或被指定的保管官员不得向别人披露申报资料内容。申报材料应自递交之日起在保管人的办公地点保管3年，之后申报材料应据相关《档案法》规定的程序交付国家档案馆永久保存。乌拉圭《反对滥用公共职权法》规定由顾问委员会提供进行准确申报所需要的说明和表格。申报单自公务员离职或去世后保存5年，到期销毁，并通过公证书加以确认，如果申报人要求归还，可归还本人。顾问委员会负责对申报材料进行保管，在下列情况下可开启：应当事人本人要求或司法当局裁决；在公诉案件中，顾问委员会以绝对多数票裁决同意；当申报人的初次申报中包括了属于第三人或不存在的人的财产或申报人在申报中隐瞒本人或配偶、姻亲及父系家族的财产时，顾问委员会认为应进行调查，可开启申报材料审查核实。

审查核实即对财产申报资料内容及格式的正确性、真实性、完整性等进行审查与核对。有的国家由单一机构进行审核，有的国家由两个或两个以上机构进行审核，对于审核结果，有些国家还需要司法系统的公证部门进行公证。样本国家中，坦桑尼亚、爱沙尼亚、泰国、乌拉圭、乌克兰、土耳其、印度尼西亚、韩国、墨西哥、巴西、日本、澳大利亚、西班牙、英国、法国均设置单独机构进行审核。

设置单独机构对申报资料进行审核的国家中，韩国和巴西的做法特色鲜明。韩国财产申报审查与登记分属不同机构，在国会、大法院、中央选举管理委员会、中央及地方政府分设公职人员伦理委员会，分别对公职人员财产登记事项进行审查，并把审查结果制成报告提交国会，各级伦理委员会向国会负责。伦理委员会在财产申报和登记结束后一个月内，将申报材料进行整理，并把总统、国务总理、国务委员、国会议员、部长、次长等政治家类政务官的财产申报资料进行公开，登载于官报或公报，供公众查阅。伦理委员会对所有公务员的财产申报均有权直接审查，对于不公开的一般性公务员财产申报，伦理委员会可以根据具体情况委托登记机关或有关机关首长进行审查。审查过程中，委员会可以行使以下权力：财产申报者因过失漏报财产或计算财产价值有误，委员会可指定期限，令申报人对财产登记材料进行补充；可向申报人提出书面质疑，要求其提供相关材料；委员会对财产登记事项审查时，可要求国家机关、地方政府、公共团体、金融机构首长提供相关材料和报告，上述部门首长不得拒绝，如上述部门首长向委员会提供虚假报告或资料，对其处一年以下有期徒刑或1000万韩元以下罚款；委员会可以要求申报义务人以及申报人的配偶、子女、近亲属及与财产申报有关人员到指定场所接受询问，上述人员无正当理由不到场接受询问的，处6月以下有期徒刑或500万韩元以下罚款；通过审查，委员会认为申报义务人进行虚假财产登记，有权要求法务部长官（如申报人为军人，则要求国防部长官）在限期内进行调查，法务部长官（国防部长官）应立即命令检察官进行调查，调查中可以适用刑事诉讼中的搜查程序，但不适用人身拘束规定，检察官在限期内完成调查后，应将调查报告提交伦理委员会。

在巴西，审计部门每年对申报材料审计一次，联邦总审计长办公室可以在行政部门内部审查公务员财产变化，如财产与收入不符，将启动调查程序。申报人的申报材料副本交联邦审计法院，联邦审计法院可以：保留构成官员私人财富的财产和收入登记；在每一权力机构内部监督系统的支持下，对财产和收入的合法性进行监督；采取与其职务相应的措施，如有必要，可向有关权力机构报告违法乱纪情况或滥用权力情况；定期在联邦官方简报上摘要公布申报数据；如联邦议会参众两院或有关委员会提出书面要求，须向其提供情况；当公民为取消危害公共财产或危害行政道德的行为而举行民众游行时，如果要求相关部门提供证明，可依法提供。

样本国家中，越南和新西兰两国由财产申报义务人所在部门审核。越南《反腐败法》规定了财产申报中需进行财产核实的情形：有人举报申报人在财产申报中不诚实；主管机关、组织或个人提出核实要求；当进行申报人的选举、任命、降级、解聘、撤职或纪律处分时，需要了解更多信息；有证据表明，财产增加之来源解释不合理。存在上述情形时，申报人所在部门将对财产申报资料进行审核。而新西兰规定事务型公务员财产申报材料要接受部门内部审核。

样本国家中的哈萨克斯坦、巴基斯坦、南非、印度、意大利、德国，根据本课题组掌握的材料，没有判断出该国对财产申报资料是否进行审核或设置有具体审核部门。菲律宾、新加坡、加拿大、美国则由两个或两个以上机构来负责审核财产申报资料。

在菲律宾，按照《菲律宾公共官员与雇员品行和道德标准法》，国会两院特定委员会应建立财产申报审查程序，核实申报材料是否准时、完整以及形式是否正确。如果确认没有正确提出申报，该委员会应该通知申报人，并指示其采取正确行为。为更好履行职责，经过议院多数赞成票，国会两院特定委员会有权在管辖范围内，向申报人提出书面解释意见，接到解释意见的申报人以及接到解释意见后已遵照采取正确行动的人，不得被追究责任、受到制裁。行政部门、司法部门等各自部门的领导人应在各自管辖范围内，履行上述职责。

在新加坡，每个公务员的申报数据交给所在部门常务秘书长和贪污调查局审查，法院公证处受理对申报资料的公证。每一位公务员的财产清单，经法院公证处核查后，由宣誓官签名认证。公证书由公务员所在单位的人事部代为保管，副本由法院公证处代为保管。

在加拿大，利益冲突和道德专员负责管理下院议员和政府高级官员的利益冲突，执行《利益冲突法》和《下议院议员利益冲突守则》。普通公职人员适用《加拿大公共服务价值和道德守则》，公共服务廉洁办公室负责调查普通公职人员的违法行为。在美国各部门的伦理办公室或其他接受申报机构可以进行独立审核（独立审核，即独立、权威、专业的机构审查核实申报报告的真实性、规范性，审查过程不受干涉）。

审查核实程序的启动有两种情形，一种是主动核实，即不需要其他部门或个人的要求、控告或检举就自动进行。另一种是被动核实，是经控告、检举或应有关机构要求或是审核机构认为出现了必要情形而需要进行审查与核实。菲律宾、韩国、印度尼西亚、巴西、俄罗斯、新加坡、日本、新西兰、澳大利亚、英国、法国、加拿大、美国属于主动核实，其他国家属于被动核实。

三、申报资料公开及保密

财产申报资料的公开与否，既涉及公众知情权，又涉及官员隐私权。处理知情权与隐私权的矛盾，理论上已经得到解决：官员基于公权力运行中的信息不能以隐私权来对抗公众知情权。因此，公开财产申报资料无论从公共利益的角度，还是从民主监督、行政伦理以及阳光政府的角度，都是必然。从实践的角度看，各国在综合考量社会大局、政治稳定、行政效能、制度成本、个人权益基础上，对于资料是否公开采取了不同方式。

据本课题组掌握的材料，乌拉圭、哈萨克斯坦、巴基斯坦、墨西哥、意大利没有明确规定财产申报资料是否公开，土耳其、印度和新加坡对财产申报资料采取保密方式。在土耳其，申报材料通过秘密登记，存储于特别文档中。且申报材料内容，除有特别法规定外，不得以任何方式公开，但公职人员伦理委员会在认为必要时有权查看申报材料。在印度，竞选议员候选人申报材料不公开，新当选两院议员申报材料由议会秘书负责，资料秘密封存，不经议长批准，不得查阅，不对外公开。在新加坡，公务员的财产申报资料严格保密。《新加坡公务员守则和纪律条例》要求公务员将财产申报资料逐级上报，最终送至反贪污调查局。在递送过程中，材料密封，送至常务次长时，首次打开。常务次长阅毕，再将材料上交审核机构，由审核机构审查，查毕，材料会送到本部门的机密储藏室，只有极少数官员有权对保存的材料进行查阅。

越南、坦桑尼亚、爱沙尼亚、乌克兰、泰国、印度尼西亚、韩国、南非、巴西、俄罗斯、日本、新西兰、澳大利亚、西班牙、英国、法国、德国、加拿大、美国采取公开的方式。

公开申报资料有三种情形：（1）申报人应当在定期工作的机关、组织或单位公开财产申报。公务员、干部所属的主管机关可以通过会议的形式公开，也可在机关、组织或单位的办公室张贴财产申报，公开时限为每年的1月1日到3月31日，且必须确保公开日期连续不低于30天。（2）国会代表候选人或人民会议代表候选人的书面财产申报在工作地选民会议上公开。（3）由国会或人民议会提名或批准的候选人财产申报必须在会议上向国会代表或人民会议代表公开。

有的国家采用对外公开与内部公开相结合的方式，如越南、法国。在越南，管理部门对财产申报资料分两种情况处理：一种是包括内阁、议员等在内的政治家的财产申报资料对社会公开，另一种则是其他高层公职人员申报资料不对社会公开，由反腐败委员会进行调查处理。在反腐败委员会网页上，公众可以查询必须申报财产的官员范围、申报程序和申报地点以及违反申报进行处理的司法依据和惩戒措施。在法国，总统候选人的财产和离职总统的财产要向公众公开；其他政治人物的申报资料仅在政治生活透明委员会内部公开。

有的国家仅公开一定级别以上官员,或只是议员和高级官员的申报资料,属于有限公开,如韩国、菲律宾、巴西;有的国家采取有条件公开的形式,如爱沙尼亚、德国。在公开的国家中,采用有限公开方式的国家占57.89%,是主流的公开方式。有限公开的典型国家是韩国。在韩国包括总统在内的政务官、具有一级级别的一般职务公务员、地方政府首长、地方议会议员、外交公务员(特一级、特二级及一级)、高等法院判事级以上法官、检事级以上检察官、中将以上军官、大学校长、副校长、院长、治安监以上的警察公务员、地方国税厅长和具有二级、三级以上的关税长,在登记和申报期限结束后一个月,由公职人员伦理委员会在官报和公报上对外公开。参与竞选总统、国会议员、地方政府首长、地方议会议员的候选人,在向选举管理委员会提出财产申报后,由选举管理委员会在候选人登记公告中公开其财产;由国会审查任命的大法院院长、宪法裁判所所长、监察院院长向国会提交财产申报清单后,由国会议长将上述拟任命人员的财产申报资料公开。附条件公开的典型国家是爱沙尼亚。在爱沙尼亚,披露财产登记信息时,不应改变信息在申报材料中的位置,也不得显示不动产、其他收入、可以收税的收入、红利收入;在财产申报中所包含的不属于公开内容的信息不得对外公开。

有些国家则将财产申报资料向全社会公开,如坦桑尼亚、俄罗斯。在坦桑尼亚,财产申报资料以总统规定的方式保存后,可以供公众查阅;在俄罗斯,人事部门在受理申报后,可将申报主体的不动产、交通工具和年收入信息在官方网站公布或提供给俄罗斯境内的有关大众媒体。

第三节 财产申报责任

对申报义务人违反申报规定,进行瞒报、漏报、谎报或是拒绝申报,各国制度都设置了惩处机制。根据违反申报义务的情节轻重,施以相应制裁。此外对于有保密义务的财产申报管理人员,如在财产申报管理中泄密,亦根据泄密情节和造成的影响给予相应制裁。

对违反财产申报进行处罚的主要方式为行政处分和刑事制裁，有13个国家采用了刑事制裁，18个国家采用了行政处分。采用纪律处分以及其他处罚方式的国家相对较少。有些国家会根据违反财产申报的情节轻重，结合本国制度特色，采取多种方式对义务人进行制裁，如越南、韩国、泰国、俄罗斯、巴西。有些国家仅采取一种方式对违反财产申报的义务人进行处罚，如澳大利亚。有些国家对违反财产申报义务是否进行处罚，没有明确规定，如意大利、南非。

一、行政处分

行政处分，是行政机关按照行政隶属关系给予有违法失职行为的国家机关公务人员的一种惩罚措施，在我国包括警告、记过、记大过、降级、撤职、留用察看、开除等具体措施。样本国家采取的具体惩处措施与我国大同小异。越南对于不如实申报财产者，视情况分别给予谴责、警告、降职和开除处分，并且要在单位公示处罚决定3个月以上，推迟申报的义务人可能被处以谴责、警告和降薪。在泰国，申报义务人故意延期不提交申报材料、故意提交虚假资料或故意隐瞒事实，于申报期限届满日或违法行为曝光日，该义务人将被自动解职。在哈萨克斯坦，申报人不提供申报资料，或者提供不完整、含有虚假信息的申报材料，情节尚未触犯刑律时，政府将拒绝为其提供相应职务；对于已经担任公职或者同类职务的申报人，则革除其职务，或按法律规定解除职务。对于被解职的国家工作人员，三年内又担任国家公职，在三年内，该义务人首次不提供或提供不完整、不可信的申报资料，将被处以罚款，罚款数额等于哈萨克斯坦月工资指数的50~100倍。罚款由法院根据有关单位请求，按行政处罚程序执行。对于在上述期间再次不按规定履行申报义务者，则按相同程序，处以等于哈萨克斯坦月工资指数100~200倍的罚款。在新加坡，如违反财产申报规定，少报、漏报、错报等虚假申报或拒绝申报，将根据情节轻重，受到警告、降职、停职、开除，或是罚款、延迟加薪、强制性提前退休等处罚。

加拿大对违反财产申报的行政处分规定得更为详尽。如出现下述情况，公职人员应承担最高500加拿大元的行政处分：报告公职机构负责人在接受任命后60天内应向专员提交保密报告，而不提交或提交的保密报告内容模糊，公职人员提交报告的相关内容发生了实质变化，但该负责人未在变化发生后30天内向专员提交报告，说明已发生实质变化。报告公职人员或其家庭成员在12个月时间内除从亲属、朋友以外的其他来源接受礼物或其他好处，总价值超过200加拿大元，但该公职人员未在价值超过200加拿大元之日起向专员报告或透露该礼物或其他好处。报告公职人员未在7日内向专员书面汇报外部聘任实际情况，或接受外部聘任情况。报告公职人员自行退出以避免利益冲突但未做出避嫌声明；报告公职机构负责人在接受任命后120天内未对其控制资产及免税资产外的资产做出公开声明；部长、内务大臣或议会秘书在任命之后120天内未对其10 000元（含）以上加拿大元债务进行公开声明；报告公职人员担任管理者或全职院督，或者具有慈善救助或非商业性质机构的领导或官员，但在接受任命之日起120日内未对该事实进行公开声明；报告公职人员或其家庭成员一次性接受了除亲戚或朋友外其他来源200加拿大元（含）以上礼物或其他好处，在30天内未做公开声明；从其他来源接受了旅行，相关部长、内阁大臣或议会秘书未在接受之日起30日内进行公开声明。报告公职人员在接受任命之日起120日内未签署信息总结陈述。报告公职机构负责人未向专员提供销售确认或合同复印件或已经做出的剥夺控制财产委托文书。

如果利益冲突专员有合理依据相信公职人员违反了法律，则可发布违法通知，内容包括：确信违法的公职人员姓名；证实违法行为；说明专员拟执行的罚款；告知公职人员在通知发出之日后30日内或专员规定的更长时间内，支付通知中说明的罚款，或向专员进行关于被控违法或关于处罚的说明，并说明支付罚款的方法。通知公职人员，若其不依据通知处罚规定标准支付罚款或依照通知做出相关说明，将被视为构成违法，专员可对其进行处罚，处罚应公开进行。如因违法行为对公职机构人员进行了行政处分，专员应公开违法人员姓名、违法性质及处罚金额。

二、刑事制裁

在财产申报过程中，如果情节恶劣，达到触犯刑法的程度，许多国家都采取刑事制裁。在韩国，未经许可查阅、复印财产登记资料的，将被判处一年以下有期徒刑或1000万韩元以下罚款。从事和曾经从事财产登记工作的有关人员，如泄露财产登记情况，将被判处一年以下有期徒刑或1000万韩元以下罚款，因泄露财产申报事项获得利益或者使第三方获得利益的，处5年以下有期徒刑或5000万韩元以下罚款。对无正当理由拒绝进行财产申报登记的义务人，判处一年以下有期徒刑或1000万韩元以下罚款。在美国，如果申报义务人伪造申报信息或者故意在规定时限内拖延申报或不按规定时间申报，伦理办公室或接受申报资料的有关机构会将上述事实报告上交至联邦司法部长。司法部部长将通过地区法院对违反申报的官员提起民事诉讼。伪造申报信息的申报义务人最高将被判处5万美元罚金，或被判处一年有期徒刑，或二者并罚。故意不按规定时间申报或拖延申报的官员，最高会被判处5万美元罚金。逾期30天不申报，申报义务人将被判处200美元罚金。

与上述国家相比，巴西和土耳其对违反财产申报的刑事处罚更为严厉。在巴西，申报人在就职时不申报财产，不向联邦审计法庭寄送、延误寄送申报材料或蓄意提供不确切、不真实申报材料，如果申报人是总统和副总统、政府各部部长和其他特别法规定的高官，他们将被判处渎职罪或职能犯罪。根据特殊法律，上述违反申报义务的高级官员将受到丧失任职资格、解除职务、解除雇用或撤销职权的处分，且在被处分后的5年内不得被任用新职务或被雇用执行公共职能。2005年巴西设立高官财产司法调查制度，规定任何公职人员的财产增长，如果与其申报的合法收入不符，均被认为是犯罪，根据法律将被判处3~8年监禁。[①] 公职人员只要被有关当局查出有不能说明合法来源的财产，即便无具体证据支持，也被认为是犯罪，被处以刑罚。

---

① 姚宏科. 巴西反腐败制度及其对我国的启示 [J]. 行政管理改革, 2010 (9): 72－75.

<<< 第四章 财产申报方式、管理及责任

在土耳其，如果义务人在规定期限内未能提交财产申报材料，相关部门可以给予该义务人警告处分。受到警告后，该申报人在 30 日内仍未提交申报资料，将被处以 3 个月监禁。在审查期间，义务人仍不提交财产申报材料，将被处以 3 个月至 1 年监禁。在财产申报过程中如有违法情节，相关人员可被处以 3 个月至 1 年监禁。虚假公开行为若以新闻形式公开，刑期增加一半。进行虚假申报的义务人可被判处 6 个月至 3 年有期徒刑。义务人如果非法获取、转移或藏匿财产，可被处以 3~5 年有期徒刑，并处以 500 万~1000 万里拉罚款。因违反《财产申报与反贿赂腐败法》而获刑的公职人员，在服刑结束后，将被判处终身禁止从事公共服务工作、赋予公职。

三、其他责任方式

除行政处分和刑事制裁外，样本国家对违反财产申报的责任方式还包括谴责、催报、在全国或一定范围内通报、要求作出解释和说明、责令改正、表态、剥夺名誉或资格、禁止出任国家公职或从事公共服务（临时或终身）、纪律处分以及违宪制裁。

把违反财产申报的责任上升到违宪高度的国家很少见，澳大利亚是样本国家中仅有的一例。在澳大利亚，任何一名参议员在财产登记中，如有以下情形之一，将被认定严重蔑视国会①：明知提交应登记利益登记表的时间，有意拖延不按规定日期提交；应登记利益出现变化，有意拖延不在规定的 35 天内上报；故意向参议员个人利益登记员提供虚假或误导信息；在财产申报中，参议员明知本人获赠的礼品是赠予参议院或议会的，却未提出申报；明

---

① 蔑视国会（Contempt of Parliament）是妨碍议员履行立法、批准及监督政府开支等责任，有意误导国会或委员会，拒绝到国会作证或提供文件，以及企图影响议员决策。2018 年 12 月英国首相特雷莎·梅在议会辩论"脱欧"计划时，议会判定特雷莎·梅政府拒绝公开"脱欧"协议法律建议的决定属于"蔑视议会"，是违法行为，这在英国历史上还是首次。美国类似的案例相对较多。如 2019 年 5 月 8 日，联邦司法部长巴尔因拒绝向国会交出完整版的特别检察官穆勒的报告，众议院司法委员会投票决定其"蔑视国会"，据国会记录，这是自 1978 年以来发生的第九次类似案件。在 40 年间，巴尔是被指控蔑视国会罪的第五位行政部门官员和第二位美国司法部长。

91

知担任参议员时使用或展示的礼品应返还给参议员个人利益登记员,却没有返还;故意向参议员个人利益登记员提供虚假或误导信息。从程序的角度看,参议员是否严重藐视参议院应首先提交特权问题委员会进行调查,在特权问题委员会做出报告之前,其他任何委员会不得参与。

巴基斯坦、印度尼西亚、西班牙对于违反财产申报的义务人采取纪律处分。巴基斯坦公职人员违反财产申报,义务人要停职检查。印度尼西亚2010年第53号法令规定,公务员违反纪律,将面临轻度、中度和重度处罚。轻度处罚,包括口头批评、书面批评和公示谴责;中度处罚,包括推迟1年晋升工资级别,推迟1年升职,降级1年;重度处罚,包括降职3年,调到低一级岗位工作,离职,解职,开除。西班牙没有规定违反财产申报的具体纪律惩处措施,但规定了纪律处罚原则,即:由部长委员会负责对存在严重违法违纪问题的高级官员(政府内阁部长成员及国务秘书)进行惩治。由公共行政部(负责行政诉讼的部门)对存在严重违法违纪问题的内阁其他非部长成员进行惩治。由公共行政部总务秘书负责对其他存在轻微违法违纪问题的官员进行告诫。

德国对违反兼职收入申报义务人的处罚颇具特色,如果议员义务人公示内容不实,即存在违反议员行为规范的可能。议长会找该议员就此问题进行谈话,同时从法律和事实角度对不实的问题进行调查,要求该议员据实申报,并要求其所在党团主席表态。如议长认为情节较轻,可警告该议员。如主席团确认该议员违规行为属实,将对裁决结果进行公示,并根据情节轻重处以罚款,数额最高不超过该议员年酬金的50%。①

---

① 中国社会科学院"政治发展比较研究"课题组. 国外公职人员财产申报与公示制度[M]. 北京:中国社会科学出版社,2013:50-51.

第五章

样本国家财产申报制度实施状况（一）

财产申报制度的实施，可从两方面来考察，一是作为例行公事的申报工作；二是通过对违反申报行为的纠正来透视这一制度的执行力度以及这一制度在预防或惩治腐败中发挥的作用。为研究之便，本课题组对样本国家做出如下划分：2015—2018年透明国际（Transparenay International，即国际透明组织）公布的CPI（清廉指数）平均得分在70分以上的国家，视为比较廉洁的国家；得分在50~70分的国家，尤其是2017和2018两年得分在50~70之间的，将其视为有轻度腐败现象的国家；得分在40~50分之间的，视为腐败现象较多的国家；得分在40以下的，视为腐败现象较为严重的国家，这种划分与透明国际的划分标准稍有出入。[1]

第一节 较廉洁国家财产申报制度实施情况

据2019年透明国际公布的2015—2018年CPI数据，美国、加拿大、德国、法国、英国、澳大利亚、新西兰、日本、新加坡、乌拉圭、爱沙尼亚属

---

[1] 透明国际的研究成果被很多国际机构引用。对透明国际的数据，很多研究者也提出过疑问。透明国际对腐败的定义相当严格，腐败即滥用公职谋取私利，但它忽视了私营部门。社会科学家也对其数据来源的构成和有效性提出了质疑，其CPI的抽样偏向于外部商人，而不是本国公民。它是基于其他调查加权平均的综合指标，不能确保其定义与其构成要素中使用的定义相符。与许多反腐败工作一样，CPI忽视了系统性力量和政治目标等。

于较为廉洁的国家。新西兰、新加坡、德国、加拿大、英国连续4年得分一直在80分左右；爱沙尼亚、乌拉圭、美国、法国、日本得分在70分左右。从制度规定看，德国、新加坡、乌拉圭、爱沙尼亚需要全体公职人员进行财产申报，美国、加拿大和日本要求一定级别以上的公职人员申报财产，法国、英国、澳大利亚、新西兰只有高级官员需要进行申报。较廉洁国家除新加坡财产申报不对外公开外，其他国家申报资料都对外公开，但具体到某一国，有官员级别和公布范围、公布渠道的差别。从制裁的角度讲，爱沙尼亚、乌拉圭、日本、美国的财产申报制度更为严格；其他国家的处罚形式相对较轻，但在具体执行中，每个国家又呈现出多种样态。

一、作为例行公事的财产申报

例行公事，就是每一个有申报义务的官员，必须在指定时间内按规定方式进行财产申报，一般是填写固定表格，有些国家还规定要对填写内容做出说明或发誓。通过公布的材料，公众可以了解申报人的财产或利益变化情况。上述国家基本都采取表格的方式要求义务人进行申报，差别在于有的国家表格复杂，有的较为简单。

乌拉圭总统穆希卡（José Mujica）2014年4月向"透明度与公共伦理委员会"做出财产申报。他拥有32.28万美元个人财产，其中近三分之一为现金，存在三个银行账户上，没有负债，个人财富比上年增加74%。穆希卡及妻子的年收入为22.95万美元，家庭拥有的地产和汽车均无抵押。自2010年担任总统以来，他共向住房保障公益组织"计划团体"捐赠2.5万美元现金和价值6万美元的重型设备，向执政党联盟捐献8.6万美元。穆希卡当选总统后，仍在自己的鲜花种植场生活，并未住在总统官邸。该种植场价值10.8万美元。此外，穆希卡还有3辆拖拉机和一辆1987年款大众甲壳虫轿车，4台车辆总计4750美元。①

---

① 乌拉圭总统公示32万美元财产，自称世界最穷总统［EB/OL］. 搜狐财经，2017-10-05.

<<< 第五章 样本国家财产申报制度实施状况（一）

再如英国上院利益登记册列出了上院议员登记的所有利益，登记册会定期更新。未在规定的一个月内登记利益的会做出特殊标记。议员按照规定的表格，填写相关内容，没有涉及的不填。在英国议会网站，从1995年到2019年近二十五年上院议员利益登记情况我们都可以查到。如在2017年10月17日到2018年3月14日的六次申报中，议员阿德博瓦尔填写了董事职位表；授薪职业工作表；股权情况表；土地及物业表；赞助情况；非财务利益表。近半年阿德博瓦尔的利益情况稍有变化，具体为：（1）2017年10月17日到2018年1月16日，阿德博瓦尔登记的董事职位有领汇有限公司董事、360行动有限公司非执行董事、托玛霍克职业有限公司非执行董事、英国有限公司董事、合作集团董事会独立非执行董事共5项。而在2018年2月2日和3月14日的登记中，他仅登记了领汇有限公司董事、英国有限公司董事以及合作集团董事会独立非执行董事3项。（2）2017年10月17日到2018年1月16日，阿德博瓦尔填写的授薪职业、工作共三项，即转折点行政总裁、偶尔的广播收入被支付到转折点、英国国民保健服务委托委员会董事；而在2018年2月2日和3月14日的登记中，除上述三项外，增加了"协作/资讯中心总监"一项。（3）在2017年10月17日到2018年1月16日之间，阿德博瓦尔股权有三项，分别是与领汇有限公司合作伙伴拥有100%股份、托玛霍克职业有限公司50%控股、持有360行动有限公司30%股份；在2018年2月2日和3月14日的登记中，阿德博瓦尔仅填报了与领汇有限公司合作伙伴拥有100%股份和英国有限公司，而英国有限公司并未标明股份。（4）房产情况没有变化，一直是伦敦E11的一套公寓，并通过公寓收取租金。[①]

在较为廉洁的国家中，财产申报内容公布详尽、执行力度相对较大的国家主要有加拿大、美国和法国，德国虽然公布兼职收入和总收入，但由于只公布区间数，因此申报的数据与申报人实际拥有财产存在一定差距。

据2018—2019年利益冲突和道德专员办公室《年度报告》显示：加拿大利益冲突和道德专员办公室指导公职人员在被任命，或重新任命为公职人

[①] 数据来源：英国议会网站。

员后不久将进行利益报告。道德专员以致函方式通知义务人必须在获委任后60天内，提交一份机密报告，列明本人的资产、负债、收入、现时及过往活动，以及专员认为必要的其他资料。在一定情况下，利益冲突和道德专员办公室会协助义务人完成机密报告，并交由申报顾问审查，同时与报告的公职人员讨论可能需要采取的必要措施，包括公开披露某些信息、通过秘密信托或独立剥离受控资产、设置利益冲突筛查和回避。

加拿大受《利益冲突法》约束的公职人员有四类，即无报告义务的公共职位据位人、立法会委任的总督、部长级人员及国务部长兼议会秘书，上述人员的数量每年都处于变化中。2015—2016年，无报告义务的公共职位据位人有1290人，2016—2017年为1242人，2017—2018年为1349人，2018—2019年为1495人。其他三类公职人员均有报告义务，在上述年度中，数量分别为923、1012、1112、1263人。针对具体申报情况，利益冲突和道德专员办公室共制定了18项合规措施，要求55名申报人剥离控制资产。

公职人员在利益登记过程中，要寻求利益冲突和道德专员办公室的指导并要求办公室提供建议。2015—2016年，利益冲突和道德专员办公室在义务人申报过程中，共提供了1843条建议，2016—2017年为1753条建议，2017—2018年为2084条建议，2018—2019年为2066条建议。

对于报告义务人提出的要求，利益冲突和道德专员办公室要针对不同情况，分类指导，提出建议。如2018—2019年，利益冲突和道德专员办公室共提供建议2066条，其中外部活动类（outside activities）有191条，材料变更类（material changes）659条，一般性义务类（general obligations）535条，礼物或其他好处类（gifts or other advantages）403条，职务聘任义务类（post-employment obligations）278条。

对于未能在规定期限内提交报告、披露重大变化、不如实填报接受外部聘用情况以及公开宣布接受馈赠和退职等情况的义务人，要处以行政罚款。2015—2016年有12人被罚款，2016—2017年有14人被罚款，2017—2018年及2018—2019年各有16人被罚款。其中2018—2019年的16人因三类具体违规事项接受了罚款，属于"未在30天内报告重大变更"（failure to report a material change within 30 days）的有 10 人，属于"提供不完整机密报告"（incomplete confidential report）的有 4 人，属于"未能在 30 天内公开申报礼物"（failure to publicly declare a gift within 30 days）的有 2 人。在"未在 30 天内报告重大变更"被处罚款的 10 人中，如 2019 年 7 月弗朗西斯·戴格尔，就被罚款 250 加拿大元，弗朗西斯·戴格尔罚款已缴纳，这一处罚在利益冲突办公室网站可以查到。

在 2009 到 2019 年的 10 年间，据加拿大利益冲突和道德专员办公室的报告显示，申报义务人遵守申报义务的情况一直很好，新任命或重新任命的公职人员在截止日一周内提交报告的比例一直较高。最高的 2015—2016 年以及 2018—2019 年比例达到 96%，最低时，申报比例也在 80%。从 10 年申报的平均情况看，义务人的申报比率为 90.9%，也就是说 90% 以上的义务人在截止日一周内均提交了报告。因此，利益冲突和道德专员办公室总结道：公职人员自愿遵守规定正是朝着维护公共利益的正确方向迈出的一步。这一乐观的估计自然有其事实依据，但仍有将近 10% 的义务人没有按照规定时间申报，也说明了加拿大利益申报制度在执行中并非完美无缺。①

在美国，上到总统、议员，下到一定级别官员等都需要填写申报表格，来声明自己的财产和利益。2015 年，唐纳德·特朗普（Donald Trump）公布了 2014 年财务报表，包括度假村和高尔夫球场收入 3.36 亿美元；写字楼出租和公寓楼销售 1.09 亿美元；环球小姐等选美比赛收入 4900 万美元；中央公园沃尔曼溜冰场运营收入 1300 万美元；餐厅食物和饮料销售 1200 万美元；特朗普名字授权收入 900 万美元；图书版税 120 万美元；演讲费 80 万美元。股票和基金至少 6100 万美元。特朗普总债务至少 3.15 亿美元，主要包括于 2016 年至 2029 年到期的抵押贷款，有特朗普大厦、华尔街 40 号、特朗普多拉国家度假村等，每项至少负债 5000 万美元。②

美国对议员连续几年财产和利益变化趋势的分析也较为详尽。如众议员

---

① 据加拿大利益冲突和道德专员办公室网站数据整理。
② 李夏君．特朗普公布 104 页财务表亮"家底" 资产十多亿美元 [EB/OL]．中国新闻网，2016－05－20．

达雷尔·伊萨（Darrell Lssa），2015年估计净资产为330 050 015美元。其中：房地产61 100 000美元，电子制造及设备37 500 000美元，联合伯恩斯坦高收益基金超过50 000 001美元，贝莱德高收益债券基金超过50 000 001美元，其净资产排在当年申报财产众议员的第一位。公开秘密网站分析了该议员2006年—2016年的资产变化情况，2011年达雷尔·伊萨的净资产达到10年间的最高点，此后几年，其申报的净资产因各种原因有所减少，但到2015年仍在众议院排在首位。再如众议员贾里德·波利斯（Jared Polis），2015年估计净资产为313 556 221美元。其中证券与投资40 897 001美元，房地产29 157 001美元，约维安控股37 508 001美元，骏威股票基金37 500 000美元。贾里德·波利斯净资产在2007年—2010年间一直在1.6亿美元左右徘徊，2010年后持续上升，到2014年达到最高点，接近4亿美元。其后，因各种原因其申报的净资产有所下降，到2015年在众议院申报资产的议员中，排位第二。

在美国国会中，议员们的财富差距较大，通过申报数据，可以发现，有些议员的确很"穷"。2015年申报的数据显示，负债前十位中，最多的是大卫·弗拉达奥（David Valadao），达到24 367 004美元，最少的是诺玛·托雷斯（Narma Torres），有365 999美元。实际上，作为议员，权力同时也意味着金钱，公开秘密网站认为"并非所有的政治家都是富有地入主白宫，但很多人却是这样离开的"。如鲍勃·科克（Bob Corker），10年间其财富增长了2135倍，增长最少的是苏珊·柯林斯（Suzanne Collins），增加了近16倍。10年间，最富有的10位议员，财富年平均增长将近240倍。世界银行的数据显示，2017年美国的人均年收入为58270美元。据2016年的数据，美国最富有的1%人群，掌握着社会38.9%的财富；美国贫困率为12.3%，约4000万美国人生活在贫困线以下。2018年9月，美国人口普查局公布的数据显示：美国5%最富有家庭的收入增长最多，增加了3%，而美国5%最贫困家庭的收入仅增长了0.5%。通过议员们的财富增长及上述数据，我们就不难理解会有在美国"1%的人群拥有近40%的财富"这一说法。①

2013年是法国财产申报制度执行的重要拐点,自"卡于扎克案"后,奥朗德政府出台了新的财产申报举措,并加大执行力度。早在2012年,奥朗德(Francis Gérard Georges Nicolas Hollande)于参选总统时即向宪法委员会进行了财产申报,个人财产达117万欧元,前总统萨科齐(Nicolas Sarkozy)申报的财产接近270万欧元。② 2013年法国通过了财产透明度法律,要求总统候选人必须公布财产。不久法国于2013年4月15日公开了大批高官的财产。外交部长法比尤斯(Laurent Fabius)在巴黎等地的财产价值达390万欧元,此外他还拥有120万欧元的拍卖行股权及63万欧元的其他资产。老年人事务部长德洛奈(Michèle Delaunary),拥有两处价值约540万欧元的房产,另有20万欧元家具、装饰品以及1.5万欧元的珠宝。经济与财政部长莫斯科维奇(Piere IUoscovici)的财产接近27万欧元。内政部长瓦尔斯(Manuel Valls)现有账户仅存108欧元。妇女权利部部长娜维·瓦洛·贝尔卡桑(Najat Vallaud Belkacem)没有房产,只有少于10万欧元的存款和一辆价值500欧元的摩托车。③ 本届内阁中,有8名部长财产超过100万欧元④

2017年法国进行总统选举,3月22日,法国公共生活透明高级管理局(HATVP)网站登载了竞选总统的11位候选人的财产。通过申报的数据,公众可以了解总统候选人目前所拥有的房产、股份、投资、保险、存款、车辆等财产及负债情况。如马克龙(Emmanuel Macron)申报的财产状况为:无房产;持有罗斯柴尔德银行职工基金0.5%的份额,约6.15万欧元,股市投资6.5万欧元,人寿保险合同近9.2万欧元;有9个银行账户,约11.5万欧

---

① 创纪录?超过半美国人不及平均收入线,1%人群拥有近40%的财富![EB/OL].搜狐网,2019-02-13.

② 刘卓.法国公务员财产申报范围涵盖十三大类[EB/OL].参考消息网,2013-02-05.

③ 陈蓓,聂鲁彬.法国高官财产申报清单现多名富翁,外长居首[EB/OL].环球网,2017-10-02.

④ 张涵.法国推动"官员财产公示"立法[N].21世纪经济报道,2014-01-13(3).

元；牛津大学出版社为他2016年底出版的《革命》一书预支近27.5万欧元稿费。此外，他还欠银行贷款30万欧元。① 马克龙当选总统后，法国公务生活透明度最高委员会于2017年12月15日公布了总理及32名内阁部长的个人资产。大多数部长财产超过百万欧元，最富有的劳工部长个人财产达750万欧元。有研究显示，法国家庭平均财产是15.8万欧元，10%最富的法国人平均每人拥有59.57万欧元，1%最富的法国人平均每人拥有195万欧元。超过1/3的内阁成员是百万富翁，法国国家统计及经济研究所的研究认为：这1/3的内阁成员可被列入1%最富的法国人之列。②

与上述三国相比，德国财产申报制度由于设计的原因，公众虽可了解公布的数据，但数据只为财产的区间数。联邦议员的兼职收入可以在议员监督网站"议员观察"中查到。"议员观察"定期公布议员的兼职收入和总收入。议员需要申报的额外收益共十级，第一级1000~3500欧元；第二级3500~7000欧元；第三级7 000~15 000欧元；第四级15 000~30 000欧元；第五级30 000~50 000欧元；第六级50 000~75 000欧元；第七级75 000~100 000欧元；第八级100 000~150 000欧元；第九级150 000~250 000欧元；第十级250 000欧元以上。

2019年8月26日公布的数据显示：经众议院议员调查，萨克森的126名州议员中，31人有兼职收入。在本届任期内，科隆民主党议会议员乔治·路德维希（George Ludwig）申报的收入最多，至少为310万欧元，排在第二位的是来自基民盟的罗兰·波勒，申报了290万欧元。再如2015年和2016年间，德国选择党议员从格尔利茨县分别收到了相当于第二级3500到7000欧元和第4级15000到30000欧元的付款。撒克逊议会成员在过去五年里，总共有8.8亿欧元的额外收入，而其实际值要超过此数。上述数据，因为在申报时，义务人只填写10级标准的区间数，因此确切数据很难获得，这会大

---

① 秋实.11位大选候选人财产申报单"上网"[EB/OL].欧洲时报网，2013-04-16.
② 海喵，春花.法部长财产大起底：十几名百万富翁[EB/OL].欧洲时报网，2017-12-17.

大降低国会议员实际收入的透明度。

据德国联邦刑事调查局的数据,2013年腐败案件总数上升到1043起,比前一年增加2%,腐败带来的损失高达1.75亿欧元,而这一数据尚未反映全貌。案件数量最多的是北威州,有464起;随后是巴伐利亚州,有209起;勃兰登堡州有163起。案件数量最少的莱法州有15起。腐败案件中,60%来自一般公共管理领域。事实上,在经济、司法、政治领域也存在腐败。在联邦范围内,有12起腐败案件涉及议员。① 从上述腐败事实反映的情况看,作为例行公事的德国兼职收入申报,对官员和议员行为的监督效果仍存在一定局限。

二、财产申报在预防和惩治腐败中的作用

美国、加拿大、德国、法国、英国、澳大利亚、新西兰、日本、新加坡、乌拉圭、爱沙尼亚这11国虽较为廉洁,但每一国家都存在腐败现象,区别只是程度深浅以及本国政府对腐败的认识、查处及打击态势问题。从执行看,尽管有些国家对违反财产申报的处罚较严,但这一制度与惩治腐败的直接制度相比,仍属于"软约束",主要起到间接反腐及防患于未然的作用。有些国家把财产申报作为反腐败制度建设的一部分,比如爱沙尼亚、乌拉圭;有些国家把财产申报作为公务员廉洁纪律的一部分,比如新加坡;有些国家仅从预防的角度来考虑,比如日本;大多数国家是从解决利益冲突的角度来加强公务员道德伦理建设的,新西兰、澳大利亚、加拿大、美国、法国及德国即如此。

(一)作为反腐败制度建设的财产申报

在爱沙尼亚和乌拉圭,财产申报是反腐败法治建设的一部分。乌拉圭《反对滥用公共职权(腐败)法》第五章即为公共部门领导和官员申报财产和收入。二十世纪七八十年代,乌拉圭在军政府统治下,腐败严重,80年代中期以后,在民选政府主导下,乌拉圭针对腐败采取了一系列举措,财产申

---

① 郑红. 德国治理公务员腐败需更多投入 [N]. 人民日报, 2015-02-06 (21).

报即为重要手段之一。财产申报制度与公务员职业道德建设、严惩腐败、加强监督、政府透明以及长效预防机制相互配合,对乌拉圭成为"南美最清廉的国家"① 起到了决定性作用。在爱沙尼亚,财产申报与公示制度是反腐败法的重要组成部分。任何人如怀疑申报主体具有腐败情况,都有权向议会委员会申请,要求查阅官员的财产宣告。议会委员会有权利也有义务对提出的怀疑进行认证,并就认证事实答复申请人,在答复中应说明认证结果及相关事实。2016年2月爱沙尼亚对反腐败法进行了修订,增加"官员向社会公布所有收入"条款,并提高申报下限,申报起点与最近四个月的职务工资绑定,因此每个官员申报利益情况会根据工资的不同做出相应调整。②

(二) 作为廉洁纪律的财产申报

新加坡财产申报是公务员纪律建设的一部分,所有公务员都要进行财产申报。良好的从政纪律可以促进廉洁,预防腐败发生。根据《防止贪污法》,贪贿罪成立的条件较为简单,只要行贿方或受贿方中任何一方能提供证据证明对方受贿或行贿,而另一方又提不出自己未行贿或受贿的相反证据,贪贿罪即成立。受贿是指当事人只要收受了政府机关、公共机构签约人或其代理人的报酬,不论数额多少,不问是否为对方谋取利益,受贿行为都成立;任何人不论直接还是间接性地索取、接受、同意接受贪污,或者提供、许诺提供、提议提供行贿,不管数额大小,均构成犯罪。政府公务员和国会议员贪污受贿,加重处罚。《反贪污法》进一步规定,贪污、受贿的公务员一旦罪行成立,就会采取多种处罚方式,不但要追缴贪腐所得,开除公职,而且还要判处监禁,施以罚款,同时还要没收公职人员在任职期间缴纳的全部公积金。在所有处罚都结束后,公职人员日后将不得出任公职;即便自办企业,也不得担任董事。更为严重的是,该公职人员的直接领导也要承担连带责任。养廉制度也是新加坡预防腐败的重要举措。1955年后,新加坡开始实施

---

① 杨光. 乌拉圭:制度建设是反腐良药 [EB/OL]. 中央纪委国家监委网站, 2014 – 12 – 09.
② 爱沙尼亚修改"反腐败法":官员所有收入都应公之于众 [EB/OL]. 新浪财经, 2010 – 02 – 27.

中央公积金制度,公务员每月要从工资中扣缴20%公积金,政府按月薪的20%提供配套资金。公职人员职务越高、工龄越长,缴纳的公积金越多,政府配套的资金也就越多。据有关机构估算,新加坡公务员在退休后,公积金总额可达80万~90万新元。① 公积金存款利率高,免缴个人所得税。因此,公务员只要廉洁奉公、遵纪守法、依律行事,退休后就可以拿到数额不菲的公积金。自20世纪70年代后,新加坡政府连续多次上调公务员收入,公积金也水涨船高。除月薪和公积金外,新加坡公务员的业绩奖励、年终奖金、优秀奖金、医疗福利、集体保障、住房优惠、退休养老金等都起到了督促公务员廉洁从政、遵纪守法的效果。

(三)作为腐败预防的财产申报

日本政府针对不同时期的腐败状况,立足全局,以"公务员"为规制对象,通过了《国家公务员法》《国家公务员伦理法》《国家公务员伦理规程》《有关一般职员的工资等法律》《国家公务员事故补偿法》《国家公务员宿舍法》《国家公务员退职津贴法》《地方公务员法》《国家公务员共济法》《官吏任免法》《检察厅法》《检察官薪俸法》《教育公务员特例法》《外务公务员法》《外交公务员薪俸法》《政治伦理确定国会议员资产公开法》《政党协助完成法》《禁止利用政治伦理名义从事股票交易法》《惩处利用公职获利斡旋行为法》《整顿经济罪责法》《公司更生法》《防止腐败法》等法律法规,从而建立起一整套相对健全、刚柔并济的反腐败机制。在这一系列制度中,财产申报的主要目的是预防腐败。1983年,日本前首相田中角荣(Kakuei Tanaka)卷入洛克希德事件,经调查和审判,田中角荣获罪后退出政治舞台。为预防官员利用权力不当敛财,日本于1984年开始初步设立财产申报制度,但申报及公开范围有限。中曾根康弘(Yasuhiro Nakasore)在任内阁总理大臣时,公开了自己和国务大臣的财产;宇野宗佑内阁时,财产申报及公开制度进一步完善,公开范围扩大到官员配偶及抚养子女。20世纪90年代,

---

① 刘国新. 不敢贪、不能贪、不想贪的新加坡经验 [EB/OL]. 大众日报数字报网站,2014-09-05.

内阁总理及大臣申报及公开资产基本成为政治生活中的常态。在民主党政权中，平均资产最引人注意的是鸠山由纪夫（Yubio Hatoyama）内阁，高达1.4亿日元。申报的财产信息由国会根据财产申报相关规定通过媒体统一向国民公布，国民个人可以到参议院和众议院的资料室查阅议员资产。[①]

在地方，财务收支状况根据规定，也要公开。2015年，东京都选举管理委员会公布了政治资金收支报告。报告显示，东京都的126名议员在2015年共支出政治经费18.1亿日元。其中，未详细说明支出用途和日期且"每笔低于5万日元"的款项高达2.6亿日元；不明用途经费数量也较为可观，超过一半以上的议员每人不明用途经费均超过100万日元。据《政治资金规正法》，日本都道府县议员和地方政府官员每笔不超过5万日元的支出可以不说明用途，不用出示和保留相关票据。此类规定为官员腐败提供了条件。如东京都议会自民党大田区21支部，2015年花掉的1267万日元活动费，全部没有明细记录和票据。据调查，该支部连续4年活动费超过1000万日元，除2013年"设施利用费"一项有25万日元记录外，4年间大约超过6000万日元的支出全部以"不足5万日元"为由，没有说明用途。一名议员称活动费用主要用于参加选区内各公共团体聚餐活动。照此议员说法估算，该支部一年参加聚会将近2000余次，按每次携秘书两人，每人5000日元消费计算，一年内几乎每天都有大吃大喝情况发生。[②]

在预防腐败的过程中，由于申报的财产并不是议员和政治家们的全部财产，因此财产申报制度的作用并不显著。日本的政治腐败深深植根于日本的政治文化和官僚职能中。单纯依靠某一制度，而不进行深刻政治省思，解决腐败便是舍本逐末。

（四）作为行政伦理和解决利益冲突的财产申报

新西兰、澳大利亚、加拿大、美国、法国及德国财产申报制度在解决公

[①] 徐超. 日本新阁僚资产公开：防卫大臣稻田朋美身家最厚 [EB/OL]. 新华社，2016-09-17.

[②] 田泓. 东京都议会经费账目不清 折射日本政客腐败 [N]. 人民日报，2016-12-05（21）.

职人员利益冲突方面作用明显，这对于打造廉洁的公务员队伍，避免他们腐化堕落起到了一定作用。

1988年，新西兰《国有部门法》规定，在社会生活中，政府只负责提供交通、住房、水电等公共产品和公共服务。政府只起宏观调控和统筹作用，而社会的具体运作由市场负责。小政府、大社会的管理模式，屏蔽了权力觊觎金钱的机会。1989年《公共财政法》强调政府财政透明，以此杜绝腐败。《公务员行为准则》以及《官方信息法》对财产申报进行了规定，财产申报的目的之一是监督政府信息透明，其二是解决利益冲突。在新西兰，制度内监督以及媒体和公众监督对预防腐败和查处腐败作用较大。在一个较为廉洁的环境中，一旦"丑闻"公之于众，心理和道德压力足以迫使一位官员辞职或采取其他挽救措施来"自证清白"。

新西兰的监督机制在反腐中作用明显，议会监督、专门监督和内部监督，构造了"三层护法"。新西兰大法官和审计长不随政府更迭而轮换，对议会负责，监督力度明显。议会行政监察专员公署、审计署和反重大欺诈局是新西兰独立的反腐败机构。行政监察专员公署主要调查公众对政府及公务员的不当和不良行为的投诉，监督政府依法行政。新西兰媒体自成体系，媒体监督作用强大。媒体通过曝光政府及其官员的负面新闻，可以达到制约公权力的目的。2010年2月，新西兰房屋部长希特利（Honphil Heatley）用公用信用卡买了两瓶红酒被媒体曝光，涉嫌挪用公款。为此，希特利公开道歉并偿还约1000新西兰元后宣布辞职。新西兰少数民族事务部部长黄徐毓芳（Pansy Wang），2010年12月因涉嫌使用公款报销其丈夫海外不到300新西兰元的旅行费用，被媒体揭发后主动辞职。①

但近些年来，新西兰政府内部任人唯亲、议会对腐败审查不力、对竞选资金缺乏监管、企业行贿监管部门、公司承担政府职能、企业领导人和官员高价互动、不稳定性腐蚀忠诚②等导致腐败或接近腐败的行为仍接连发生。

---

① 高荣伟. 新西兰反腐：零容忍 [N]. 学习时报，2014-02-17（2）.
② MATTHEWMAN S. "Look No Further than the Exterior": Corruption in New Zealand [J]. International Journal for Crime, Justice and Social Democracy, 2017, 6 (4).

在过去15年中，新西兰政府经历了几次令人震惊的丑闻，其影响已经令新西兰政治生活和社会廉洁形象受到质疑，甚至可能对新西兰近期乃至长期的社会和政治构成因果性威胁。而同样腐败程度低的丹麦、瑞典、芬兰和新加坡，则都没有经历这样的情况。有研究指出：如果腐败的首选定义是"为个人利益服务而扭曲和颠覆公共领域"的话，那么，资本主义似乎与腐败同义，因为它是一个"以利润私有化和痛苦社会化为基础的经济体系……新西兰可能是用钱能买到的最便宜的民主国家"[①]。

在澳大利亚，议员利益登记的目的是将可能与其公职冲突或被视为冲突的利益，记入公众纪录。以第44届国会为例，议员须于有关权益发生更改后28天内，将更改通知登记。第44届国会众议员来自150个选区，共150名众议员，全部进行了利益登记。利益登记管理部门将众议员利益陈述制作成PDF格式上传到互联网，公众点击即可查看。所有议员的利益登记都有记录，下面以议员托尼·阿博特（Tony Abbott）为例进行说明。[②] 64页的记录记载了托尼·阿博特从2013年12月9日到2016年5月2日的利益登记情况。在首次申报中，托尼·阿博特对于15项需要登记的内容，根据实际情况进行了说明，持有的公私股份以及信托，本人及配偶的房产，债务情况，投资情况，汽车、机动车等其他资产，其他收入，获赠礼品、接受赞助，与公职相关的其他利益冲突均有说明。在两年半左右的时间内，托尼·阿博特申报利益变化最大的是接受礼品、兼职职位、其他收入、私人旅行、迎来送往等情况，其中申报礼品的次数最多。

从行政伦理和利益冲突的角度来处理个人利益登记，在性质上，属于提前预防腐败的行为。而澳大利亚反腐败主要依靠联邦和州警察局、联邦和州犯罪案件调查局、联邦执法公正委员会、联邦和州监察专员办公室、联邦审计署、反腐败独立委员会（ICAC）。每一机构在反腐败中都有自己独特的职权和管辖范围。比如各州的反腐独立委员会以管辖警察和政府官员腐败案件

[①] 帕特里克·巴雷特，丹尼尔·齐尔克尔，李光辉. 腐败丑闻、丑闻丛生与当代新西兰政治［J］. 国际社会科学，2019, 36 (2): 146-158, 7-8, 12-13.
[②] 据澳大利亚国会官网提供数据和资料整理。

第五章 样本国家财产申报制度实施状况（一）

为主，包括调查腐败案件、预防腐败现象。反腐独立委员会的特权有：不用搜查令就可进入政府办公场所，扣押证据，强制相关人员提供证据；调查计算机记录；强迫证人作证，下令逮捕证人；召开听证会，在听证会上证人、犯罪嫌疑人不能拒绝回答问题；采取秘密侦查手段，监听监控。而且所有政府部门都有义务向委员会报告本单位发生的腐败案件。澳大利亚反腐败机构在独立监测公共部门的廉洁方面发挥着不可缺少的作用。如果腐败罪行成立，当事人就将面临严惩。

加拿大自20世纪80年代以来非常重视利益冲突问题，特别是2007年7月成立利益冲突与道德专员办公室以来，利益冲突制度得到了有效执行，基本消除了公职人员中存在的利益冲突行为，有效预防了腐败。在加拿大，无论谁涉及利益冲突，作为国会独立机构的联邦利益冲突和道德事务专员办公室都会进行查处。2017年1月联邦利益冲突和道德事务专员玛丽·道森（Mary Dawson）开始调查总理贾斯廷·特鲁多（Jusin Trudeau）赴富商阿迦汗（Aga Khan IV）的私人海岛度假一事。该富商拥有的阿迦汗基金会获得了加拿大政府诸多资助，因此公众怀疑特鲁多的行为涉嫌"利益冲突"。调查中，特鲁多强调富商只是他的家族朋友，他会配合调查。在野党认为，政府为阿迦汗基金会提供资金，特鲁多前往阿迦汗的私人岛屿免费度假存在不妥之处。根据特鲁多2015年公布的公职人员道德条例，包括总理在内，所有内阁成员必须经联邦利益冲突和道德事务专员道森批准，才能使用私人飞行器，而特鲁多事先没有征求道森的意见。尽管特鲁多声称此行程纯属"私人旅行"，但特鲁多免费接受奢华旅行一定会给他带来不利的影响。① 因此，在加拿大，一旦涉及利益冲突，后果必将是负面的。

在美国，监督官员收入来源的必要性是从逐步规范和约束官员行为开始的。1958年，国会通过了《政府服务伦理规定》，要求公职人员不得接受可能影响其正常执行公务的礼品和帮助，但这种"软约束"基本形同虚设。60

---

① 吴潇. 加拿大总理被调查 度假行程涉嫌"利益冲突"[EB/OL]. 海外网，2017–01–18.

年代后，美国政界贪腐丑闻不断，为消除腐败丑闻及其恶劣影响，政府和国会要求官员的经济利益不得与其担任的公共职务存在利益冲突。参议院和众议院分别成立官员行为标准委员会，开始对官员财产及其来源进行全面监督。1978年《政府伦理法案》通过后，美国开始以法律的形式要求公职人员申报财产，这对于解决利益冲突起到了巨大作用。

1987年，众议院议长赖特通过卖书等行为，变相从游说集团收取酬金。丑闻被揭发后影响极大，为换回民众对政府和议会的信任，美国开始考虑进一步采取严厉措施监督官员财产及其来源，该事件也促成了1989年《伦理改革法案》的出台。《伦理改革法案》要求国会议员在卸任后一定期限内，不得担任与其在职期间所从事管理工作有利益冲突的公司职位，同时规定联邦雇员不得接受礼节性酬金。公职人员在职期间可以获得额外收入，但必须在法律框架内活动，否则将受到相应处分。额外收入的比例，"行政官员必须限制在年薪的15%以内，众议员必须限制在年薪的30%以内，参议员必须限制在年薪的40%以内"①。2007年，共和党爆发了一系列游说丑闻，丑闻促使美国加重对违反财产申报的处罚力度。义务人在进行财产申报时如果弄虚作假，存在申报瑕疵，将被处以5万美元罚金，情节严重或影响较大的还有可能被判处监禁。政府道德办公室要将官员的财产通过网络进行公开，并于2013年10月之前建立公共数据库。

乔治·沃克·布什（George Walker Bush，常被称为小布什）时期的白宫道德律师理查德·佩恩特（Richard Painter），曾处理了当时财政部长保尔森（Henry M. Paulson）的财产申报问题。保尔森曾担任高盛主席和首席执行官，在出任财政部部长前，为防止和避免利益冲突，保尔森在律师的配合下卖掉了5亿美元的高盛股票。②哈格尔（Chuck Hagel）于2013年被提名为国防部长，国会议员认为哈格尔在财产申报过程中，提供的资料不全，要求国会推迟对他的表决。约翰·克里（John Forbes Kerry）在出任美国国务卿之前是

---

① 张旭东. 对美国廉政文化"三步运用法"的现实思考——以美国财产申报制度的确立与实施为例［J］. 中共中央党校学报，2010，14（5）：84-86.
② 江玮. 美国2.8万官员公开财产申报［EB/OL］. 21世纪经济报道，2013-03-23.

美国国会最富有的议员之一，在被提名国务卿期间，他与美国政府道德办公室达成协议，答应在通过提名后90天内，卖掉其在电信业、制造业以及保险行业等领域的股票。上述官员这样做都是为了避免现实的利益冲突。美国财产申报制度以及避免利益冲突的有关规定无论在预防和惩治腐败的制度建设中，还是在打击腐败的实践中，都发挥着一定作用。

第二节 腐败现象较轻微国家财产申报制度实施情况

样本国家中，意大利、西班牙和韩国属于腐败现象较轻微的国家。2019年透明国际公布的2015—2018年四年的CPI数据，这三国中得分最低的是意大利，最高的是西班牙，但这三国在四年中的得分均在60分以下，意大利在2015年只有40分。在财产申报领域，意大利要求所有公职人员进行财产申报，韩国要求一定级别以上的官员申报财产，西班牙要求高级官员申报财产。意大利进行财产申报，主要是解决利益冲突；西班牙财产申报重在考察义务人行绩；韩国则较为复杂，既有廉政建设的一面，也存在解决利益冲突的一面，更有打击腐败的目的。在对违反财产申报的处罚上，这三国中韩国规定的最严，执行也最严。

一、例行公事

财产申报作为申报人的一项义务，必须按照规定的时限进行，然后管理机关根据制度规定，决定是否公开以及公开的范围。这三国中，从例行公事的角度看，韩国财产申报工作做得最好。

韩国财产申报制度于1981年全斗焕（Kim Doo-hwan）时期开始确立，由于采取非公开形式，因此，"阳光法案"在当时收效甚微。金泳三（Kim Young-sam）后的韩国政府，继续完善财产申报制度，历经多年，财产申报在韩国逐渐成为上至总统，下至一般公务员的例行公事。卢武铉（Roh Moo-hyun）在总统任内，申报并公开的工资收入为1.2亿韩元左右，津贴和职称补贴为 8000 万韩元，年总收入为 2 亿韩元左右，年消费为 4500 万韩元。2003 年 2 月 25 日，卢武铉申报及公开的资产总额达到 2.0552 亿韩元，本人存款额为 1.555 亿韩元，妻子存款 2.6967 亿韩元，长子卢建昊存款 2371 万韩元，资产总额较以前增加了 4.489 亿韩元，共达 6.5442 亿韩元。① 2008 年 4 月政府公布了总统李明博（Lee Mung-bak）及高级官员的资产。李明博资产总额达 354.7 亿韩元，103 名高级官员申报的本人及配偶的现金和不动产均值为 22.8 亿韩元。2008 年 7 月 28 日，韩国国会公职人员伦理委员会公开了第 18 届国会议员的财产，161 名新当选国会议员平均财产为 31.73 亿韩元。②

2014 年 3 月 26 日，公职人员伦理委员会公开了韩国 2302 名高级公职人员的资产。总统朴槿惠（Park Grun-hye）财产总值达到 31.6950 亿韩元，总理李完九（Lee Wan-koo）财产总额达到 11.3067 亿韩元；27 名长官级官员的平均财产总额为 18.1 亿韩元，同比增加 2.2 亿韩元。高层公务员、国会议员、法官、选举管理委员会常任委员等 2302 人的平均财产总额为 15.34 亿韩元，同比增加 2 亿韩元。到 2014 年 2 月底，有 292 名议员申报财产，从各政党所属议员平均资产来看，执政党新国家党达到 24.3 亿韩元，在野党新政治民主联合达到 13.3 亿韩元，正义党为 4.2 亿韩元。中央政府和地方政府高层官员中 66% 的人财产出现增值，平均资产规模为 12.92 亿韩元，同比增加 9400 万韩元。③ 2016 年 3 月 25 日，公职人员伦理委员会公开了 2016 年度高层公职人员财产申报情况，总统朴槿惠财产总值为 35.1924 亿韩元，比 2015 年增加 3.4973 亿韩元。自任总统以来，朴槿惠申报的财产连续三年增加，平均增值为 9.14 亿韩元。④ 2017 年 8 月，公职者伦理委员会公布了文在寅

---

① 魏雅华. 外国政要的财产申报 [J]. 记者观察，2009（3）：18 – 19.
② 朱四倍. 韩国公务员财产公开制度的启示 [J]. 北京纪事（纪实文摘），2008（6）：77.
③ 王少喆. 韩国公布两千名高层公职人员财产申报情况，朴槿惠财产 31 亿 [EB/OL]. 澎湃新闻网，2015 – 03 – 26.
④ 魏悦. 韩国总统朴槿惠财产近两千万元　连续三年增值 [EB/OL]. 中国新闻网，2016 – 03 – 25.

（Moon Jae-in）政府高级公职人员的财产登记情况。文在寅申报的财产为18.2亿韩元，较去年增加3亿韩元。2019年3月公布的财产申报数据显示，截止到2018年年底，70%以上的韩国高级公职人员的私人财产均值为12亿韩元，较2017年增加5900万韩元左右。总统文在寅申报的总资产约为20.16亿韩元，同比增加约1.36亿韩元，总理李洛渊（Lee Nak-yon）申报资产20.25亿韩元，同比增加约2.88亿韩元。财产增加的主要原因是不动产价格上涨32.2%，工资储蓄或继承等因素导致的净资产增加了67.8%。[①]

除总统、高级官员、议员的资产外，其他官员的资产，韩国公民通过大韩民国电子官报网也可以查到，同时其他媒体也会有针对性地转载其内容并进行分析。如通过电子官报网，可以检索到很多官员的财产申报情况，申报内容一般包括本人、子女及配偶的房产、股票等情况以及与前次申报对比的财产变化。再如，韩国MBC电视台新闻网网站对2019年7月26日人事革新处下属的、政府公职者伦理委员会公布的新聘用或因晋升等情况申报财产的40名官员的申报情况进行了分析：财产最多的是仁川国际机场公社社长巨本焕（音译），申报资产56.5亿韩元，中小风险企业部前部长洪钟鹤申报了64亿韩元，庆尚南道知事金庆洙的财产是6.2亿韩元，资产最少。

从每年定期公布的申报信息看，总统和所有政府官员财产公开已经成为一种例行公事，而这种"例行公事"让官员有了"自证清白"的机会。

二、财产申报在预防与惩治腐败中的作用

西班牙、意大利和韩国的腐败各有特点，在预防和打击腐败上三国的做法和侧重也各不相同，财产申报制度在预防和打击腐败的作用上也存在着较为明显的差别。

地方政府腐败以及执政党的党内腐败是西班牙的主要腐败形式。由于制度漏洞，地方政府官员，尤其是地方市的市长掌握了较大行政权力，因此腐

[①] 苏香玉. 韩国公布高级公职人员财产变动事项，逾7成官员私人财产增值［EB/OL］. 环球网，2019-03-28.

败案件频发。在 1997 年到 2007 年的 10 年间,西班牙地方政府的腐败案件经揭露的多达 750 起,超过 800 人因欺诈、裙带关系、贿赂、施加非法影响等腐败行为受到调查,有 600 多起涉腐案件进入了司法程序。10 年间被揭露和查处的案件,仅只是腐败的冰山一角,还有更多的腐败处于没有被执法机构查处的状态。①

西班牙执政党人民党的腐败近几年也逐渐浮出水面。据西班牙总检察长办公室统计,2000 年至 2010 年 10 年间,西班牙全国共发生 800 多起涉及政府官员的腐败案件,有 2000 多名官员及公职人员被逮捕或判罪。2013 年国家法院公布的报告显示,人民党前财务主管路易斯·巴塞内斯多年来一直在瑞士的银行账户存款,资金总额达到 2200 万欧元。西班牙前副首相兼经济大臣、国际货币基金组织前总裁、班基亚银行前董事长罗德里格·拉托多年来利用职务便利挪用公款、洗钱并骗取政府解困资金,2015 年警方和税务部门开始对其调查。丽塔·巴贝拉在巴伦西亚市市长任上长达 25 年,2016 年 9 月,最高法院对其立案,调查她在职期间涉嫌的洗钱活动,丽塔·巴贝拉被迫辞去人民党党员身份。2016 年 10 月,地方法院指控人民党有 37 名党员涉嫌腐败,他们在收取当事人好处后,将公共工程承包给行贿方。人民党成员、前卫生大臣安娜·马托因涉嫌腐败,于 2017 年 2 月出庭受审。2017 年 3 月,东南部穆尔西亚自治区主席、人民党成员佩德罗·安东尼奥·桑切斯因涉嫌在担任市长期间玩忽职守、滥用公款而受到法院审判。2017 年 4 月,马德里自治区前主席伊格纳西奥·冈萨雷斯因涉嫌侵吞公款被检察机关调查。②

西班牙政界、警界、司法检查系统以及政党都在打击腐败,使得腐败分子惶惶不可终日,但民众的反应是西班牙打击腐败力度有限。据 2016 年底公布的全球腐败情况调查显示,80% 的西班牙人认为政府并未能有效地打击腐

---

① [西班牙] 莫妮卡·加西亚·克萨达,费尔南多·希门尼兹·桑切兹,曼努埃尔·瓦罗亚,等. 建立南欧地方廉正体系:西班牙地方城市腐败案例研究 [J]. 国际行政科学评论 (中文版), 2013 (4): 27-44.
② 杜鹃. 如抽丝!西班牙执政党饱受腐败困扰 [N]. 中国纪检监察报, 2017-05-28 (4).

败，因为政府对待腐败问题的态度从根本上并不端正。此次调查包括欧洲和中亚的42国，60 000人填写了问卷，结果显示66%的西班牙人认为西班牙腐败极为严重，在欧洲大陆排第二位，同一数据德国仅为2%。虽然西班牙民众认为腐败相当严重，但对腐败的投诉却甚少，调查数据显示仅有1%。35%的人认为举报会招致报复，因此不敢举报。此外，有约88%的西班牙公民认为富人利用手中的钱财和资源对公共政策的制定和实施有极大影响。[1] 在西班牙现实社会风气和文化氛围下，受贿并不被认为是一种刑事犯罪，而是一种"错误行为"。在西班牙传统文化里，公众对贪腐的态度非常宽容，"被认定腐败罪的市长中有70%的人还能继续当选"[2]，在这样的文化氛围里，腐败很难得到有效控制。

为澄清党内腐败，人民党2017年后开始加强党建工作。人民党第十八次全国代表大会于2017年2月12日闭幕后，决定成立"人民监督办公室"审查党内成员经济活动，监测和制止任何虚假或腐败行为。要求党员"向党组织上交财务状况"。人民监督办公室的组成采取不相容原则，即在政府担任公职的成员，不得入职人民监督办公室。在实际运行中，西班牙任何公民都可向人民监督办公室检举人民党党员的疑似违纪以及贪腐行为。[3] 为打击党内腐败，人民党党内还设置了诸多配套反腐措施，比如腐败"预警"机制。按照"预警"机制，凡是涉嫌经济问题的党员都不得晋升，所有党内公职人员每年必须申报财产和经济状况。由于人民监督办公室成立时间较短，本课题组在写作时还没有掌握党内公职人员每年须申报财产和经济状况的一手资料。从以前的申报数据看，财产申报在西班牙预防腐败中作用有限。如2008年，西班牙342 346名各级各类官员以及617 372名公共机构任职者，按规定仅有409名高级官员需要申报个人财产，409名申报对象的配偶是否申报采

---

[1] 西班牙被认为是欧洲国家中最腐败的国家［EB/OL］．搜狐网，2016 - 11 - 18．
[2] 高荣伟．由热词"本段结束"说西班牙腐败［J］．检察风云，2017（14）：52 - 53．
[3] 吴珺，王迪．西班牙执政党强调反腐［N］．人民日报，2017 - 02 - 15（3）．

取自愿原则。① 从这种规定和实践看，如此小比例的申报群体，可推测财产申报的腐败预警作用并不明显。但随人民监督办公室作用的进一步发挥，这种状况可能会有所改观。

在韩国，如果通过媒体或是其他渠道发现官员本人仍有其他未申报的财产，那么其接受监督和调查就不可避免，甚至可能走上全斗焕的老路，正是在这个角度上，财产申报有了强大的反腐内涵和价值。2014 年发布的《亚洲政治经济报告》指出，在亚洲 16 个国家和地区的腐败指数中，韩国得分为 7.05，接近廉洁与腐败的警戒线——7 分，在总评 10 分的得分中，分数越高越腐败。② 腐败加剧了韩国的社会不公，阻碍了韩国的经济发展，降低了公共资金的利用效率。从李承晚政府后，历届政府，无论是军政府还是民选政府都把反腐败作为施政的主要纲领，但能够脱离腐败泥淖全身而退的政府几乎没有。这种一边大力宣传反腐、强力推行治腐，同时又无法摆脱腐败的"怪象"一直困扰着韩国。韩国自"光复"后，先后通过了《治理非法财产处理法》《公职人员伦理法》《公务员伦理宪章》《公益举报人保护法》《公共机关信息公开法》《公务员行动纲领》《行政秩序法》《行政情报公开法》《反腐败基本法》《反洗钱法》《腐败防止法》《政治资金法》《公职选举和选举不公防治法》《公职人员举报人保护法》《防止不正当请托和利害冲突法》《金英兰法》③ 等在内的预防和惩治腐败法律。但事实上，韩国的腐败问题

---

① 李松锋. 官员财产申报制度的国际经验——基于 20 个国家的比较分析 [J]. 中共浙江省委党校学报，2015，31（1）：81 - 87.

② [韩] 宣玉京. 当代韩国反腐败的制度建设 [J]. 现代国际关系，2018（10）：53 - 60.

③ 《金英兰法》即《禁止不正当请托与收受财物法》，该法案由韩国前国民权益委员会委员长金英兰于 2012 年提出，因此称《金英兰法》，2016 年 9 月韩国国务会议审议通过，2016 年 9 月 28 日起实施。该法规定，韩国公职人员出于工作、社交和礼仪需要收受的食品、礼品和红白礼金数额不得超过 3 万、5 万和 10 万韩元。《金英兰法》除规制公职人员接受宴请、礼品上限外，还包括限制高级官员的其他酬劳，如担任公职的部长级官员外部演讲酬劳不得超过每小时 50 万韩元，担任公职的副部长级官员和相关负责人演讲的酬劳上限为每小时 40 万韩元，4 级以上公务员和管理人员演讲酬劳上限为每小时 30 万韩元，5 级以下公务员和职员为 20 万韩元。《金英兰法》生效后，将有超过 400 万公职人员和参公人员受到约束。

仍无以计数。经济发展中的官商勾结、关系文化的渗透、公众对腐败现象的高度容忍、权力的过度集中等在韩国并不是短期内能解决的问题。在预防与惩治腐败制度体系中，财产申报与公示制度虽然发挥着重要的作用，但在复杂的政治运行中，其作用仍是相对的。

在理念上，意大利高度重视包括财务及利益公开在内的行政活动的透明性，政府已把行政透明上升到宪法规定的社会权利与公民权利保障的基本水准。行政公开的事项按照要求至少包括有关人员在担任职务时的财产概况、企业中的头衔，本人、配偶和父母等亲属的参股情况、担任相关职务获得的报酬、直接参与合作机构的负责性职务。财产申报制度自20世纪80年代确立以来，对于有效防止和遏制官员接受私人企业非法捐助、滥用行政权力有着一定的预警作用，但效果并不明显。在意大利政治中，政府较为软弱，政党极为强大。国家真正的决策权既不在总统府、总理府，也不在议会两院，而是掌握在各大政党的领导机构手里。政党在掌握了不受约束的实际权力后，就形成了"各霸一方""结党谋私"的局面。在这样的政治格局下，企业家、政治家和官僚构成了类似日本政界的"铁三角"，腐败已是日常现象，被揭发则是时间问题。

1993年，意大利爆发了席卷亚平宁半岛的反腐败运动——"净手运动"。运动中，共查出1500多亿里拉的赃款，逮捕了1000多名政治家、经济界人士和政府官员。尽管"净手运动"最终因发起者检察官迪彼得罗被迫辞职受阻，但此后的反腐行动一直持续。到2003年，司法机关于10年间在全国范围内又查处了1200多起腐败案件，涉及8位总理、5000多名经济、政治界人士以及300多位议员。[1] 在"净手运动"中，意大利开始实施《道德法典》，要求公务人员不准参加秘密组织，不准从事其他职业活动，除亲朋所赠价值微薄的礼品外，不准接受任何赠品和赠款，不得已接受的礼品一律上缴。此后意大利在反腐行动中，继续加强法制建设。2012年11月6日，颁

---

[1] 胡成国. 尚未完成的革命——意大利"净手运动"始末[J]. 廉政大视野，2013 (3)：39-41.

布了《反腐败法》。该法回应《联合国反腐败公约》以及欧盟惩治腐败的要求，对行政公开和透明、建立内部廉政监控体系、腐败纪律问责、腐败犯罪的刑事打击等都做了明确规定。2015年4月，意大利参议院高票通过反腐败法案，法案剑指上市和非上市公司，如涉及国有企业，处罚更严。

与西班牙类似，意大利地方腐败严重。在腐败的文化要素上，意大利又与韩国有着共通之处。研究意大利腐败问题的各领域学者较为一致的观点是，意大利地方腐败的原因在于执法不力和官僚激励机制失调。作为表象的贿赂、敲诈勒索和贪污则是更深层次的"腐败文化"的产物。任何政治改革在遭遇这种根深蒂固的"腐败文化"时，都会领略到这一"文化"的韧性。意大利是议会共和制国家，强调地方自治和地方分权，尤其是大区权力更大。尽管地方在"很大程度上共享统一的法律和正式机构，但地方政府的诚信和效率则表现出巨大的多样性"①。

腐败是意大利政治生活的顽疾之一。世界银行数据显示：意大利每年因腐败造成的经济损失约为600亿欧元，占欧盟整体损失的一半。在反腐败能力和效率方面，27个欧盟成员国中，意大利排24位。在透明国际清廉指数排行榜中，意大利清廉程度在所有欧盟国家中，基本在末位徘徊。世界经济论坛《2010年全球贸易便利报告》显示：2010年，意大利的贸易便利指数排名世界第51位，位于欧美主要工业发达国家的最末一位。② 尽管意大利政府高度重视反腐败制度和法律建设，包括财产申报制度，如加强议会和政府官员收入申报的检查，对个人财产明显超出其收入者，财政警察有权直接前往核查、查封和没收其财产，而无需经法院批准。但鉴于腐败的特殊性（如黑手党和有组织犯罪），意大利的制度反腐仍任重道远。

---

① ZHANG N. Changing a "culture" of corruption：Evidence from an Economic Experiment in Italy [J]. Rationality and Society, 2015, 27 (4): 387-413.
② 徐伯黎. 意大利：反腐败没有等待时间 [N]. 检察日报，2015-09-22 (8).

第六章

样本国家财产申报制度实施状况（二）

据2019年透明国际公布的2015—2018年CPI数据，样本国家中印度、南非、土耳其和马来西亚在四年中，得分基本在40~50分之间。四年中，印度得分最低，只有2018年接近40分，其他年份均低于40分，四国中得分最高的是马来西亚，平均在45分左右。本课题组将上述四国归结为腐败现象较为严重的国家。而俄罗斯、巴西等12国连续四年透明国际CPI得分均低于40分，属于腐败现象严重的国家，下面将对上述两类国家财产申报实施情况进行分析。

第一节 腐败现象较严重国家财产申报制度实施情况

在腐败现象较为严重的四国中，印度要求一定级别以上的官员进行财产申报，南非的高级官员需要申报财产，土耳其则要求所有公职人员都进行财产申报。马来西亚较为特殊，在2016年，只有雪兰莪州大臣和行政议员必须申报财产，其他州的官员并不申报，2018年范围扩大，首次要求所有正、副部长和国会议员必须申报财产；印度议员的申报材料要求保密，政府部长的申报材料公开；南非采取有限公开的方式；土耳其对财产申报资料完全保密；马来西亚在国民阵线执政的某一时期内，要求正、副部长和国会议员向总理申报财产，但国民阵线从未公开这些资料，据2016年和2018年的规定，应该对材料公开，加强政府透明度。从制裁的角度讲，印度对违反财产申报的义务人采取行政处分的方式，土耳其对违反申报可采取刑事制裁，南非和马来西亚的制裁方式并不明确。

一、印度财产申报执行情况与反腐败

印度的腐败由来已久。独立后，政治权力缺乏制约，政治竞争①导致的权力庸俗化、市场化、派系化，政府过度干预市场造成的普遍寻租，历史、宗教、习俗、种姓等人文及社会因素长期积淀的腐败文化等都使得印度在反腐败进程中举步维艰。有数据显示：印度国内"43%的教师、55%的编辑、66%的法官、69%的银行职员、76%的商人、80%的律师、88%的公务员、97%的警察以及98%的政治家都存在腐败行为"②。

印度高层腐败严重，基层腐败普遍，涉案钱款巨大，资金外流、"黑钱"极难控制。2006年"阿卜杜勒·卡里姆·泰尔吉伪造邮票纸"案，腐败金额超过2000亿卢比，大批警察、政府官员和雇员参与其中。据印度审计部门推算，仅2010年11月曝出的三起高层腐败案就给印度造成大约450亿美元的损失。2007年后逐渐浮出水面的"电信腐败"案③，涉案金额高达390亿美

---

① 印度有政党1500多个，下院有542个议席，能获得议席的仅有60多个政党，竞争极为激烈。为发展党员拥护自己政党，各党都使出浑身解数，不择手段，很多做法已突破政治底线。2015年3月29日，印度人民党人数达到8800万。自2014年11月，人民党扩员以来，党员速增，自3月15日起8日内党员增加了1000万。人民党总书记拉姆·马达夫称，第一次增加1000万党员用了30天，第二次至第六次分别用了22天、13天、16天、18天及21天，最后2000万人分别用了15天和8天。2015年4月20日印度总理莫迪在微博称：党员已经过亿，印度人民党成为世界最大政党。
② 于宏源. 印度腐败治理的现实镜鉴 [J]. 人民论坛，2016（S）：103–105.
③ 《时代》杂志将该案列为全球第二大滥用职权案，仅次于"水门事件"。2007年至2008年间，信息技术与通信部长拉贾以"白菜价"向电信运营商发放2G手机运营牌照，涉及国内5亿用户。2008年发放的122个牌照中有85个被不具备运营资格的企业获得，政府因此蒙受近390亿美元的损失，拉贾本人涉嫌收受贿赂。最高法院召开听证会，指责辛格总理监管不力。反对党人民党议员拒绝出席议会，一度导致议会瘫痪。到2011年底，除拉贾外，1名议员、2名秘书及7家公司的14名高管被起诉。2012年2月，印度最高法院以拉贾颁发手机运营牌照"违反宪法且具随意性"为由，裁决颁发的122个牌照无效。

元,超过了2007—2008年度印度的国防预算。1948—2008年60年间,印度因行贿受贿、逃税漏税、收受回扣等腐败行为造成的非法资产外流高达2130亿美元,且资产非法外流还以每年11.5%的速度增长。① 印度"黑钱"盛行,据中央调查局2012年初的统计,数额超过5000亿美元。②

在印度,基层办事不花钱基本寸步难行,因此行贿普遍。透明国际的一项调查显示,印度是亚洲贿赂率最高的国家。在印度,为获取公立学校和医疗保健服务而行贿的人高达58%和59%。③ 印度的警察、基层司法、土地管理、学校、电力、公立医院、市政服务、乡村金融机构、所得税、公共分配体系和水供应等提供公共产品和公共服务的部门,"微腐败"盛行。据估算,为获得上述部门的公共服务,国民每年向这些部门行贿的金额高达2106.8亿卢比。④

印度反腐败的主要法律是《预防腐败法》及《信息权利法案》。《预防腐败法》于1947年颁布,1988年和2013年两度修订。1988年修订的《预防腐败法案》重新界定了公务员的范围,凡是行使、维护和影响公权力的公职人员,上至国家领导人,下到基层公务员,包括教育系统的教师、卫生系统的医生和现役军人都纳入公务员行列。法案对法官的任命、违法与惩处做出全面规定,对腐败案件的侦查、起诉、审判和定罪量刑、适用范围都做出调整。腐败行为不论发生在公共部门,还是私人部门,涉案人员都将承担刑事责任。公务员受贿、行贿都将被处罚金或监禁。但2013年新修订的《预防腐败法》排除了私人部门的腐败犯罪,只针对公务员。比如在英国,根据2010年的《反贿赂法》,一家公司的"甲"向另一家公司的"乙"行贿构成犯罪,而印度的《预防腐败法》并不包括此类行为。有学者指出:印度《预防腐败法》只适用于公务员或那些期望成为公务员的人,而"公务员"和"公职"在1988年的《预防腐败法》中范围更广。本次修订,适用范围的调

---

① 邓常春,邓莹. 印度的腐败及其治理 [J]. 廉政文化研究,2014,5 (6):70 – 75.
② 国外官员如何财产公示——发展中国家经验 [EB/OL]. 环球时报,2013 – 01 – 31.
③ 调查研究:印度是亚洲最腐败的国家 [EB/OL]. 腾讯财经,2017 – 03 – 10.
④ 邓常春,邓莹. 印度的腐败及其治理 [J]. 廉政文化研究,2014,5 (6):70 – 75.

整会导致实际执行中的混乱和模糊。《信息权利法案》于2005年颁布,法案允许印度公民可以向所有政府部门申请信息公开,这为透明政府提供了法律保障,实质是强化公民监督政府、审查和评估政府行为。公共机构要定期发布信息,并提供便畅渠道。如果公共机构及官员拒绝透露信息或未能定期公布信息,将被处以巨额罚款。

2010年以来,选举委员会、最高法院、审计总署等多机构的参与,媒体的监督以及民间反腐力量①的形成,加之莫迪政府"高压反腐",使得印度的反腐败形势渐趋好转。从2003年3月始,竞选公职的候选人必须公开自己和家庭的财产,否则不能参选。北方邦前首席部长马雅瓦迪·古默里在2004年竞选时,公布的财产是40万美元。她任职4年,财产从40万美元上升到1300万美元,包括72处房地产,54个银行账户。马雅瓦迪·古默里在2004—2008年公示的合法收入每年仅有5万美元。按此计算,马雅瓦迪公开的财产与实际收入差距巨大。印度中央调查局对马雅瓦迪进行调查,并将其起诉到新德里高等法院。马雅瓦迪领导的社会民主党解释其额外资产大多是礼品和捐款。2011年8月,新德里高等法院驳回中央政府对她的起诉。2012年10月,最高法院再次对马雅瓦迪财产申报及公开不实进行调查。

2012年9月,印度公布了内阁财产申报情况。总理辛格(Manmohan Singh)财产约为1.073亿卢比,工业部部长5.2亿卢比,农业部长2.2亿卢比,国防部长550万卢比。辛格的财产包括:两套总价值为7270万卢比的房产、银行存款和投资3460万卢比、一辆纳努800微型汽车。② 2011年3月印度比哈尔邦近7000名官员没有在规定期限内申报财产,被处罚停薪一月。③

---

① 如2010年两名印度"海归"创建了"我行贿了"反腐网站。网站所在地卡纳塔克邦的交通部部长利用该网站提供的信息整肃腐败,有20名官员受到处分,之后该部门的腐败投诉逐渐减少。中国民间创建的类似网站2011年后逐渐减少。对于民间利用网络反腐,应该辩证分析。

② 晒政要们的财产:普京年入100万 奥巴马还房贷 [EB/OL]. 青岛新闻网, 2013 - 06 - 18.

③ 胡唯敏. 印度数千名官员拒不申报财产详情, 将停薪一个月 [EB/OL]. 国际在线, 2011 - 03 - 02.

不久之后，为抗议腐败，印度爆发了大规模的"反腐败绝食"。危机对社会影响极大，为避免危机蔓延，总理辛格强令部长以上级别官员申报个人财产并对社会公开。官员抵触情绪强烈，反应缓慢，数月之后才有少数几位官员公开财产。对于公开的财产，公众也只能见到"毫无表情的数字"，对于财产来源则无权过问。按法律规定，印度中央政府公务员必须在每年4月15日前申报本人、配偶及受抚养子女的财产和债务。2016年4月，印度人事培训部强调今年必须保证中央政府500万公务员填报2014年和2015年个人事项，到7月31日还要进行2016年度财产申报。高于20万卢比的投资要单独填报，低于20万卢比的投资可以合并填报，国外银行存款必须列出明细。①

2014年后，莫迪政府开始加大反腐力度，从追查非法海外账户和追缴"黑钱"开始，展开一系列行动。当政不久，莫迪（Narendra Damodardas Modi）即向印度最高法院提交了一份涉嫌"黑钱"的627人名单，2015年总共有638人在截止期限前向政府申报了377亿卢比的藏匿资产。2016年6月，政府强令因逃税而隐匿资产者，在10月1日零时以前交代，并缴纳罚金。莫迪政府向涉嫌逃税者发出70万份通知书，要求他们申报藏匿的收入和资产。在6月至10月五个月内，政府共收到64 275份隐匿财产申报，曝光6525亿卢比"黑钱"，通过强力行动，印度政府至少从被曝光的"黑钱"中追缴2936亿卢比。②

从上述情况判断，印度政府财产申报制度的执行受到当局政治态度的影响较大。当局严厉反腐，财产申报会起到较大作用，一旦当局松懈，财产申报基本形同虚设。在执行中，由于官员们的不合作导致阻力较大。因此，目前尽管印度反腐败的态势与前几届政府相比有所好转，但这种好转也是相对的。反腐中制度的设计、制度的执行以及领导人的态度仍将对印度以后的反腐败起到决定性作用。在制度设计过程中，如何防止放大人性的恶，是反腐

---

① 印度责令公务员限期申报财产［EB/OL］.中山市预防职务犯罪工作网，2017-10-01.
② 印度对隐匿财产者下通牒，百亿美元"黑钱"曝光［EB/OL］.京华时报，2016-10-03.

败的关键。

二、南非财产申报执行情况与反腐败

透明国际公布的数据显示：64%的南非人认为2018年腐败现象有增无减，70%的南非人认为政府在反腐败方面做得不够，49%的南非人认为警察系统腐败严重，19%的南非人表示自己曾经向警察行贿，45%的南非人表示地方政府官员非常腐败，44%的南非人认为国会议员腐败，37%的人认为公司高管腐败。① 正如南非前领袖曼德拉（Nelson Rolihlahla Mandela）所言："他们（指官员）就像第一次走进糖果店的穷孩子，一旦触及政府资金就再也不肯撒手"②。

为清除党内腐败，南非非洲人国民大会从加强党建入手，制定并通过了《非洲人国民大会当选成员行为守则》《行政道德法规》《预防腐败法》《预防和打击腐败法》《保护揭发法》等一批预防和惩治腐败的党纪及法律法规。财产申报的实行对预防和打击腐败起到了一定作用。如2003年年初南非国防部长、南非国会议员莱科塔（Mosiuoa Lekota）隐瞒他在一家燃料配送公司和一个葡萄酒窖的经济收益以及在布隆方丹和德班等地的多处财产。南非国民议会议长对莱科塔提出书面批评，并扣除莱科塔一周薪水。南非非洲人国民大会宣布莱科塔的行为违反党章，损坏非洲人国民大会形象，给予党纪处分。非洲人国民大会全国纪律委员会对莱科塔进行公开谴责，并处以5000兰特罚款。③

南非执政联盟决定2016年10月后，南非非洲人国民大会、总工会、南非共产党、南非公民组织的领导人必须公开财产及收入，并接受生活方式审查。在此期间，总统祖马（Jacob Zuma）私宅进行奢华装修，动用了2000多万美元公款，宪法法院认定祖马违宪，祖马被迫返还部分装修费。④ 卸任总

---

① 南非人认定过去一年腐败有增无减［EB/OL］．南非华人网，2019 - 07 - 12．
② 徐伯黎．南非坚决清除执政党内部腐败［N］．检察日报，2015 - 12 - 01（8）．
③ 王群．南非执政党公开惩处违纪官员［EB/OL］．中国法院网，2003 - 07 - 31．
④ 杨舒怡．南非：执政党承诺反腐［EB/OL］．新华网，2017 - 03 - 13．

统后，祖马的腐败浮出水面，2019年5月20日，祖马因涉嫌腐败、欺诈、洗钱等16项指控，在高等法院出庭受审。

一方面财产申报发挥着一定作用，另一方面，很多官员对此不以为然，以"玩笑"的态度来对待财产申报。在2014年9月公布的申报数据中，400名国民议会议员有2/3左右的人称没有股票、没有土地和房产，不收赞助和礼品，没有工资外收入。在申报礼品时，贸工部部长申报了四张DVD光盘；人居部长申报了一所大学赠送的储鞋盒；国防部长申报了西班牙国防部长为她定制的"军棍"；副部长申报了来自南非空军的一个"公牛角"；科技部部长申报了来自中国的"月饼"；卫生部部长申报了两只早餐碗；财政部部长申报了一块木砧板；交通部部长申报了一辆自行车。这些申报也许是事实，也许是搪塞。但在整体腐败形势依然严峻，高层腐败不断出现的南非政坛，部长们如此申报，的确令民众疑窦丛生。

三、土耳其财产申报执行情况与反腐败

腐败在土耳其一直是严重而顽固的问题，腐败与贫困、失业并列成为土耳其三大政治和社会问题。土耳其建筑业、银行业、警察、海关、政府采购等领域的腐败非常严重。土耳其的腐败与长期形成的"家长式治理"和中央集权的官僚机构、政治自由和行政能力有限的威权政治体制、国家干预市场时不透明的监管框架造成的市场扭曲等因素高度相关。

加入欧盟后，土耳其反腐败既有国内因素的作用，也受到欧盟的影响。欧盟要求成员国推行的反腐败措施在土耳其是由国内政策选择和政治议程决定的，因此欧盟的反腐败措施在土耳其只具指导性，在实行中具有选择性，土耳其并不是照单全收。历届政府在进行法律改革和制度调整的同时，也通过了反腐败战略和行动计划，批准和加入了《联合国反腐败公约》，积极支持国际社会提出的反腐败倡议。由于不同的反腐败措施在国内立法中采用的规则不尽相同，而且大多与行政实践脱节。因此，尽管土耳其反腐败投入了大量精力，但反腐力度却波动较大。

2015年《世界银行治理报告》提供的腐败控制指数显示，土耳其腐败较

为严重。世界银行的腐败控制指数在 -2.5 与 2.5 之间变动，-2.5 意味着弱控制高腐败，2.5 意味着强控制低腐败。2005—2014 年间，土耳其政府对腐败的控制弹性较大。在 2007 年以前，政府对腐败的控制力度持续加大，取得了很好的效果。2002 年至 2007 年间，反腐行动使得外国直接对土耳其投资提高了十倍以上。2001 年外国直接投资净额为 10.82 亿美元，2007 年达到 22.47 亿美元。调查显示，这一时期，近 60% 的受访者认为政府打击腐败效果明显。[1] 但总体看，土耳其对腐败控制仍属于弱控制，2012 年的数据达到 10 年内最高，但其控制水平仍在 0.2 以下，与理想状态的 2.5 相差 10 倍以上，2013 及 2014 年，控制水平急剧下降，2014 年达到 10 年来控制腐败的最低点。[2]

土耳其采取财产申报制度主要是解决官员和议员的利益冲突问题，重在加强行政伦理和行政道德建设。从 2010 年欧盟反腐败国家集团（以下简称为"GRECO"，土耳其 2004 年加入该组织）对土耳其议会、法官和检察官的第三轮评估结果看，解决议会成员的利益冲突问题仍是土耳其面临的重要任务。议员的豁免权妨碍了当局对涉嫌腐败议员的调查及起诉，司法权受行政权干预较为严重也是评估中发现的重要问题。在日常工作中，解决议员、法官、检察官利益冲突的道德准则和纪律约束发挥的作用有限。在 2012 年启动的第四轮评估中，GRECO 将重点关注土耳其的伦理原则、行为准则和利益冲突制度建设、执行以及资产、收入、负债和利息的申报问题，这也从侧面反映了财产申报制度在执行中效果并不明显。

行政伦理为公职人员在具体行政中如何决策和行动指明了思想方向，伦理规则为公务员的公共服务行为提供了行动框架。行政伦理的制度化能够以积极的方式影响国家在公民心目中的形象，可以巩固公民对国家的信任。因此，基于行政伦理的要求，公共政策的执行应遵循客观、平等、公正、公

---

[1] IPSA Madrid 2012, XXII World Congress of Political Science [EB/OL]. IPSA Website, 2019-11-10.

[2] FURTUNA O K. The Nexus Between Discretionary Expenditures and Corruption: Industary Level Perspectives from BRIC and Turkey [EB/OL]. IDEAS Website, 2019-10-15.

平、正义和诚实等司法和道德原则。为构建具有行政伦理特质的制度来约束公共管理机构，土耳其在原有的财产申报制度基础上，于2004年成立了公务员职业道德委员会，2010年开始设立申诉专员，2012年确立了较为完善的申诉专员制度。① 申诉专员不仅监督公共行政活动的合法性，而且监督其适当性、准确性，并对如何改进具体的行政行为向行政当局提供指导。申诉专员通过监察可以发现不道德的个案，通过指导，协助公务人员避免类似事件再度发生。申诉专员制度对财产申报制度是必要的和有益的补充，只要土耳其政府在反腐败问题上态度坚决，避免出现以前的"执行弹性"，那么财产申报制度在预防和惩治腐败领域就会发挥应有的作用。

四、马来西亚财产申报执行情况与反腐败

马来西亚公共部门腐败严重，已呈现制度化和体系化的趋势。国际非政府组织"全球见证"的资料显示，统治砂拉越州31年之久的州长兼州财政、资源规划与环境部长的泰益家族掌握着超过20万公顷土地，市值超过5亿美元。据反贪污委员会统计，从2014年至2019年6月，一共有4860人因涉贪遭到逮捕，其中公务员占46.3%。在4860人中，40岁以下的青年占53.4%。反贪腐委员会的一项调查显示：22.1%的公务员承认收过贿赂。② 因腐败造成的财富不均现象在马来西亚极为严重，世界银行2010年的数据显示，马来西亚15%的人掌握了80%的财富，而85%的民众仅占有剩下的20%。③ 民调机构"独立中心"2005年、2012年和2014年分别对马来西亚公众进行了问卷调查，结果显示：77%的公众认为马来西亚腐败严重，41%的公众认为在马来西亚行贿的主要目的是加速事情进展，28%的人认为行贿是马来西亚

---

① 申诉专员制度1809年首创于瑞典。据《政府组织法》，瑞典设立了调查市民对失当行政所作投诉的调查官制度。任职人员由议会从具有杰出法律才能和秉性正直的人士中遴选，职责是以议会代表的身份监督所有行政官员和法官对法律和法令的遵守。目前英国、新西兰、加拿大等国设立了该项制度。
② 反贪会吁各州立法，规定州议员申报财产 [EB/OL]. 亚洲时报网，2019 - 09 - 20.
③ 许春华. 马来西亚："被制度化了"的腐败 [J]. 廉政瞭望，2013 (9)：68 - 69.

普通民众获得公共服务的唯一方式。①

2009年纳吉布（Mohammad Najib Abdul Razak）任总理以来，反腐败力度有所加强。其在推动立法、设立相关机构、政府转型、推行廉正制度、设立反腐数据库、加强反腐倡廉教育以及反腐败国际合作方面都有较大进展。2018年5月马哈蒂尔（Mahathir bin Mohamad）再度出任总理，反腐败力度空前加大。2018年6月到2019年6月，马来西亚反腐败委员会查处了30名政治巨头、13名政府高官、20名公司总裁。一年内，有132名高管和专业人士因贪污与滥用权力被逮捕，涉案资产达30亿林吉特。②

作为预防和惩治腐败的财产申报制度在马来西亚仍处于初创阶段，中央政府已经要求所有国会议员申报财产，州政府并没有实行，尽管有些州呼吁设立该制度，但并无实质进展。2019年8月反贪污委员会主席希望各州立法，强令州议员、市议员申报财产。财产申报由马来西亚反贪污委员会负责，委员会定期公布申报数据。2018年马哈蒂尔申报的财产共计3235万林吉特，民主行动党霹雳州国会议员倪可汉，拥有7580万林吉特资产。只申报收入未申报资产的有副总理旺·阿兹莎、财政部部长林冠英、外交部部长赛夫丁（Dato' Saifuddin Abdullah）等人。马来西亚公正党主席安华（Anwarl-brahim）未申报收入和财产。③ 2019年3月马来西亚高级官员向反贪污委员会申报了财产。公正党主席及波德申区国会议员安华资产总值接近1075万林吉特，安华的秘书申报了1974年购买的一片土地，买价为7000林吉特，如今升值至42万林吉特，其余资产包括投资和存款，价值82.8658万林吉特。公正党昔加末区国会议员山达拉夫妇申报总资产达1.32亿林吉特。民主行动党霹雳木威区国会议员倪可汉与妻子及孩子的总资产达7701万林吉特。总理马哈蒂尔夫妇申报的总资产为3235.8万林吉特。马哈蒂尔之子、土团党署理

---

① 李良勇.马来西亚：消除腐败要靠政府和公众的集体努力 [EB/OL].中央纪委国家监委网站，2015-01-18.
② 涉案资产达30亿令吉 马反贪会过去一年查办近200涉贪人物 [EB/OL].搜狐网，2019-06-06.
③ 甘泉.马来西亚反贪会数据：马哈蒂尔财产希盟排名第二 [EB/OL].网易，2018-11-27.

主席慕克力申报的资产是2517.4万林吉特。企业发展部长尤索夫申报的资产是2307.5万林吉特。①

财产申报在执行中受到的阻力较大，在野党提出各种理由来反对财产申报。2019年7月希望联盟在国会下院提议：所有朝野国会议员都必须申报财产。巫统、伊斯兰党、砂拉越政党联盟的多名议员公开表示反对申报财产，理由是申报财产是希望联盟的竞选承诺，这一承诺不能约束国民阵线，而且政府以动议的方式强制所有国会议员申报财产，不符合程序和法律要求。伊斯兰党署理主席也反对议员申报财产，他还提出"反对党无法获得政府项目，因此没有申报财产的必要，但在朝议员必须申报财产"。反贪污委员会也并未针对已申报财产、且拥有"不寻常"收入的国会议员或部长采取行动。比如土团党尤仑国会议员兼吉打州务大臣拿督斯里慕克里兹，每月收入只有10万5000林吉特，而其资产超过2517万林吉特；行动党日落洞国会议员雷尔月收入3万7000林吉特，而申报时却没有任何资产，这种可疑现象，反贪污委员会并未调查核实。②

马来西亚财产申报在反腐败过程中发挥作用有限。2018年5月21日马来西亚政府设立专门工作组，调查前总理纳吉布涉嫌洗钱和贪腐问题。警方搜查纳吉布住所，搜出72包首饰和现金，280多只昂贵手包，另在一套公寓搜出现金1.14亿林吉特。《华尔街日报》2015年报道称有将近7亿美元资金由一马发展公司转入纳吉布私人账户。隶属一马发展公司的能源企业SRC国际的1060万美元也流入纳吉布个人"腰包"。工作组的调查结果显示：2009年至2015年，一马发展公司高层管理人员通过伪造文件等恶劣手段，从该基金中盗取了35亿美元以上的资金，并利用在瑞士、卢森堡、新加坡和美国的空壳公司进行洗钱，然后再用"洗白"的资金进行投资或购置不动产，从中大发横财。③ 纳吉布也曾向反贪污委员会申报过资产，但上述通过"抄家"

---

① 数据来源于印度尼西亚商报网。
② 反对党议员反对申报财产［EB/OL］. 华人头条网，2019-08-03.
③ 陆致远. 马来西亚大型国企牵出政界前高层腐败［EB/OL］. 中央纪委国家监委网站，2018-06-11.

方式才为外界得知的财产，在纳吉布被调查之前根本没有申报。

2019年1月马哈蒂尔政府发布了自1957年独立以来第一个综合性反腐败计划：2019—2023年反腐败计划。计划将政治治理、公共部门管理、公共采购、公司治理、执法、司法等列为腐败易发领域，并制订了115项计划和措施，在今后5年内实施。马哈蒂尔决心通过提高行政透明度、建立问责制以及政府诚信将马来西亚建成无腐败国家。在今后一个时期，马来西亚公共部门、国有企业、非政府组织以及私营部门将携手共同打击腐败。在反腐败力度加大的情况下，马来西亚财产申报制度在未来几年内会进一步完善。

第二节　腐败现象严重国家财产申报制度实施情况

据2019年透明国际公布的2015—2018年CPI数据，俄罗斯、巴西、墨西哥、印度尼西亚、巴基斯坦、菲律宾、哈萨克斯坦、泰国、乌克兰、肯尼亚、坦桑尼亚、越南等国连续四年得分均在40以下，按透明国际的标准，上述国家腐败现象严重。俄罗斯、墨西哥、哈萨克斯坦、乌克兰、肯尼亚等国四年内平均得分在30分以下。除巴西、印度尼西亚和泰国四年内平均超过35分外，其他样本国家四年内平均得分均在35分以下。为研究的便利，课题组将上述国家归结为腐败现象严重的国家。四年平均得分超过35分的国家中，巴西要求高级官员进行财产申报，泰国要求一定级别以上的官员申报财产，印度尼西亚要求全体公职人员申报财产；四年平均得分在30分以下的国家中，俄罗斯、哈萨克斯坦、乌克兰要求全体公职人员申报财产，墨西哥、肯尼亚要求一定级别以上的官员申报财产；四年平均得分低于35分的国家中，坦桑尼亚要求高级官员申报财产，越南和巴基斯坦要求一定级别以上官员申报财产，菲律宾要求全体公职人员申报财产。从制度设计的角度看，上述各国财产申报制度内容详尽，处罚严厉。

一、2015—2018年CPI平均得分在35~40之间的国家财产申报实施情况

（一）巴西财产申报制度实施情况

从殖民时期起，腐败就一直是巴西历史的一部分，巴西很难将腐败从文化中抹去。文化因素在巴西是一个巨大的问题，也是加剧腐败蔓延的主要问题。巴西人有一种"Jeitinho"心态，意思是要想达到某种目的，就得设法改变规则，而不必担心结果。这种心态已经具有了承继性的日常化特征。[1]

有研究指出，近10年来，巴西正处在国家发展的"十字路口"。一方面国家的资源和经济实力以及巨大的发展潜力使其跻身世界大国行列，另一方面腐败的政治文化、权力的滥用和政府的低质量治理水平深深地制约着该国的发展。巴西政治腐败严重，政府和政客们更关心自己的利益，而不是为国家做出贡献。在政治选举中，巴西选举时的投票率很高。但很多人投票均出于被迫，没有达到投票年龄的也可以投票，在高达85%的投票率中，空白票和无效票很多，投空白票或无效票不但不能阻止腐败，反倒帮助了腐败的候选人。在巴西政治腐败的范围内，议员腐败尤其值得关注，据分析：有92%的政党在联邦众议院有腐败行为，79%的政党在联邦参议院有腐败行为。[2] 在行政领域，警界腐败严重，警察每月收受30万美元，就可以保护毒品运输和为毒贩提供武器。[3] 司法腐败造成的司法无效长期存在，这一状态从2014年巴西国家石油公司（Petrobras）和拉瓦贾托（Lava Jato）丑闻之后才有所好转。拥有足够的权力且权力独立才能使司法系统更好发挥作用，但长期以来政客、政府官员和精英阶层却能够依靠司法系统的"仁慈"和"软弱"来应付腐败调查。腐败加剧了巴西社会的贫困和不平等，阻碍了巴西经济的发

---

[1] VILHENA P. Corruption: Brazil's Everlasting Parasite [D]. Orlando: University of Central Florida, 2018.

[2] PRATES C. Memory and Truth Effects: Brazil's Corruption in Numbers in the Brazilian Parliament [J]. International Journal of Development Research, 2019, 9 (3).

[3] VILHENA P. Corruption: Brazil's Everlasting Parasite [D]. Orlando: University of Central Florida, 2018.

展。根据巴西地理和统计研究所（IBGE）的数据：巴西国内生产总值继2015年下降3.8%之后，2016年下降3.6%。2016年2月至4月，失业率为11.2%，而2015年末至2016年初的失业率为9.5%。因此，2016年第一季度，消费者支出减少，消费率降至1.7%。[①]

20世纪90年代以来巴西颁布了一系列反腐的法律法规，如《公职人员道德法》《行政、立法、司法部门高级官员申报财产法》《政府行为不当法》《反洗钱法》等，对官员的职务行为和非职务行为进行规范与监督。巴西议会2011年通过《清廉档案法》，该法规定：凡逃税漏税、故意隐瞒财产者不得参加政治竞选；新闻媒体可向选举法院了解参选人财产申报及公开情况。2012年，巴西政府决定在互联网上公布包括总统、副总统、部长、议员、联邦最高法院大法官等所有联邦政府公职人员收入情况。措施刚一执行，议员及议员助手就以侵犯隐私权为由，抵制财产公开。2011年6月，媒体公布了总统府民事办公厅主任安东尼奥·帕洛西（Antônio Palocci）在圣保罗市买下一栋房产一事，由于房价远高于他的经济能力，他无法解释清楚，只能辞职，接受司法调查。

按照制度设计，巴西国会调查委员会和联邦检察院是反腐败的主要力量。联邦检察院检察长无权干涉检察官的调查活动，联邦检察官具有高度的自主性和独立性。巴西联邦审计法院是协助国会进行监察的最高审计机构，职责是防止和制止滥用国家公共资金。联邦警察局则是监督各级官员有越轨和不法行为的重要机构，可以独立调查各种刑事案件，包括调查政府部长、州长等各级官员的腐败行为。财产申报问题由联邦审计法院负责，主要审查高级官员及其配偶、子女的申报情况。联邦审计法院独立于国会、政府和最高法院，具有司法职能。联邦审计法院设九名审计大法官，组成联邦审计法院委员会。审计大法官由联邦参议院选举产生，其中六名由国会任命，三名经参议院批准，由总统任命。审计大法官终身任职，直至70岁退休，除触犯

[①] VILHENA P. Corruption: Brazil's Everlasting Parasite [D]. Orlando: University of Central Florida, 2018.

法律并经司法判决外，不得免职。联邦审计法院是巴西落实政府问责和改善国家治理的重要工具。联邦审计法院对官员的收入和财产申报每年一审，并有权要求申报人对其收入和财产变化做出说明，对申报不实、不按期申报以及财产与申报收入明显不符的公职人员，可给予免职和相应的法律惩罚。

上述机构在实际运行中，由于缺乏协调，加之政治及行政干预以及反腐败机构自身的腐败，使得巴西的反腐效果受到极大影响。在反腐败过程中，最为严重的问题是腐败理念已经深深扎根于巴西的文化中，人们可以轻而易举地为自己的行为辩护，指出其他人也有同样的行为，为了解决困难或完成任务，只有随波逐流，别无他选。有研究指出：在巴西改变一种规范或一部分文化是非常耗时、具有挑战性和极度困难的。这似乎是一项不可能完成的任务，尤其是涉及腐败的时候。消除不道德的文化对于下一代生活在一个更好的社会中，避免上一代人所犯的错误是至关重要的。[①] 因此，逐步弱化并进而消除腐败文化对现实社会的影响，才是巴西反腐面临的最主要困境。

（二）泰国财产申报制度实施情况

泰国财产申报最早可以追溯到1975年的《反腐败法》，该法规定总理、部长、众议员和参议员要申报资产和负债，由于只申报、不核查、不公开，所以当时的财产申报只具"纸面"意义。

1996年《两院议员财产申报法案》颁布，1997年财产申报被写入宪法，1999年通过《反腐败组织法》，泰国财产申报制度才正式确立。有研究指出：泰国财产申报制度存在着诸多问题。一是该法只规定担任高级政治职务的人，才有申报资产和负债的义务，这使得其他级别官员的资产和负债游离于监控之外，而这些官员的腐败也非常严重。二是资产评估的专业性不高。三是提交实物文件造成了申报中工作量的激增和申报成本的增加。四是在申报人更换职位时，检查工作进行迟缓，造成大量积压。五是《反腐败组织法》没有规定审查资产准确性以及资产是否真实存在的时限，使得不申报的人有

[①] VILHENA P. Corruption：Brazil's Everlasting Parasite［D］. Orlando：University of Central Florida，2018.

时间转移和藏匿资产。①

财产申报制度在执行中对预防和惩治腐败起到了一定作用。如从2007年12月开始,社交网络不断爆出泰国副总理兼国防部长巴育佩戴（Prayuth Chanocha）各款奢侈名表的照片,这些名表总价值高达120万美元,而巴育就任副总理时申报的个人资产总额为270万美元,不含这些名表。民间舆论针对"表哥"副总理的网络声讨非常强烈,有人呼吁巴育辞职,有人要求反贪部门进行调查。② 2008年3月6日卫生部部长猜亚在上任满一月当天申报了个人全部财产,但4月2日,他又补交了一份报告,称其妻子持有2.5万股份,价值250万铢。猜亚称并非故意隐瞒,而是因为公务繁忙才委托财务公司代理,以致造成申报延迟。泰国国家反贪委员会经调查,于2008年4月8日裁定取消猜亚卫生部长职务。③ 2013年3月总理英拉在向国家反贪委员会申报个人财产时涉嫌造假,国家反贪委员会对此进行调查。

在财产申报实践中,把财产申报作为打击政治对手的情况也不少见。无论官员如何清廉,在政治对手穷追猛打之下也不敢保证绝对安全,更何况清廉的官员在很多情况下,也只是"相对清廉"。因此,财产申报就可能被政治对手作为斗争工具。按照规定,高级官员必须在上任后30天内向反贪委员会申报本人及家庭财产。1997年12月,刚就任川·立派政府副总理兼内政部长的沙南·卡宗巴萨（Sanan Kajarnprasart）向反贪委员会申报了个人财产。经过调查,国家反贪委员会于2000年3月确认沙南在申报财产状况时存在欺诈行为。3月29日,沙南在反对党的讨伐声和强大的舆论压力下辞职。2000年8月23日,泰国宪法法院裁决,因呈报错误财产信息,沙南被判在5年内不得涉足政坛。

腐败、贫困和毒品被认为是阻碍泰国经济发展的三大因素,而腐败尤应

---

① NUCHPRAYOOL B. Legal Reform of Asset Declaration System：A Strategy to Prevent and Combat Corruption in Thailand［EB/OL］. IISES Website, 2019 – 07 – 26.

② 甄翔. 泰国国家反腐败委员会：泰副总理须证明其名表来源［EB/OL］. 环球网, 2018 – 01 – 25.

③ 任建民. 泰国卫生部长因财产申报问题面临丢官［N］. 人民日报, 2008 – 04 – 09 (3).

对泰国经济发展负责。在泰国,"恩主——侍从"关系源远流长,除夫妻关系外,社会上其他一切人际关系无不打上庇护制的烙印,庇护制基本成为泰国所有社会关系的基石。庇护关系,强调的是上级官员对下属的荫庇和保护,为获得荫庇和保护,下属就必须对上级唯命是从,绝对忠诚。推而广之,这种关系就会导致整个社会形成一个封闭的腐败系统,腐败分子在这样的社会氛围中就会肆无忌惮,大行其道。

泰国所有领域的腐败中,警察腐败最为严重。警察腐败已严重威胁到泰国的国际信誉和社会安全。色情业、赌博业、毒品贸易、贩卖人口、非法走私等行当里都有警察充当"保护伞",甚至有警察直接"披挂上阵"。出租车、卡车和其他公共交通的从业人员如果存在超载、酒驾、超速、无证驾驶等行为,只要行贿警察,都会得到默许。色情业大亨卡莫韦斯特(Chuwit Kamolvsit)从事色情行业长达10年,未被追究的奥秘就是多年来他一直行贿警察,金额高达500万美元,此案曝光后,时任泰国警察总长被迫辞职,与该案相关的10名高级警官被当局调查。更有甚者,警察在接受贿赂后,还会帮助毒贩进行贩毒。2012年,某警察局长与5名警察联手,在接受200万泰铢贿赂后,亲自将毒品送给买家。2014年底揭露的警界腐败大案显示:中央调查局前局长蓬帕(Pongpat Chayaphan)及副局长以及前海洋警察部门主管等多名高级警官私藏巨额钱财。蓬帕拥有住宅11处,还有大量现金、珠宝、金条、名画、佛像、地契、象牙,价值超过20亿泰铢。①

1997年后,泰国推出了一系列反腐败法律及制度。《两院议员财产申报法案》《公共信息披露法》《反腐败组织法》《政府采购法》《部长持股法》等构成了较为系统的反腐法律架构。为强力清扫腐败,2014年5月新政府组建后,展开了反腐败运动。巴育政府清查了警界内部的腐败高官,并对王储妻子亲属的腐败问题展开调查。2015年7月,修订的《泰国反腐败法》正式生效,法案规定官员索贿、受贿最高可被判处无期徒刑或死刑。2017年国家

---

① 高珮君. 腐败严重:"微笑国度"泰国能否扫除贪腐阴霾?[EB/OL]. 中央纪委国家监委网站,2016-05-23.

改革指导委员会通过了政府加强对贪官惩罚力度的提议,凡是贪污金额超过10亿泰铢可被判死刑,贪污金额在1亿泰铢至10亿泰铢,可判处终身监禁,贪污金额不足100万泰铢,可判处5年监禁。有分析指出,泰国军方如此严厉反腐,目的并不在惩治腐败,打击异己才是反腐败背后的真实意图。①

如果泰国政府以政治斗争为目的进行反腐,那么这种做法对于整个社会的腐败现象并不会起到震慑作用。反腐败只有坚持长期的、制度框架内的措施,才会对泰国普遍存在的腐败起到打击效果。腐败在泰国有着漫长而痛苦的历史,腐败严重破坏了泰国人对政府的信任。"贪腐已经成为这个国家的毒瘤,有些人对于腐败抱有无所谓的态度,认为这是自然而然的事"②,因此腐败在泰国不仅是尚未解决的问题,而且是一种持久存在且日益恶化的文化现象。有鉴于此,反腐败在泰国依然任重道远。

(三)印度尼西亚财产申报制度实施情况

腐败已经成为一种印度尼西亚式的艺术。③对于形形色色的滥用职权,早在19世纪50年代,印度尼西亚民众就习以为常了。印度尼西亚建立共和国后,传统的行政管理方式以及"薪金财政"④虽受到强烈批判,但传统观念在共和国的"行政场域"仍能"汇合",因此,传统观念及基于传统观念的行为仍有着巨大的生命力和影响力。

统治印度尼西亚32年,苏哈托(Haji Mohammad Suharto)家族建立了遍及国内并影响到海外的庞大"商业、资本帝国"。印度尼西亚国民经济的重要领域,银行、通讯、石油、食品、电子、木材、建筑、矿产开发、航运和制造业,苏哈托家族均占有不少于20%的股份。因此,人们戏称苏哈托家族为"20%家族"。苏哈托家族利用官商勾结、裙带关系、贪污贿赂手段,无

---

① 陈丹. 泰国反腐出重拳,贪污超1.9亿或判死刑 [EB/OL]. 新华社,2017 – 01 – 11.
② 杨讴. 泰国加大反腐调查力度 [N]. 人民日报,2014 – 10 – 13 (21).
③ 王列. 印度尼西亚的腐败:传统和变迁 [J]. 经济社会体制比较,1993 (6):56 – 60.
④ "薪金财政"是指官员从自己的薪金中支付履行职责所需的一切费用。而这些职责有许多是社会性的,因此在传统上,印度尼西亚的公款和私款之间没有太大区别。

所不用其极地侵吞国有资产。香港《亚洲时报》估计：到1999年苏哈托家族的财富已高达150亿美元。美国中央情报局分析：苏哈托家族的总资产已达400亿美元。世界银行提供的资料显示：苏哈托家族的财富足可以与印度尼西亚拖欠国际货币基金组织和世界银行的债务相抵。苏哈托曾从国际货币基金组织争取到430亿美元的援助，这些款项大部分进入了苏哈托家族的腰包。苏哈托本人也强硬地拒绝国际货币基金组织以改革换取国际社会支持的要求。印度尼西亚最高法院于2015年8月10日做出判决，要求苏哈托家族归还通过"苏帕斯马基金会"挪用的巨额国有财产中的75%，即3.24亿美元。[1]

印度尼西亚的腐败不是经济问题，而是一个长期的政治问题。如果腐败问题不能得到解决，那么到2030年，国家的稳定将受到严重威胁。[2] 印度尼西亚通过了诸多反腐败法律，但法律的功能和作用却受到政治力量的强烈影响和干扰。在实践中法律成了政治的玩偶。如果不能改善法律以建立良好的政府，那么印度尼西亚的未来将会遭受更大的危机。此外，腐败会摧毁一个政权的政治财富——合法性，还会摧毁一个国家最重要的政治财富——青年的热情、理想和同情心。一旦年轻一代的理想和热情转变成冷嘲热讽和玩世不恭，那么政治稳定和经济发展都注定要受到影响。

2004年，苏西洛（Susilo Bambang Yudhoyono）执政后，对腐败的打击力度开始加大。惩治贪腐高官，打击利益集团成为反腐的主旋律。仅2008年一年就有42位中央政府官员、地方政府官员或国会议员被反腐败委员会扣押。连苏西洛的亲家中央银行前副行长，也因牵涉中央银行领导集体向国会行贿而被捕入狱。2008年《公共信息公开法》要求每一公共机构披露与其职能、活动、业绩、财务相关的信息，各公共机构应建立畅通的信息渠道，允许公

---

[1] 高珮君. 印度尼西亚：毁于腐败的"发展之父"一家［J］. 当代广西，2015 (20)：1.
[2] WIDODO W, BVDOYO S, PRTAMA T. The Role of Law Politics on Creating Good Governance and Clean Governance for a Free-Corruption Indonesia in 2030［J］. The Social Sciences, 2018, 13 (8).

众监督和参与公共政策制定。与此同时，财产申报在一定程度上起到了威慑作用。印度尼西亚财产申报制度构建于 1998 年，此后逐步完善。2013 年 1 月，北苏门答腊副省长候选人东古申报的财产是 40 亿印度尼西亚盾，反腐败委员会成员经过核查，其财产总值为 85 亿印度尼西亚盾，其中贵金属、银行存款、公司股份、保险等财产均被漏报。东古不得不进行财产核准后，才参与竞选。①

印度尼西亚现任总统佐科·维多多（Joko Widodo）将腐败视为经济发展的最大阻碍，誓言对腐败宣战，解决贫富不均、执法力度弱及政府透明度不高问题。近年来反贪腐委员会揭露出各种类型的腐败，但腐败的规模和程度仍高居不下。有研究指出：由于腐败参与人数众多，腐败都是秘密进行，而且腐败又是互利的，从事腐败的人总能用法律上的理由来掩盖他们的行为。②因此治理普遍而高发的腐败的确是一个现实难题。如 2016 年一年，印度尼西亚就发生了 1400 件腐败案，平均一天有将近 5 起腐败案件发生。③

在印度尼西亚，"进行有效的反贪污改革所需的所有法律都已经就位，但是它们的实施严重缺少领导和政治决心"④。如此普遍的腐败，必须探寻腐败行为深层次的原因——道德缺陷。如果腐败在各个领域都非常猖獗，那么这种个人的道德缺陷也就表明了这个国家的道德缺陷。⑤ 而解决道德问题，预防就极为关键。佐科政府在第一任期内就意识到问题的严重性，并已着手

---

① 武政文，张友国. 民主改革以来印度尼西亚的反腐败工作 [J]. 东南亚纵横，2015 (8).
② DINANTI D, TARINA D. The Punishment of Perpetrators of Corruption with the Approach of the Local Wisdom [J]. International Journal of Multicultural and Multireligious Understanding, 2019, 6 (7).
③ PURWANTI D, HIDATATI N, KVSUMAWATI R. Transparency And Corruption Prevention in Local Government: Do Public Trust and Public Awareness Matter? [J]. International Journal of Applied Business and Economic Research, 2018, 16 (2).
④ [英] 劳伦斯·科克罗夫特. 全球腐败：现代社会中的金钱、权力和道德 [M]. 黄国富，译. 北京：经济科学出版社，2013：27.
⑤ DINANTI D, TARINA D. The Punishment of Perpetrators of Corruption with the Approach of the Local Wisdom [J]. International Journal of Multicultural and Multireligious Understanding, 2019, 6 (2).

通过预防来解决腐败，包括核查政府官员财产、审查公众举报、在各级学校推行反腐败教育计划、研究所有国家和政府机关的管理制度等都在本届政府推行。维多多政府还鼓励富有正义感、有激情的年轻人加入反腐队伍。印度尼西亚反腐败委员会还在一些中小学展开反腐败教育。在印度尼西亚，反腐败是长期而艰巨的任务，要想打造一个风清气正的政治生态，印度尼西亚政府必须多管齐下。

二、2015—2018 年 CPI 得分在 30～35 分之间国家财产申报实施情况

（一）坦桑尼亚财产申报制度实施情况

坦桑尼亚是非洲的农业国，1964 年 4 月 26 日坦噶尼喀和桑给巴尔组成联合共和国，同年 10 月 29 日改为坦桑尼亚联合共和国，至今历届政府，腐败均十分严重。现任政府为联合政府，总统为革命党主席马古富力。2010 年以来，政府打击腐败的力度逐渐加大，但局面并未明显好转。坦桑尼亚法律和人权中心 2014 年的调查显示：14.8% 的受访者认为腐败已成为坦桑尼亚的生活方式。非洲晴雨表在 2012 年的一项研究表明：66% 的受访者认为政府在反腐败方面表现非常糟糕，2014 年，这一比例降至 58%。[①] 在坦桑尼亚，大规模的腐败不仅仅是道德问题、政治问题和经济问题，更是影响生命和尊严的问题。

2006 年以来，坦桑尼亚腐败大案频发，涉案金额巨大。2006—2014 年的五起大案中，财政资金流失最少的一次是 2013 年采购缺陷车辆案，数额高达 600 亿坦桑尼亚先令，流失最多的一次是 2014 年特盖塔（Tegeta）托管账户案，资金高达 3060 亿坦桑尼亚先令。而 2014 年坦桑尼亚国家卫生预算为 1445.3 亿坦桑尼亚先令。一次腐败大案损失的财政款项超过了卫生系统一年预算的 2 倍多。五次腐败大案共损失 8920 亿坦桑尼亚先令，而卫生系统六年的预算总额为 9048 亿坦桑尼亚先令，二者基本持平。同一时期，坦桑尼亚孕

---

① LUKIKO L V. Exploring a Sustainable Anti-Corruption Regime for Tanzania [D]. Tygerberg: University of the Western Cape, 2017.

产妇死亡率为每 10 万人 454 人,联合国千年发展目标为每 10 万人 133 人。五岁以下儿童的死亡率为 81‰,千年发展目标为 19‰。造成坦桑尼亚孕产妇和儿童死亡率高的主要原因就是巨额腐败造成的资金损失。① 由此可见,腐败对于坦桑尼亚公众而言,尤为可怕。

1995 年,坦桑尼亚开始施行财产申报制度,该制度一出台,就有研究指出:资产申报对遏制腐败的影响是值得怀疑的,因为大多数政府领导人不会申报他们的资产。即使申报了资产,也没有验证申报正确性的机制。在收到投诉后,道德操守秘书处也只就有关违反职业道德的行为展开调查,而不直接涉及财产问题。②

根据《坦桑尼亚公职人员法》第 398 条规定,官员在当选或者被正式任命后的 30 天内,必须向道德委员会申报个人财产和负债,以后每年申报一次,直至退休。未按期申报财产的官员必须说明理由,无正当理由,将受到警告、降职、责令辞职等处罚。政府希望通过财产申报和公开,监督公职人员,防止权力滥用。近几年,公务员、政治任命官员基本都按期申报财产。2011 年,99% 的高级公务员、政治任命官员和政党领导人申报了个人财产。2012 年共有 9194 名官员需要申报财产,但截止到 12 月 31 日,全国仍有 2177 名官员没有申报,占比 24%。已申报财产的 6997 名官员中,政治任命官员为 3738 人,高级公务员为 3259 人。坦桑尼亚公众有权查询官员财产状况,但需向道德委员会申请,说明理由并缴纳少许手续费。作为例行公事,财产申报制度执行较好,但正如对该制度提出批评的人说道,不存在审核程序,申报也只是一个流程。

21 世纪以来,尤其是本届政府在打击腐败问题上态度更加坚决,并采取了诸多有力措施。2007 年后,坦桑尼亚高度重视反腐败问题,2007 年 4 月,

---

① MPAMBIJE C J,MAGESA F B. Poor Maternal and Child Health in Tanzania Amidst Plenty:Review from Tanzania's Grand Corruption Scandals from 2005—2015 [J]. Journal of Advances in Social Science and Humanities,2017,3 (1).

② LUKIKO L V. Exploring a Sustainable Anti-Corruption Regime for Tanzania [D]. Tygerberg:University of the Western Cape,2017.

国民大会通过《预防和打击腐败法》(以下简称为"PCCA"),目的是为促进坦桑尼亚的良好管理,为根除腐败提供全面法律依据。预防和打击腐败局(以下简称为"PCCB")是防止和打击腐败的专门机构,PCCB 权力相对独立,专门负责调查和发现贪污行为并与国际组织合作打击贪污。2015 年时任总统马古富力(John Pombe Joseph Magufuli)在参选演说中说:"我明白我决定参加这场战争(指反腐败)的艰难……但是治疗的办法就是煮沸然后再切开它。我已经决定做一个煮肉刀。"① 坦桑尼亚政府在 2016 年开始大力整饬"吃空饷"及伪造学历问题。2016 年政府从公职人员中清除了一万多名"幽灵员工",政府每月可以节约 200 多亿美元。② 从 2016 年 10 月开始坦桑尼亚政府着手调查公务员学历造假,共发现 9932 名仿造学历的公务员,相当于公务员总数的 2%。学历造假一旦成立,最多将判 7 年监禁。2017 年 4 月马古富力解除了 9932 名伪造学历公务员的职务。③ 在这轮反腐行动中,包括国家反贪腐部门主管、中央税务部门主管、铁路部门高官和国家港务部门主管等数名高官被解职。

运动式反腐只能收效一时,长期而复杂的腐败现象绝不会因一两次运动就能主动停止。有研究指出:继续完善包括宪法在内的相关制度、建立贯穿中央和地方的严格问责制、建立和推广电子纪录管理系统对于长期反腐会起到积极效果。④ 坦桑尼亚是宗教色彩浓厚的国家,穆斯林占 35%,基督徒占 30%,其他宗教占 35%。⑤ 通过宗教预防和打击腐败也是政府可以采用的一

---

① LUKIKO L V. Exploring a Sustainable Anti-Corruption Regime for Tanzania [D]. Tygerberg: University of the Western Cape, 2017.
② 坦桑尼亚反腐清除万余名"幽灵员工"每月省千亿元 [EB/OL]. 中国日报网, 2016-05-17.
③ 杜鹃. 坦桑尼亚再出反腐重拳,开除近万学历造假公务员 [EB/OL]. 新华网, 2017-04-30.
④ KIVYIRO A, MOKAYA S O. The Role of Accountability in Combating Corruption in Local Government Authorities in Tanzania: Case Study of Mbozi District Council [J]. International Journal of Scientific and Research Publications, 2018, 8 (4).
⑤ MAJALIWA A, PALLANGYO W A. The Influences of Religious Ethics on Preventing and Combating Corruption in Tanzania: The Christianity and Islamic Obligation [J]. The International Journal Of Humanities & Social Studies, 2017, 5 (6).

种重要方式。基督教教导信徒不贪恋财物，伊斯兰教圣训认为真主会诅咒给提供贿赂和接受贿赂的人。政府可以引导公民运用宗教道德来加强职业道德，并与包括腐败在内的各种不道德态度和做法作斗争，从长期来看，采取这种方式会在很大程度上起到预防腐败的作用。

（二）越南财产申报制度实施情况

越南财产申报制度体现在《反腐败法》中。《反腐败法》要求机关、组织、单位内部不涉及国家秘密的各类业务必须公开。包括公共财产和基本建设采购、建设投资项目管理、财政和国家预算、调动和使用民众捐款、管理和使用财政支持与援助、国有企业管理、国有企业股份化、国家预算和财产使用审计、资源管理、住宅建设与管理、教科文卫体等领域的发展与管理、社会治安政策、民族政策执行等。《反腐败法》规定了公务员的行为准则和职业道德守则，列举了公务员不得从事的行为，并对接受礼品和赠予提出硬性要求。《反腐败法》规定了财产申报制度，要求公职人员财产透明。2011年7月1日起，国有全资集团和总公司也将对财产、贷款、债务和以黄金、外汇、越盾方式存在的财产进行申报。

每年1月1日至3月31日公职人员要根据法规要求进行财产申报，将个人财产申报清单在本人所在机关、组织或单位公布。国会代表及地方各级人民议会代表以及候选人的个人财产申报清单须在选区公布。国家统一制定了财产收入申报表，分为1、2、3号表。首次申报者填1号表；第二次以上申报者填2号表；国会代表、议会代表候选人和即将发生职务变动者填3号表。

对于财产申报制度，越南百姓并不抱多大希望。法律不够严谨，如申报人为在职的要求在单位申报，而国会代表则要求在住所或者选区公布，但是70%以上的国会代表都是有单位的人，因此执行过程中就不可避免存在漏报或不报的情况；财产确认则是单位负责，但是对于没有单位的候选人，确认环节就会落空。制度只要求申报本人、配偶和未成年子女名下的财产，没有把其他亲戚和相关的人列入申报范围，这将会使部分干部将其名下的财产转移到他人名下。执行财产申报和公开的情况十分有限，也不够严肃，只涉及高级干部、有问题的干部或者即将提拔的干部，且主要是申报土地和住宅，而这些信息也不一定准确。越南的特点是法律多而严，但在执行的过程中都要"打折扣"。财产申报只是内部公开，因此就存在暗箱操作和互相包庇的空间。

越南共产党于2014年1月3日颁布了关于加强党对财产申报及检查工作的领导指示。指示强调财产申报及申报检查是预防与打击贪腐的重要举措，国家已将其上升到立法高度。越南共产党中央政治局要求各级党委、党组织要认真落实财产申报及申报检查工作，包括：加强领导，凝聚全体干部、党员、公职人员和机关、组织、单位、机关首长对财产申报工作的共识；领导严格进行财产申报及申报检查工作，提高干部、党员、公职人员在财产申报上的自觉性、诚实性和责任感；加强党和国家对财产申报和申报审核工作规定落实情况的监督和检查；完善关于财产申报和申报审核工作的法律法规等。有研究显示，在2006—2015年期间，约有100万份资产申报被提交，在4800份已核实的资产申报中，有17份申报存在问题。[1]

在越南，金钱和神佛一样有力量（Money is as powerful as God and Buddha）。在越南人的观念里，"任何东西都能以合适的价钱买到"。越南腐败"无处不在，在各行各业，就像癌症一样，扩散到全身"，人们经常提到两种腐败，第一种是政治腐败，第二种是与日常生活和微薄收入有关的轻微腐败。越南的公务员工资很低，折合成人民币平均月薪为1000多元，因此很多公职人员都在外兼职赚取额外薪资以补家用。此外，由于"担任某些职位的人会享有某种程度的保护"，因此"买一个职位是一项可以收回成本的投资"。[2] 2013年发布的"全球腐败晴雨表"显示：55%的被调查者认为越南近年来的腐败现象增加，30%接受调查的民众有过行贿经历；51%接受调查的民众认为举报无用。[3] 2012年初，越南启动了"三大支柱"经济改革计

---

[1] DAO V A. TIEN LA TIEN LA PHAT：Investigating the Persistence of Corruption in Vietnam［D］. Wellington：Victoria University of Wellington，2017.

[2] DAO V A. TIEN LA TIEN LA PHAT：Investigating the Persistence of Corruption in Vietnam［D］. Wellington：Victoria University of Wellington，2017.

[3] 李良勇. 越南破解腐败"国难"举步维艰［N］. 中国纪检监察报，2014-07-24（4）.

划，但人们普遍认为，国家以稳定和改革的名义采取的每一重大措施背后都有一系列寻租活动①。世界银行与越南政府在 2013 年 10 月发布的一份调查显示：金融、银行、税务、财政和海关是越南腐败频率最高的领域，在这些领域，钱权交易极为普遍。越南腐败的原因非常复杂，既有制度文化的因素，也有传统和改革的因素。国家文化或制度传统的永久性特征对腐败程度的影响比当前国家政策的影响更显著。在制度、文化、组织、个人等因素的共同发酵下，越南的腐败已渗透到社会各阶层和各职能部门。

20 世纪 90 年代以来，越南的反腐败斗争基本没有间断过。在 1986 年年末到 1990 年 9 月的整顿中，有 5 万名党员被清除出党。在 1993 年的反贪运动中，有 2.3 万党员违纪被查处。90 年代中期到 2001 年的几年内被查处的越共腐败党员有 7 万人。越共九大（2001 年）以后，又有近 1% 的党员被查处，其中 30% 是各级党委成员。在 2000 年到 2004 年的 5 年间，越南全国 64 个省和中央直辖市相继查处各级领导干部贪腐案件 8808 起。② 2006 年，越南交通部直属高速公路发展公司总经理裴进勇巨额资金赌球案曝光，该案牵出交通部常务副部长阮越进等官员。③ 2012 年，越南国家航运公司董事长杨志勇在柬埔寨被捕，2013 年杨志勇、原运输厅副厅长梅文福被判处死刑。政府监察总署前副总监察长陈国仗、贸易部前副部长梅文桑、交通运输部前部长陶庭平、公安部前副部长裴国辉等高级官员，也被严惩。2013 年，越南政府监察总署共处理重大贪腐案 45 起，涉案官员 99 人，涉案金额高达 3540 亿越南盾。④

---

① DAO V A. TIEN LA TIEN LA PHAT: Investigating the Persistence of corruption in Vietnam [D]. Wellington: Victoria University of Wellington, 2017.
② 刘芝平，饶国宾. 腐败问题给越南带来的危害 [J]. 国外理论动态, 2008 (2): 47 - 50.
③ 裴进勇挪用世界银行援助资金参与赌球，涉案金额高达 800 万美元。裴进勇还从国道工程款里提出几千万美元和交通部常务副部长阮越进等私分。阮越进奢侈腐化，拥有面积达 600 平方米以上的豪宅多处，在私家庄园修建"龙天门"，为其母建造"帝王陵墓"。
④ 李良勇. 越南破解腐败"国难"举步维艰 [N]. 中国纪检监察报, 2014 - 07 - 24 (4).

越南反腐败遇到的最大问题是执行问题。越南共产党领导层必须认识到只有首先证明他们自己清廉,才能表明他们真心实意地想要清除腐败。这就需要最高领导层也要遵守包括财产申报制度在内的所有反贪制度。不是为了自身利益,而是为了国家利益进行反腐,才能赢得民众信任。把静态的立法、决心和表态转变为掷地有声的落实,尤其是严格执行,是需要勇气和条件的。

(三)巴基斯坦财产申报制度实施情况

巴基斯坦国父穆罕默德·阿里·真纳(Muhammad Ali Jinnah)在1947年刚刚建国时说:"贿赂和腐败是毒药,我们必须以铁腕来解决这一问题。"[1] 受历史、文化、习俗及政治等因素影响和作用,腐败从未离开过这个国家。腐败在巴基斯坦以多种形式出现,包括金融腐败、政治腐败、裙带关系、偏袒和滥用权力。

国际货币基金组织的分析认为:2016年全球腐败的成本约为1.5万亿~2万亿美元,约占全球GDP的2%。世界经济论坛2017年的一项调查强调,在巴基斯坦做生意最大的阻碍是腐败,警务、税务等领域腐败风险极高,司法、公共服务、土地、海关、公共采购等领域腐败风险较高。据2017年全球腐败晴雨表显示:巴基斯坦是亚太地区第四大腐败的国家。巴基斯坦有64%的穷人和26%的富人都行贿过。[2]

巴基斯坦处理腐败问题的法律框架主要包括:1960年《巴基斯坦刑法》、1947年《预防腐败法》、1999年《国家问责局条例》。作为预防腐败的财产申报制度,在巴基斯坦政治生活中作用有限,很多义务人采取各种方式进行抵制。2010年10月,141名巴基斯坦政府议员由于超过期限未申报个人财产,被全国选举委员会勒令停职检查。有几十名议员匆忙在截止日递交了财产报告,其中有16人在申报当天就恢复了职务。这种玩笑似的"政治游戏"

---

[1] KHAN Y, RETHI G, SIEGEDI K. Corruption as Business Challenge in Pakistan [J]. European Scientific Journal, 2018, 14 (16).

[2] KHAN Y, RETHI G, SIEGEDI K. Corruption as Business Challenge in Pakistan [J]. European Scientific Journal, 2018, 14 (16).

令人啼笑皆非。按规定，巴基斯坦全国各级议会议员应于当年9月30日前向选举委员会递交财产报告，由于多人未在规定期限内提交，管理部门决定将申报截止日宽限到10月15日，但直到10月18日仍有大批议员未申报财产。①

20世纪90年代到目前，巴基斯坦政府相继查处了多起涉及国家领导人的腐败案件，这一方面证明了巴基斯坦反腐败的决心，一方面也给巴基斯坦政治、经济和社会带来了一定负面影响。1997年9月，在巴基斯坦政府的要求下，瑞士政府冻结了前巴基斯坦总理布托（Benazir Bhutto）及其家族在瑞士7家银行的存款账户，经查实布托家族在瑞士银行共有17笔存款，存款额度为5000余万美元。② 布托以财产已进行申报为由，不承认在瑞士银行的存款。很明显，查出的这笔款项，布托并未申报。2017年7月，巴基斯坦最高法院以涉嫌贪腐为由取消谢里夫（Mian Muhammad Nawaz Sharif）总理任职资格，要求国家问责局对谢里夫腐败问题进行调查。2018年12月24日，谢里夫因腐败受到指控，被判处7年监禁③，目前谢里夫正在服刑。2019年6月，因涉嫌伪造银行账户和收取回扣，国家问责局逮捕了前总统扎尔达里（Asif Ali Zardari）。2015年，联邦调查局接到举报后，对信德银行及联合银行等29个涉嫌虚假交易的账户进行调查，发现扎尔达里涉嫌使用这些账户进行可疑交易，通过可疑交易，扎尔达里共获得44亿卢比的非法收入。④

巴基斯坦反腐取得了一定成效，但由于政治原因以及经济不稳定，腐败依然严重。当国家正经历较长时期的经济不确定时，只有针对腐败的惩罚性措施是远远不够的。在巴基斯坦，大部分资金已经被富人以最大的灵活性保留在自己手中；另一方面，富人把他们的"腐败所得"兑换成美元，并把这

---

① 罗克. 巴上百议员和部长未申报财产遭停职 [N]. 工人日报, 2010-10-22 (8).
② 许道敏. 国外预防职务犯罪立法扫描（六）巴基斯坦：别出心裁的制度设计 [J]. 中国监察, 2002 (18)：58-59.
③ 许亚楠. 巴基斯坦前总理谢里夫被判处7年监禁 [EB/OL]. 海外网, 2018-12-24.
④ 赵挪亚. 巴基斯坦前总统扎尔达里突然被捕 [EB/OL]. 观察者网, 2019-06-11.

些钱进行离岸投资,这大大耗费了国家资源。① 根据国家问责局2015年度报告,共收到29 996起投诉,596人被判有罪。国家问责局在2015年总共收缴1209.7亿卢比。据世界经济论坛发布的2016—2017年全球竞争力报告,巴基斯坦的贪腐印象指数排名由126位提升至122位。② 巴基斯坦过去几年的反腐政策产生了积极成果,但腐败情况并未显著好转。巴基斯坦政府仍需继续加大反腐制度建设和执法力度。

腐败已经成为巴基斯坦生活的一部分,由于巴基斯坦制度存在薄弱环节,"腐败反而对其经济增长产生了积极影响"③。因此,在巴基斯坦怎样评价腐败,如何理性地认识和具体评估腐败,进而采取何种措施应对腐败,才是巴基斯坦必须正视的问题。

(四)菲律宾财产申报制度实施情况

腐败,是菲律宾政坛的顽疾。反腐败,在菲律宾更多的只是选举争取民心的口号。从马科斯到阿基诺三世,政治体制发生了变化,但腐败的严重程度一如既往。菲律宾历任政府在竞选之初都高举反腐大旗,但历任总统却都被腐败丑闻困扰。

根深蒂固的腐败就像菲律宾人呼吸的空气一样无处不在,人们已经不相信法律会给他们带来公正。阿基诺三世(Benigno Simeon Cojuangco Aquino III)主政时亲口承认:政客们的利益神圣不可侵犯。菲律宾独立民调机构曾对一千余名企业高管做过调查:32%的管理人员承认他们曾对政府官员有贿赂行为。菲律宾政府对腐败采取的措施并不真诚,很多反腐败法律的执行只停留在表面。人们普遍认为:相信阿基诺政府以及相信阿基诺政府推行的改革简直是自欺欺人。2010年上台以来,阿基诺三世高举"没有腐败就没有贫

---

① MAMOONA D. Beyond greed and bribes: Economic rational of corruption in Pakistan [J]. Journal of Economic and Social Thought, 2018, 5 (2): 221 – 222.
② 巴基斯坦贪腐印象指数排名从126位提升至122位 [EB/OL]. 中华人民共和国商务部网站, 2016 – 10 – 11.
③ NAUREEN S. Impact of Corruption, Defense Spending and Political Instability on Economic Growth: An Evidence from Pakistan [J]. International Journal of Scientific and Research Publications, 2018, 8 (7).

穷"的大旗,但直至下台,反腐败基本没有进展。比如监狱腐败,2014年12月15日,菲律宾警方突袭检查马尼拉的比利比得监狱。检查发现至少有20间牢房被改造成别墅,房间内家庭影院、组合式空调、液晶投影仪、50英寸平板电视和提供24小时热水的按摩浴缸应有尽有。在超过5平方千米的监区范围内,毒枭、绑架团伙首领和其他有各色背景的囚犯肆无忌惮地使用手机、电脑、吸食冰毒、骑电动摩托车。一个房间内储存着大量名牌威士忌,另一间则满是名表,名牌包、鞋子、太阳镜和成堆的美元。监狱里甚至还有专供囚犯大饱眼福的"脱衣舞俱乐部"。在监狱被突检的次日,菲律宾司法部长承认"在监狱内服刑的毒枭通过贿赂工作人员,过着国王般的生活"①。

财产申报在预防和打击腐败中发挥着一定作用。2012年5月29日,菲律宾最高法院首席大法官科罗纳(Renato Corona)因违反资产、负债和净资产申报,被弹劾下台,他隐瞒的银行外汇达240万美元。② 科罗纳承认有4个美元账户共240万美元,以及3个比索账户8000万比索的巨额存款未列入财产申报。他辩称自己有法律依据可以保护美元账户,而比索账户则是妻子家族的关联账户。被弹劾后,科罗纳被撤销首席大法官职务,并禁止其以后担任公职。③

2010年财产申报,议员曼尼·帕奎奥(Manny Pacquiao)的财产超过10亿比索,在2011年5月的申报中,曼尼·帕奎奥成为菲律宾国会参众两院最富有的议员。国会议员已在2011年4月30日前完成2010年度财产申报,任何人只要有正当理由即可申请查阅议员申报情况。④ 总统府2012年5月15

---

① 高珮君. 菲律宾监狱腐败触目惊心 [EB/OL]. 中央纪委国家监委网站,2015-12-11.
② 国外官员如何财产公示——发展中国家经验 [EB/OL]. 观察者网站,2013-01-30.
③ 张明. 菲律宾首席大法官因未如实申报财产被弹劾 [EB/OL]. 中国新闻网,2012-05-29.
④ 张明. 菲律宾议员财产申报:"拳王"帕奎奥称冠 [EB/OL]. 中国新闻网,2011-05-05.

日公开了 2011 年财产申报资料，政府 36 位内阁部长中，有 29 位财产超过 1000 万比索，超过一亿的有 6 位。外交部部长德尔·罗萨里奥（Albert del Rosario）财产总额为 6.58 亿比索，较上年增加 3000 万比索。①

在申报中，瞒报现象亦有发生。2014 年 4 月 1 日，菲律宾财政部反贪污组织厘务局中负责预算及采购的财务及行政事务部助理局长森乃达·张被监察署发现严重不诚实及疏忽职守。森乃达·张购买了费尔维尔住宅小区三座房产连地皮、戈德里奇庄园 3 块地皮、Felville 住宅小区 2 块地皮、新王城 2 块地皮、2 辆三菱 Pajero、1 辆奔驰 MB-100、1 辆三菱 L-300、2 辆丰田。森乃达·张和丈夫在 2009 年净资产是 933 847 比索，但她一直瞒报她和丈夫的净资产。森乃达·张被革职，取消并没收退休津贴，永久取消应聘政府工作的资格。②

2016 年，杜特尔特（Rodrigo Duterte）在菲律宾的总统竞选中获胜，反腐是其重要任务。杜特尔特上台后解除了多名由于腐败或涉嫌腐败官员的职务。2017 年 4 月，杜特尔特解除了内政和地方政府部部长职务；11 月解除危险毒品委员会主席的职务；12 月解除城市贫穷人口总统委员会主席、发展研究院院长的职务；2018 年 1 月，菲律宾海事行业管理局主管因频繁出国奢华旅游被解除职务。除解除腐败官员职务外，杜特尔特又推出更为严厉的反腐措施。2017 年 10 月，设立反腐败委员会，协助总统调查政务官员贪腐案件。2017 年 11 月，政府调查官办公室对阿基诺三世提起公诉。2018 年 1 月，总统府发布新规，严控官员、国企管理人员公费出国。在新总统的高压打击下，菲律宾的反腐形势有所好转。2017 年 12 月，菲律宾非营利社会调查机构"社会气象站"公布的民调显示：79% 的菲律宾人认可杜特尔特政府的表现。③

---

① 张明. 菲律宾外长身家 6 亿比索　成阿基诺政府头号富豪［EB/OL］. 中国新闻网，2012 - 05 - 15.
② 陆春艳. 涉资产与收入不符　菲律宾华裔助理厘务局长遭撤职［EB/OL］. 中国新闻网，2014 - 04 - 01.
③ 杜鹃. 菲律宾反腐能否"不手软"［EB/OL］. 中央纪委国家监委网站，2018 - 02 - 11.

菲律宾的政权基础和结构决定了菲律宾政府无法根除腐败。菲律宾国内强大的利益集团和家族寡头长期主导国家政治，政党基本是利益集团和家族寡头的玩偶。即使在民主框架下，菲律宾的国家权力依然得不到有效的监督和限制。在政治家族和利益集团主导下的菲律宾政治舞台，上演的是一幕幕利益分割和利益争夺的活剧，而这一出出活剧释放给社会的主要信息就是腐败。

马科斯政权垮台后，人们期待的现代民主不但没有确立，反而又恢复到家族势力主导下的传统体制。候选人的竞争，与其说是执政理念和治理能力的竞争，不如说是精英家族实力的比拼。政府的组建只是家族势力的博弈，在一次次的分化组合后，菲律宾的政治体制并没有发生实质性变化。宪法规定，菲律宾总统不得连任。因此，新总统上台后首先考虑的便是如何能够通过权力排除异己，安插亲信，给自己的家族和拥趸提供寻租机会。因此，菲律宾无论是个案式反腐还是运动式反腐，本质上是新掌权势力清除前任党羽、培养自身实力的过程。在菲律宾，只要权势精英家族和利益集团主导国家政治生活，政府就不会有充分的自治权，那么制度建设和反腐败的努力就不可能取得明显效果。[①] 在一个寡头统治的社会里，技术政治不可能保持非政治性。要想成功地打击腐败，唯一的办法就是获得社会绝大多数人的支持，对抗腐败的精英阶层。

三、2015—2018 年 CPI 平均得分在 30 分以下国家财产申报实施情况

（一）俄罗斯财产申报实施情况

与哈萨克斯坦和乌克兰相比，俄罗斯财产申报制度的施行，无论是作为例行公事还是作为预防和打击腐败的手段，效果都较为明显。

俄罗斯真正开始财产申报是在 2009 年。通过数据，我们可以了解官员财产变动状况。2008 年 12 月总统梅德韦杰夫签署《俄罗斯联邦反腐败法》，要

[①] 菲律宾政治腐败为何无可救药？[EB/OL]．中央纪委国家监委网站，2013－08－04.

求公职人员公布本人、配偶及未成年子女财产。2009年4月,梅德韦杰夫公开了财产,总理普京(Vladimir Vladinuirovich Putin)也公布了财产,一天后所有副总理和部长也公布了财产。自然资源部部长2008年总收入3.65亿卢布,包括4400平方米的3块地皮、一处95.3平方米的住宅、2辆保时捷(卡宴、911)和一艘游艇;夫人名下有1辆大众途锐轿车;未成年的儿子亚历山大名下有一处153.4平方米住宅。交通运输部部长2008年总收入为2000万卢布。能源部部长2008年总收入为1418万卢布。紧急情况部部长2008年总收入不到271万卢布。①

通过数据,我们可以了解申报人财产变化以及变化原因,如总统普京2013年收入为360万卢布,2014年为765.4万卢布,2015年收入为889.1万卢布,2016年收入为885.8432万卢布。2016年普京的其他财产包括：一块1500平方米的土地、一套77平方米的公寓、一个18平方米的车库、2辆"伏尔加"牌轿车、1辆"尼瓦"牌越野车以及一架"Skif"牌拖车。② 普京2018年的总收入为870万卢布,比上一年减少1000万卢布。原有不动产在过去一年里无变化。新增不动产是他使用了一处153平方米的公寓和一个18平方米停车场,收入减少的原因是1500平方米的土地出售收入被计入了上一年的纳税申报。③ 2016年梅德韦杰夫的正式工资比普京略低,为858.6974万卢布,与上年相比减少2%。④

财产申报出现问题,就会受到处分。2012年有130万官员申报财产,发现了1.6万起违规事件,322名官员被解职。2012年8月,总统普京批准最新官员财产申报法,2013年2月13日,俄罗斯下议院道德委员会主席佩卡廷因漏报房产被停职。10月30日,克里姆林宫审核了9500份财产申报资

---

① 李有观.俄罗斯反腐从财产公示开始[J].检察风云,2009(16):58-61.
② 俄领导人申报财产,普京和梅德韦杰夫公布收入[EB/OL].搜狐财经,2019-05-09.
③ 魏雪巍.克里姆林宫公布普京2018年个人总收入,所有财产都在俄罗斯[EB/OL].新浪网,2019-04-13.
④ 俄领导人申报财产 普京和梅德韦杰夫公布收入[EB/OL].搜狐财经,2017-11-09.

料,根据审核结果,8名高官被免职。① 2012年12月,普京签署《反腐败法》修正案,要求对公务员消费支出进行审查,如果消费支出远远高于收入,须做出说明,此外官员的大额消费也须申报。凡在2012年购买土地、汽车、有价证券等金额超过申报者本人及配偶前三年收入总和的交易必须申报,否则会被调查。2013年5月7日,普京签署法案,禁止官员和配偶及未成年子女拥有海外银行账户。财产申报范围的加大以及处罚的严厉使得2013年财产申报格外引人注目。在2013年财产申报截止日前,有30多位议员离婚,虽然不能肯定这些议员全部是因申报财产而"假离婚",但同一时期如此多议员离婚,其中必有缘故。2016年8月在国家杜马选举前,5000多名候选人中有近100人因没有及时向中央选举委员会提交财产、境外财产状况以及大型花销证明而被除名。②

财产申报制度在预防和打击腐败中起到一定作用的同时,选择性执行和执行不透明也遭到了公众批评。2013年车臣总统申报的财产只有一套36平方米的房子③,引起舆论哗然。在2010年5月的财产申报中,安全局、联邦保卫局、联邦海关、外交部、对外情报总局官员拒不执行,并没有受到任何处分。2014年,俄罗斯水利公司、电力能源公司、俄罗斯储蓄银行等大集团的负责人也拒绝申报财产,但这些官员并未受到惩罚。

俄罗斯的腐败具有历史性和系统性。在系统性腐败的国家,"腐败本身就是一种治理方式"。腐败是非法的,腐败官员随时都有可能暴露并受到惩罚,这就加强了下级对当权者的忠诚。俄罗斯的腐败不仅仅是滥用公共权力获取利益么么简单,腐败是俄罗斯权力结构不可分割的一部分。"俄罗斯各级官僚政治精英的腐败行为极为成功",而且腐败在不同历史时期的"不同政治制度下,在国家治理中持续存在了数百年,并发挥着非常相似的作用"。

---

① 葛鹏. 俄罗斯审核官员财产申报,罢免8名腐败高官[EB/OL]. 环球网,2013-10-31.
② 华迪. 俄罗斯约百名杜马竞选人因未申报财产被取消参选资格[EB/OL]. 人民网,2016-08-10.
③ 时任车臣总统是拉姆赞·卡德罗夫(俄语名字),1976年出生,有报道称他有两个妻子,6个孩子,8000名卫队,财产无数。

更为危险的是俄罗斯基层腐败泛滥。在户籍登记、办理各类产权文件、取得许可证、执照等行政事务中,腐败会给行贿和受贿双方都带来特定的价值,这种交易在基层持续不衰。影响深远的基层腐败为其他形式的腐败创造了便利的心理氛围,更为严重的是它培育了从上到下的垂直腐败。基层腐败渗透到国家和社会的方方面面。长期而言,整个社会就成为"有组织的犯罪社区"①。

2011年公众意见基金会对俄罗斯74个地区54 000名公民进行了一项是否有贿赂经历的大型调查,结果划分为5%~10%、10%~15%、15%~20%、20%~25%、25%~30%、30%~35%六个梯次来证明该地区的受访者在最近2年内是否有贿赂经历。调查表明远东地区及接近南欧地区和中亚地区的人们存在贿赂的经历明显较高,从全俄罗斯来看,平均15%的受访者在过去2年内都有行贿经历。有专家指出,腐败是俄罗斯最赚钱、组织最严密的"行业";它的利润相当于每年3000亿美元。仅在国家采购体系中,每年损失就约1万亿卢布。2013年11月俄罗斯国家民意研究中心的抽样调查显示:75%的俄罗斯人认为俄罗斯社会的腐败程度非常高,最腐败的领域是地方行政(36%)、国家交通(32%)、警察系统(26%)和法院系统(21%)。②

腐败给俄罗斯造成巨大损失,导致大量资金外流。俄罗斯反贪组织2011年8月发布的调查数据表明:官员贪腐的涉案总金额已经占到俄罗斯GDP的50%,大约80%以上的官员都有腐败经历。俄罗斯全国反腐委员会主席卡巴诺夫坦承2012年俄罗斯贿赂总额高达3000亿美元。大量俄罗斯高官在海外拥有资产,仅塞浦路斯银行中,俄罗斯富豪的存款就将近200亿欧元,占塞浦路斯存款总量的1/3。2012年财产申报资料透露的数据,有100多名官员和议员在世界20多个国家(不含独联体国家和波罗的海国家)拥有别墅、

---

① SCHULZE G G, ZAKHAROV N. Corruption in Russia——Historic Legacy and Systemic Nature [EB/OL]. SSRN Website, 2019-09-18.
② GAIVORONSKAYA Y V, FILONENKO T V. Corruption in Russia: Cause and Effect Relations [J]. Asian Social Science, 2015, 11 (13).

151

公寓、土地等不动产，拥有海外账户和不动产的官员多达几万人。俄罗斯中央银行数据显示：2012 年非法转移至海外的资产已接近 500 亿美元。① 2016 年俄罗斯因腐败犯罪造成的财产损失超过 780 亿卢布。2016 年俄罗斯揭露出的腐败案件有 32 924 起，比 2015 年增加 1.4%。② 2017 年底俄罗斯总检察院执法监督与反腐败局局长亚历山大·鲁谢茨基承认：两年半以来，腐败给俄罗斯造成的经济损失高达 1300 亿卢布。③ 腐败导致俄罗斯贫富差距继续拉大。2012 年 10 月《全球财富报告》显示：1% 的俄罗斯富人掌握着全国 71% 的财富，财富分布的基尼系数为 0.84，俄罗斯已成为世界上财富分配最不公平的国家之一。④

普京自 2000 年执政以来，一直致力于与腐败作斗争，从运动式反腐逐渐过渡到制度反腐，且反腐的决心和力度逐年增加。1996 年，由于叶利钦接受了富豪们的竞选资金赞助，因此叶利钦时代，国家财产寡头化明显。普京上台后，开始打击寡头，至 2008 年，俄国力渐增，但腐败却日益严重。2001 年和 2003 年普京总统展开运动式反腐⑤，但腐败之风并没有因高官落马而有所消减。财产申报制度实施及调整后，俄罗斯反腐逐渐制度化。2013 年俄罗斯提起刑事起诉的腐败犯罪案件涉案金额达到 130 亿卢布，被查封财产占腐败犯罪损失额的 136.7%。一些具有特殊身份的特权人物开始被追究刑事责任。2013 年有 1 位国家杜马代表、8 位俄罗斯联邦主体立法机构代表、500 多名地方自治机关代表与公选首脑、4 位法官、89 位律师、24 位检察官、11

---

① 胡晓光. 俄官员被限期三个月清理海外资产［EB/OL］. 参考消息网站，2013 - 04 - 15.
② 鲁金博. 2016 年俄罗斯腐败犯罪造成近百亿元损失［EB/OL］. 新华网，2017 - 04 - 26.
③ 吴焰. 编制"黑名单"，俄罗斯反腐持续发力［N］. 人民日报，2018 - 01 - 04 (3).
④ 孙越. 俄罗斯的财富不公与反腐游戏［EB/OL］. 和讯网，2012 - 12 - 25.
⑤ 2001 年秋季开始的"反贪风暴"中，一天之内普京解除 17 名高官。2003 年 6 月开始的"猎狼行动"，普京下令抓捕了一大批高级警官，包括 1 名上将、6 名上校，破获一个涉及 130 多人的警察犯罪集团。在政府行政改革中，副总理由上届的 6 个减为 1 个，部委由上届的 30 个精减为 17 个，副部长由原有的 250 名精减为 18 名，行政人员裁减了 20%。

位联邦缉毒处人员、59 位俄罗斯内务部侦查员、13 名调查委员会成员因贪污腐败被追究刑事责任。2014 年,联邦调查委员会共调查了 25 000 多起腐败刑事案件,移交法院审理的具有特殊法律地位的人员有 630 名,包括 12 名俄罗斯联邦各主体政府当局立法机关的代表、2 名法官、14 名调查委员会成员、234 名地方自治机关代表、14 名检察官、201 名市级领导和 52 名律师。①2016 年 11 月,俄罗斯反腐行动取得重大突破。经济发展部部长乌柳卡耶夫(Alexey Vlyukaev)和圣彼得堡前副市长马拉特·奥加涅相因腐败被捕,乌柳卡耶夫是苏联解体后,俄罗斯警方逮捕的最高级别政府官员。2017 年 12 月,乌柳卡耶夫因受贿罪被判处 8 年监禁,处 1.3 亿卢布罚金。② 俄罗斯检察机关的资料表明:近 10 年,一共有 8.6 万名各级官员因腐败问题被行政处罚;2012 年来,俄罗斯检察机关向法院提起 5 万起腐败案件公诉,落马的各级官员共有 3500 名,市长一级政府负责人超过 1000 人。③

俄罗斯的腐败历史久远且根深蒂固。官僚主义、行政障碍、公共当局运作缺乏透明度加之历史惯性、文化传统的影响,使得反腐败异常艰难。因此,对系统性的腐败进行整治,不但要继续强化财产申报等法律和制度,而且反腐策略的选择必须要立足于社会、文化和历史。只有这样,反腐败才能持续有效。

(二)哈萨克斯坦财产申报实施情况

哈萨克斯坦的腐败既有历史文化的因素,也受政治因素的影响,而转型国家在转型期的经济腐败则是类似国家共同的特点。贿赂是哈萨克斯坦社会的潜规则,不使用贿赂手段就很难办成事。因此,用贿赂办成事会被别人羡慕和嫉妒,继而这种规则就会得到社会支持和认可。据统计,哈萨克斯坦全国 30% ~50% 的收入都用于贿赂,金额超过了国家预算的规模。在司法、警务、海关、土地注册、发放牌照、建筑及政府采购领域的腐败尤为普遍。如

---

① 庞冬梅,塔尔巴加耶夫·阿列克谢·尼克拉耶维奇. 俄罗斯反腐败立法规制 [J]. 学术交流,2017(4):206-213.
② 杨波. 反腐败已成为国际社会一项共同事业 [N]. 检察日报,2017-08-08(5).
③ 吴焰. 编制"黑名单",俄罗斯反腐持续发力 [N]. 人民日报,2018-01-04(3).

警察系统，勒瓦达研究中心针对 2004—2012 年间有关警察行为的调查显示：只有 25% ~ 30% 的公民在某一方面信任警方，有 80% 以上的人认为警察无法无天，超过 70% 的人不认为自己受到了警方保护，约 60% 的人认为整个警察系统已经退化。此外，至少三分之一的哈萨克斯坦公民承认曾经贿赂过警察。据 2013 年透明国际全球腐败晴雨表的数据显示：哈萨克斯坦 54% 的受访者表示在过去一年向警察行过贿。[①] 在政府采购领域，2012 年哈萨克斯坦贪污案件的 20% 与盗骗采购预算资金有关，而这一数据在 2007 年仅为 6.8%。[②]

哈萨克斯坦每五年推出一份反腐败战略，2010—2014 年反腐败战略得到了国内和国际社会的高度肯定。为加强政府内部监管，哈萨克斯坦采取了一系列措施：将中央政府部分职能下放到地方政府和私营部门、提供一站式服务、政府采购电子化、设立国家工作人员及配偶收入申报制度、制定公务员道德规范等。但在具体执行中仍是问题重重。2015 年 3 月开展的伊斯坦布尔反腐败行动计划第三轮监测，在 24 项指标中，哈萨克斯坦只有 3 项涉及制度设计的有进展，而其他涉及执行的指标都缺乏进展。在预防和解决利益冲突、遵守《利益冲突条例》、监察及分析《公务员利益冲突及限制规例》的执行情况等方面，哈萨克斯坦基本没有进展。在修订资产申报确保申报的有效性的法例及实务，对高级行政公务员、政治公务员、法官、检控人员、最容易贪污机构的雇员资产申报核实方面，在强制公布高级官员、政治人员、法官财产申报的数据方面，第三轮监测表明：哈萨克斯坦均缺乏进展。

在 2015—2019 年的反腐战略执行中，哈萨克斯坦开始加大执行力度。2015 年 12 月卡拉干达州特别刑事法庭因前总理艾哈迈托夫在任该州州长期间犯有侵吞巨额国有资产等多项罪行，判处其 10 年有期徒刑并没收个人财产。与此案有关的前卡拉干达州州长阿布迪舍夫被判 5 年有期徒刑，卡拉干

---

① NURGALIYEV B, VALIYEV K, SIMONOVICH B. Police Corruption in Kazakhstan: The Preliminary Results of the Study [J]. Review of European Studies, 2015, 7 (3).
② KUATOVA A S. Corruption Crimes In Public Procurement in the Republic of Kazakhstan [J]. Middle-East Journal of Scientific Research, 2013, 17 (10).

达市前市长斯马古洛夫被判3年有期徒刑,卷入此案的其余18人也分别被判处各种有期徒刑或被处以罚款。近三年内,包括环境部部长、国防部副部长、统计署署长、国防部装备总局局长、防空部队副总司令等超过3200名官员因涉嫌腐败受到惩罚。① 2014年,哈萨克斯坦全国共判处腐败罪犯1031人。② 2015—2018年间,哈萨克斯坦国家反贪局经过历时3年的强力反腐,阻止了近9000起腐败事件,包括部长、副部长、委员会主席、市长、卫生部门和执法机构的高级官员共3000多人被追究刑事责任。哈萨克斯坦国家反腐败局局长萨劳阿特·穆柯希莫夫称,2017年哈萨克斯坦共有226名公民因举报腐败行为获奖励3.1亿坚戈,举报人数比2016年增长了12%—18%。奖励举报人的措施执行后,腐败数量明显下降。2016年记录在案的腐败行为是2933起,2017年为2473起,同比下降18%。③

为加大反腐力度,2019年6月哈萨克斯坦总统托卡耶夫（Kassym-Jomart Tokayev）签署了《关于完善国家管理体系的措施》,对国家机构进行改组,将原哈萨克斯坦国家公务员和反腐败署下属的国家反腐败局重组为哈萨克斯坦国家反腐败署,作为总统的直属国家执法机关,负责调查和打击腐败犯罪;将原哈萨克斯坦国家公务员和反腐败署更名为哈萨克斯坦国家公务员署,作为负责国家公务员事务和监督国家服务质量的国家职能机构。随着反腐败的深入,预防和打击腐败的相关制度会在一定程度上发挥相应作用。在财产申报领域,据哈萨克斯坦国家收入委员会全面申报管理局局长介绍,从2021年1月起,哈萨克斯坦将分四个阶段实施收入和财产全面申报。第一阶段自2021年1月开始,后续三个阶段分别从2023—2025年1月开始。第一阶段,申报主体范围包括所有国家公职领导干部及其配偶、经授权履行国家职能的领导干部及其配偶以及按国家宪法和法律规定有义务申报的公职人

---

① 方晓. 哈萨克斯坦打虎三年3200官员落马,前总理被拘禁［EB/OL］. 搜狐财经,2017-10-01.
② Istanbul Anti-Corruption Action Plan Third Round of Monitoring Kazakhatan［EB/OL］. OECD Website, 2019-08-20.
③ 刘英志. 2017年哈萨克斯坦公民因举报腐败获政府奖励超600万元［EB/OL］. 东方资讯网, 2017-09-26.

员。2021年2月15日，全国有22万人对截至2020年12月31日的收入和财产进行了申报。第二阶段，申报范围将扩大至国家公职人员及其配偶、准国有部门工作人员及其配偶、国家公司工作人员及其配偶，包括教师、护士、国有控股或参股公司工作人员。到2025年，所有成年人、哈萨克斯坦公民、哈萨克族移民、外国公民和无国籍人员，若在哈有任何形式的财产，均应进行申报。登记在未成年人名下的财产，由未成年人的法定监护人进行申报。①

（三）乌克兰财产申报实施情况

在乌克兰，公务员在每年4月1日前向工作单位申报上一年度位于国内外的收入、开支、财产及金融事务。乌克兰宪法第67条规定，公民申报个人财产和收入是基本义务。乌克兰国家公务员职级为7级15档，国家领导人和1~4级公务员必须申报本人及家人的财产，国家领导人和1~3级公务员在离职后的10年内也要申报。财产申报的监督、评估和审查由税务部门执行。审查内容包括：纳税申报资料、纳税人情况、开支信息。乌克兰财产申报规定虽严，但只有约20%的议员敢向社会公布收入。如2016年法官阿图尔·叶梅利亚诺夫公开了部分资产，2015年年薪为22.62万格里夫纳，一块售价3113美元的宝玑名表，一支售价5173美元的卡宾枪，还有超过38.3万美元的现金。② 2016年10月1日到18日间（截止日是10月31日），450名议员中有6名申报了财产③，其他人均未申报。由于乌克兰政府承诺将满足欧盟透明性、问责制及反腐败的要求。因此，这一事件引发了反腐群众示威，群众在广场上挂起各式各样的内裤④，羞辱不按法律要求申报财产的官员。

腐败一直是困扰乌克兰社会的系统性政治难题。苏联解体之后，乌克兰在国家治理和发展经济过程中出现了大量腐败。政党监管缺位、竞选制度漏洞、附庸式文化传统、经济寡头化、贫困与低薪等因素导致乌克兰的政党、

---

① 驻哈萨克斯坦共和国大使馆经济商务处. 哈自2021年起实施收入和财产全面申报制度[EB/OL]. 中华人民共和国商务部网站, 2021-02-17.
② 颜武. 乌克兰腐败成"不变的旋律"[J]. 检察风云, 2017 (16): 58-59.
③ 王鹏, 超慧. 乌克兰议会大厦前悬挂内裤，羞辱不敢申报个人财产和收入的高官[EB/OL]. 看看新闻, 2010-10-19.
④ 英语中的"内裤"在乌克兰语或俄语中，是"害怕做某事的人"的意思。

行政、经济、司法、军队、教育、医疗等领域都充斥着明显的腐败。如在高等教育领域，据调查有四分之一的学生参与了教育腐败活动。① 在乌克兰行贿或送礼是"办事的规矩"，多数民众并不认为这是腐败，因此民间对腐败有着极高的容忍度，尤其是在商业领域。2013 年的一项研究显示：只有 7% 的人认为腐败是他们业务的系统性障碍；2015 年的一项研究显示：57% 的人认为腐败并不会阻碍企业的发展，对许多从业人员而言，腐败可以成为优化业务的有力工具。② 乌克兰从中央到基层都被腐败所笼罩，据乌克兰科学院的一项调查显示：1995 年至 2010 年，乌克兰社会不仅不信任总统、政府和议会，而且对于检察机关、司法机关、警察的信任度也不高，对他们的不信任度高达 50% 以上，信任政府机构的民众比例仅在 10% 左右。③

腐败造成的直接经济损失严重。2004 年，时任总统库奇马（Leonid Danylovych Kuchma）的女婿平丘克和寡头里纳特·艾哈梅托夫（Rnat Akhmetov）以 8 亿美元的超低价购买了克里沃罗什钢铁厂。此次收购牵涉到乌克兰各政治派别和利益集团。颜色革命后，该企业在新政府的私有化拍卖中以 48 亿美元出售，差价惊人。乌克兰电信公司是该国唯一的 3G 品牌拥有者，在资本市场的估值为 20 亿美元至 40 亿欧元之间。据乌克兰 2010 年 10 月的私有化条件，奥地利乌克兰史诗服务总公司在 2011 年 3 月以起拍价 105.75 亿格里夫纳获得了电信公司 92.79% 的股份，而该公司则是替乌克兰寡头竞标的代理公司。2013 年，藏在幕后的寡头艾哈梅托夫浮出水面，宣布收购一家奥地利公司（EPIC Services Ukraine）的全部股份。从 2010 年到 2014 年，乌克兰官员每年窃取的国家财富占到国民生产总值的 1/5，而类似的腐败行为已经像"裂缝管道里的石油一样"，渗透到社会的方方面面。2014 年 11 月，乌克兰央行本应拥有大约 10 亿美元的黄金储备，但实际储备仅剩 1.2 亿

---

① VASYLYEVA A, MERKLE O. Combating corruption in higher education in Ukraine [EB/OL]. IDEAS Website, 2019-10-15.
② DENISOV S E, PRYTULA Y. Business corruption in Ukraine: A way to get things done? [J]. Business Horizons, 2018, 61 (6).
③ 张弘. 乌克兰政治稳定中的腐败问题 [J]. 俄罗斯东欧中亚研究, 2016 (4): 41-52, 157.

美元左右，接近90%的储备"不翼而飞"。2014年仅从军队中被盗走的资金就高达4.5亿美元，占同年军队预算的20%～25%。①

在严重的腐败、低下的治理绩效和贫富分化等问题的困扰下，宪政制度赋予新政权的政治合法性不断地受到侵蚀，政治不稳定已经显现，社会冲突已在孕养之中。2013年的一项调查显示：47%的乌克兰人认为腐败是乌克兰国内最严重的问题，36%的民众已经准备好同腐败作斗争。②

自独立以来，乌克兰一直在加强反腐败制度建设。1993年通过《乌克兰国家公务员法》、1995年通过《乌克兰反腐败法》、2011年通过新《乌克兰反腐败法》和《公共信息获取法》。刑法里的职务侵占、贪污贿赂、滥用职权等行为也属于反腐败立法的组成部分。立法虽密集且严厉，但执法却问题重重。2015年7月，总检察长办公室下属调查部门负责人弗拉基米尔·沙帕金和基辅地区前副检察官亚历山大·科尼茨因涉嫌受贿被捕，在搜查时，共查获二人有40万美元现金、65颗钻石和一支卡拉什尼科夫自动步枪。这两名"钻石检察官"不但没有受到制裁，反而"皆大欢喜"地获得保释，此后该案不了了之。

政府反腐败的不作为导致民间反腐力量甚至是接近于暴力似的反腐行为开始出现，前文提到的"悬挂短裤"抗议示威就是表现之一。2014年9月后，乌克兰民间兴起了一场街头运动——"垃圾桶挑战"，一些极端政治组织在民间发起了将有贪腐嫌疑的官员扔进垃圾桶的接近暴力形式的运动，目的是羞辱腐败官员，并将投入垃圾桶作为对他们腐败行径的惩罚。这种属于"私力救济"的街头抗议活动距离暴力犯罪仅一步之遥，这也从侧面反映出部分乌克兰民众对当局治理腐败的绝望和无奈。

2018年6月，乌克兰最高拉达（即乌克兰共和国国会，实行一院制）二度表决通过了《关于乌克兰成立最高反腐败法院》的法案。根据法案，乌克兰成立了最高反腐败法院，法院将根据国家反腐败局的调查结果，对涉及贪

---

① 颜武. 乌克兰腐败成"不变的旋律"[J]. 检察风云, 2017 (16): 58-59.
② 舒杰. 乌克兰：腐败官员被扔进垃圾桶[J]. 检察风云, 2016 (4): 58-59.

污腐败的高级官员进行审判。乌克兰腐败的特殊性以及反腐败的复杂性,使得包括财产申报制度在内的反腐败体系究竟能起到多大作用或何种作用,就像谜一样摆在了公众面前。

(四)墨西哥财产申报实施情况

墨西哥的腐败有着深厚的文化根源。《全球腐败报告》指出:拉丁美洲普遍对法律的不尊重是助长政治腐败的主要因素,这与贿赂已经成为一种生活方式的文化观念有关。贿赂会使公共行政工作更加顺利的理论在南美普遍盛行。结构—制度主义的观点认为,"腐败文化"是长期腐败的结果。政治腐败破坏了人们对公共机构的信心,削弱了人际信任的水平,降低了政权的合法性,削弱了公民的政治参与。

21世纪以来,历届墨西哥政府均被腐败丑闻缠身。2001年的一项调查显示:超过70%的受访者认为几乎每个官员都腐败,超过85%的墨西哥人认为腐败普遍存在。在私营企业中,39%的受访者表示,企业必须拿出约8.5%的收入,通过额外付费来影响法律、政策和法规的制定;62%的受访者表示,企业向上级官员支付的额外支出占收入的5.1%;在联邦政府内部审计人员中,有60%的人认为他们监管的领域内存在"频繁"的腐败行为。① 2015年3月初,墨西哥最高审计办公室发布的报告显示:过去10年,官员腐败和侵吞公款致使墨西哥政府损失860亿美元。有学者分析指出,这些钱相当于平均每年使墨西哥国内生产总值损失0.3%~0.5%。②

2012年到2018年执政的涅托(Enrique Peña Nieto)政府虽然高举反腐败"大旗",通过若干制度和法律来严打腐败,如2015年涅托要求所有公务员从5月起申报个人财产、声明可能引发的利益纠纷;建立联邦审计机构、对腐败行为进行严厉惩罚、设立公民检举制度等。但由于反腐措施本身的缺陷,反腐效果在2015年后并未明显好转,涅托本人也由于其夫人豪华住宅问题深陷丑闻之中。

---

① MORRIS S D. Corruption and Mexican Political Culture [EB/OL]. JSTOR Website, 2019-11-26.
② 杜鹃. 墨西哥反腐败步履艰难 [N]. 中国纪检监察报, 2015-04-29 (4).

在墨西哥，腐败文化既是腐败的产物，同时又是腐败的推动者。因此只有通过关注"文化"属性来遏制腐败，才有可能改变墨西哥腐败的潜在水平，也只有在"腐败文化"问题上做文章，墨西哥的反腐败才有出路可寻。

（五）肯尼亚财产申报实施情况

肯尼亚财产申报制度的出台和运行与前总统姆瓦伊·齐贝吉（Mwai Kibaki）的率先垂范息息相关。2002年10月30日当选总统后，齐贝吉于2003年向国民议会议长申报了财产。到2010年，肯尼亚财产申报的主体扩大到官员配偶、子女及特定关系人。官员不如实申报财产，将受到刑罚处罚。财产申报帮助肯尼亚成为非洲当代史上第一个实现"权力分享"，从而化解国内政治危机的国家。①

肯尼亚腐败严重。民调机构特瓦韦扎东非根据调查认为：在高生活成本、高失业率、政府领导力弱、贫富差距大、饥饿和干旱、种族冲突、基础设施不足、恐怖主义以及腐败等肯尼亚面临的主要问题中，腐败排位第一。②

多年来，肯尼亚的腐败活动已成为一种"日常病"。腐败是破坏肯尼亚经济发展的主要因素，是肯尼亚社会治理的最大障碍。有研究指出：向腐败的国家提供援助，不啻往一个露底的口袋里装东西。③ 国家自我评估报告承认：腐败在行政、立法、司法、军事及公务员中普遍存在，公众对政府打击腐败的信心已经减弱。世界银行投资环境评估调查显示：近75%的受访者认为腐败是在肯尼亚经商的一个严重制约因素。④ 据《肯尼亚星报》提供的数据，在政府机构中，2018年警察系统处于腐败名单的首位，腐败率高达

---

① 和静钧. 非洲穷国肯尼亚缘何能实现官员财产申报［EB/OL］. 凤凰资讯网，2010-03-16.

② 中华人民共和国商务部驻肯尼亚使馆经商处. 肯尼亚人认为腐败是肯面临最大问题［EB/OL］. 中华人民共和国商务部网站，2016-04-01.

③ ［英］斯蒂芬·莫尔. 权力与腐败：政府和大企业的腐烂核心［M］. 李锋，译. 北京：新华出版社，2000：17.

④ GOWON-ADELABU N S, OWINO S M, NDIIRI W. The Dynamics of Political Corruption and Neo-Patrimonialism in Kenya［J］. Research on Humanities and Social Sciences, 2018, 8（14）.

68.8%，司法机构是第二大腐败机构，腐败率达到48%。① 肯尼亚腐败原因复杂，既有与非洲其他国家相同的因素，如政府高层腐败、裙带关系、部落主义和宗派主义，也有自身独特的因素，如新世袭主义和种族操纵。

2013年，乌胡鲁·肯雅塔（Uhuru Kenyatta）就任总统后开始强力打击腐败。2015年3月肯雅塔向反腐委员会递交了一份列有175名政要的腐败人员名单：包括5名部长级官员、多名议员、国有企业总裁、省长、市长及法官。肯雅塔要求名单中的人员立即离职并接受调查，直至罪名澄清才能官复原职。农业部部长涉嫌违规将国有土地租赁他人；内罗毕省长涉嫌不当采购国有资产；议会公共账目委员会内部成员涉嫌收取150万肯尼亚先令；议会农业委员会内部成员涉嫌收受穆米亚斯糖业公司6000万肯尼亚先令；副总统办公室主任涉嫌收受1亿肯尼亚先令。已经调查十余年的重大腐败案——"盎格鲁租赁丑闻"，亦有多名前任高官涉嫌腐败，财政部前部长涉嫌滥用职权、背信和不当收取好处费；前邮政系统负责人、前财政部秘书、前任省级官员等多人都参与其中。在高压反腐的态势下，9名部长、多名政企高官离职。

在肯尼亚，与腐败斗争十分困难，欲取得反腐败的胜利，肯尼亚必须加强反腐败机构建设及给予该类机构独立的权力，通过权力来约束通过非法手段获取财富的公职人员。同时，积极改变公共领域的价值观念对于减少肯尼亚的政治腐败意义重大。有鉴于此，基于行政伦理和解决利益冲突的财产申报制度的完善和加强，将对肯尼亚预防腐败起到一定作用。

---

① Öğretim üyesi Gülay Uğur GÖKSEL. An Institutional Analysis of Political Corruption in Kenya [J]. IOSR Journal of Humanities and Social Science (IOSR-JHSS), 2019, 24 (2).

第七章

样本国家确立财产申报制度的条件

制度是由人制定并由人在人组成的环境里实行,因此制度在反映客观现实的同时也具有强烈的主观色彩。任何一项制度都有它的赞成者,也会有反对者,这并不奇怪。制度的设立需要条件,没有一定的条件,就不能确立一项制度,但制度与条件之间并非完全正相关。就财产申报制度而言,应该正确认识和对待条件问题。毛泽东同志认为矛盾的转化,不是自然自为的过程,关键在条件。他指出:"矛盾着的对立的双方互相斗争的结果,无不在一定的条件下互相转化。在这里,条件是重要的。没有一定的条件,斗争着的双方都不会转化。"①

第一节 设立财产申报制度的必备条件

财产申报制度是一项涉及行政、经济、法律、政治、文化、传统等诸多要素的制度,不但如此,这项制度是否行之有效,还有赖于行政、经济、法律、政治、文化、传统等各要素综合形成的政治生态。建立这项制度需要的条件很多,制约财产申报制度发挥作用的条件也很多。因此,许多国家建立财产申报制度都颇费周折。通过对样本国家的分析,本课题组总结出各国设立财产申报制度的五类条件:社会形态、民主政治、反腐态势、政治决断及

---

① 毛泽东. 毛泽东选集(第5卷)[M]. 北京:人民出版社,1977:398.

配套措施，这些条件对财产申报制度设立起着决定性或是辅助性的作用。通过对这些条件在样本国家财产申报制度设立时的具体作用比较分析后，本课题组认为民主政治、反腐态势以及政治家的政治决断对于设立财产申报制度起着决定性作用，这些条件对于设立财产申报制度而言，是必备条件；而社会形态、配套措施对于设立财产申报制度只起辅助作用，是选择性条件。

一、民主政治

民主的内涵广泛而复杂，从财产申报的角度看民主，主要体现为人民的参与和监督。人民参与政治并监督政治过程，是现代政治文明的一个重要体现。从这一视角看，把财产申报制度作为政治社会制度文明的重要组成部分并不过分。从实践的角度看，财产申报制度也是政府进行良性治理的重要途径。在选取的30个确立财产申报制度的国家中，每一国都建立了民主制度，尽管这些国家民主的形式、程度及作用存在着极大区别。

英国、加拿大、澳大利亚、新西兰、日本、西班牙、马来西亚、泰国都实行君主制，区别在于泰国实行二元制君主立宪制，其他国家为议会制君主立宪制。在议会制君主立宪制的国家中，议会是国家的最高立法机关和最高国家权力机关，政府由议会选举产生。君主的权力是象征性和礼仪性的。议会是民意机构，是民主的政治表现形式，而且是最主要的表现形式。二元君主制在本质上属于资本主义民主政治，在这种体制下，君主为国家元首，拥有实权，内阁由君主任命，政府对君主负责，议会行使立法权。君主虽是权力中心和最高统治者，但较于君主专制，仍具有民主色彩，公民在一定程度上享有参政议政的权利。

样本国家中除上述八国及越南的政治体制为人民代表大会制外，其余21国均采用共和制。越南国会与中国全国人民代表大会有着诸多相同之处，是代表全国人民行使国家权力的最高权力机关，是立法机关，民主性质不言而喻。在21个共和制国家中，有的国家政治体制采用总统制共和制，有的采用议会制共和制，有的采用半总统制共和制。无论采用何种形式的共和制，这些国家都应该具有共和制的基本属性。共和制是国家代表机关或国家元首由选举产生的一种制度，选举是民主的主要形式。在资本主义制度下，共和制有议会制和总统制两种形式。社会主义共和制是根据民主集中制原则建立的一种政府体制。在爱沙尼亚、意大利等议会共和制国家，议会拥有立法、组织和监督政府的权力，政府（内阁）由占议会多数席位的政党或政党联盟组织负责，政府对议会负责，作为国家元首的总统只是名誉虚位。在美国、巴西、墨西哥、印度尼西亚等总统共和制国家，总统既是国家元首，又是政府首脑，议会拥有立法和监督政府的权力。乌克兰、俄罗斯和法国属于半总统共和制国家，总统统领外交和军事，不对议会负责，总理领导政府向议会负责。总统命令要由总理及有关部长副署，议会可以通过不信任案迫使总理辞职，总统在征得议会领袖同意的前提下可以解散议会，总统对议会通过的法案无否决权。因此，上述30个样本国家，无论采取什么样的政府体制，从总体上看，其制度设计都有民主的成分，都存在着不同层次的民主。民主是公众进行政治参与和社会监督的前提。因此，民主政治应该是设立财产申报制度的必备条件。当然，由于各个国家的历史、政治、社会、文化不同，因此在每一个具体的国家中，民主的表现形式及实践程度也不相同。

样本国家中，有些国家民主程度较高、较成熟，如美国、英国、法国、德国、加拿大、澳大利亚；有的国家正处于民主建设及完善过程中，如哈萨克斯坦、乌克兰；有的国家因传统制度惯性的作用民主程度较低，且受到西方民主的影响和干扰较大，如坦桑尼亚、肯尼亚。民主对于构建财产申报制度而言，具体到某一国，呈现的作用也存在差别。如美国，民主是以行政为主导、以权力制衡为主线的"精英民主"，而且20世纪60年代的政治公开化、民主化运动对财产申报制度的最终出台起到了很大推动作用。在韩国，自第二次世界大战后，西方民主制度与韩国本土政治传统之间进行了艰难的磨合。在反腐败的进程中，历届总统的命运正如韩国民主的命运，跌宕起伏，甚至连极力推进财产申报制度的总统，也倒在了反腐败的路上。再如南非，一党独大的局面使得南非在政治民主方面，特别注重党内民主，通过党内民主，加强党的建设，整治党内不良风气，进而推动社会民主以及预防日益严重的党内腐败。菲律宾的情况比较特殊，菲律宾虽然确立了民主体制框架，但国家权力却不能得到有效监控。家族、利益集团、军队对政权的干扰及对政党的影响，使得菲律宾的政党基本沦为选举的工具，而真正控制国家权力的不是利益集团就是家族，或者是二者的混合体，在这样的"民主"下，反腐败以及反腐败的制度命运便可想而知。乌拉圭在推翻军政府建立民选政府后，民主制度发展以及民主制度对预防和打击腐败的作用非常明显。1985年，恢复民主宪制后，乌拉圭采取了立法明刑、完善制度、确立监督等一系列措施，有效地遏制了贪污腐败和滥用职权等现象，反腐改革成效显著。新加坡的民主更多地体现在政策制定上。新加坡政府意识到治理的质量最终取决于民主的内容。因此，在公共政策制定及实践中，新加坡将民主与良治相结合，同时加强问责制和法治，促进公民参与，使得新加坡连续多年成为世界范围内非常廉洁的国家。印度的情况截然相反，印度有限的民主几乎被政坛的腐败网络所吞噬，"为了维持腐败网络的正常运转，候选人每一个卢比的正常选举开销，就可能需要五个甚至十个卢比的配套资金"[1]，"滚雪球"似的腐败便循环蔓延。处于转型时期的乌克兰，其民主又呈现出另外一种样态。乌克兰独立后，一方面需要建立全新的民主制度，搭建三权分立、多元化的政治体制；另一方面，乌克兰又必须促使国民经济从计划经济向市场经济转变。在寡头控制主要政党后，政治便沦落为大资本控制的"木偶"，西式民主也就成为少数人的游戏，腐败频发也就不足为怪。其他样本国家的民主亦体现出本国的特色，不再一一罗列。

"一个社会群体的属性，诸如它的构成、它的稳定性和它的目标，是不同于这个群体中个人所具有的构成、稳定性和目标的。"[2] 尽管样本国家中，很多国家的民主程度低、发展不平衡，甚至有些国家的民主已经脱离了民主的"某些特性"。但在国家层面，从总体上讲，民主应该是构建财产申报制度的一个必备条件。

---

[1] 邓常春，邓莹. 印度的腐败及其治理[J]. 廉政文化研究，2014，5(6)：70-75.
[2] [美] 罗伯特·杰维斯. 系统效应：政治与社会生活中的复杂性[M]. 李少军，杨少华，官志雄，译. 上海：上海人民出版社，2008：9.

二、反腐态势

在 30 个样本国家中，腐败作为一种历史现象，都曾经或是正在困扰着这些国家。上述国家，无论是独立较早的国家还是独立较晚的国家，正式确立财产申报制度并能够实际运行的时间大都在二十世纪六七十年代以后。在二十世纪六七十年代正式确立财产申报制度的国家有巴基斯坦、美国、德国和英国；80 年代确立的有法国、日本、新加坡、意大利、韩国和菲律宾；90 年代确立的有澳大利亚、新西兰、西班牙、乌拉圭、爱沙尼亚、南非、土耳其、巴西、墨西哥、印度尼西亚、哈萨克斯坦和泰国；其余 8 国在 21 世纪设立的该制度。

有研究指出，在现代化的进程中，出现腐败是必然现象，原因如下：高层次的市场和政治垄断；民主水平低，公民参与环节薄弱；政治透明度低；官僚主义盛行，行政体制效率低下；低新闻自由；低经济自由；大的种族分裂和高水平的群体内偏爱；性别不平等；世界经济一体化程度较低；政府规模大；政府权力下放程度低；贫困；政治不稳定；弱的产权；邻国腐败蔓延；教育水平低等。[1] 对于国家而言，腐败并不是突然出现的政治现象，"微不足道的效果只有大量地累积到临界程度时才会被感觉到"[2]。每一个国家的腐败都有一个累积的过程。预防和惩治腐败也是腐败自身造就的"天敌"，政治体制想要正常运行并持续发展，就不得不面临这一问题。在上述不同文化背景、不同社会制度的国家中，确立财产申报制度的时期，基本是该国腐败较为严重的时期。样本中的国家由腐败转向廉洁的节点，出现由腐败状态进入较清廉或清廉状态的时机，往往都是该国强力反腐，确立包括财产申报制度在内的预防和惩治腐败制度的时期。由此，我们可以判断，一个存在腐败的国家，在大力反腐或高压反腐时，往往会建立财产申报制度。在这个意

---

[1] SINGH R K. Corruption and its prevention [J]. International Journal of Advanced Research and Development, 2017, 2 (6).

[2] [美] 罗伯特·杰维斯. 系统效应：政治与社会生活中的复杂性 [M]. 李少军, 杨少华, 官志雄, 译. 上海：上海人民出版社, 2008：37.

义上,我们认为,一国的反腐态势是建立财产申报制度的必备条件。

在美国,19世纪末由于政党分赃、政府对经济生活的强力干预以及私人组织的广泛影响,官员们普遍腐败。文官制度改革后,腐败得到了一定程度的遏制。凯恩斯主义盛行时,政府大量介入经济生活,官员腐败的机会大增。杜鲁门(Harry S. Trurran)总统于1951年向国会提议,建立"行政部门道德标准",要求国会立法,允许公众揭发所有总统任命的公职人员、当选的联邦公职人员、军事公职人员和年薪在1万美元以上者的可疑财产状况。1958年,总统助理谢尔曼·阿丹姆斯受贿,推动参议院正式通过了规制公务员行为的道德规范。联邦贸易委员会经调查,认定阿丹姆斯收取了纺织商古德凡赠送的一件名贵驼毛外套和一条东方风格的地毯。高级官员收礼已经触碰了公众的容忍底线,阿丹姆斯黯然离职,艾森豪威尔内阁也一度陷入混乱。阿丹姆斯丑闻再一次提醒政府和民众:不受监督的权力必然恣意妄为。在这一事件的推动下,1958年美国国会通过《政府服务伦理规定》。为避免仅对触犯道德者进行事后处罚,总统肯尼迪于1961年颁布第10939号行政令,推出公职人员道德标准指南,要求公职人员不得利用职权和职务影响获取私人利益;不得给予任何行政相对人优惠条件;公职人员在执行公务中不能失去独立和公正;不能通过非官方渠道做出政府决策。[①] 1974年"水门事件"造成了美国人对政府的严重不信任。1978年,国会在回顾并梳理已颁布的伦理规范基础上,通过《政府伦理法》,要求供职于司法、立法、行政机构的官员必须申报财产。1987年众议院议长赖特变相从游说集团收受酬金的丑闻促使财产申报制度进一步改革,1989年生效的《伦理改革法》规定议员在卸任后一定年限内不得担任与其在职期间有利益冲突的公司职位,联邦雇员不得接受礼品和酬金。2007年,国会共和党成员的一系列游说丑闻又促使美国加重对财产申报违规、违法情形的处罚。

在日本,财产申报制度也是伴随腐败日益严重的现实得以确立的。第二次世界大战后日本的腐败以一系列丑闻为标志,1948年昭和电工丑闻、1954

---

① 周琪. 美国的政治腐败和反腐败[J]. 美国研究,2004(3):45-68,4.

年造船丑闻，都涉及官方工程项目，公司通过贿赂政府官员以换取投资，结果导致政权更迭。1955年后自民党开始上台，致力于经济增长，60年代未出现大的丑闻，尽管"有相当的理由相信腐败已经减少"，但腐败仍如暗流，"60年代的实际腐败可能甚于表面所见"[1]。随着经济的高速增长，日本的腐败在70年代后进一步蔓延，洛克希德行贿事件、里库路特股票事件、佐川急便贿赂丑闻以及金丸信巨额偷税案件、KSD贿赂案无一不轰动世界。

日本是一个高度发达的国家，腐败和各种形式的贿赂深深根植于日本政治文化和官僚职能中。1983年堺市的"市政净化"运动推动了《政治伦理条例》的出台。日本资产公开制度，至此拉开序幕。1984年，日本首次公开首相和国务大臣的财产。1989年，财产公开的对象扩大到官员配偶及子女。1992年，全体国会议员也须进行财产申报，2001年后大臣就任和离任也要公布本人、配偶及子女的财产。

菲律宾在20世纪80年代经历了有史以来最严重的腐败，有研究者称此时菲律宾的腐败可以载入吉尼斯世界纪录。马科斯（Ferdinand Marcos）下台后，菲律宾的"掠夺式统治"并没有随马科斯的"退场"而结束，腐败依旧横行。80年代末至90年代初，科拉松·阿基诺（Maria Corazon Sumulang Cojuanco）加强了反腐败法律和机构的建设。财产申报制度也正是在此时出台：要求所有政府官员必须诚实准确申报财产，并要申报净资产与财务关系；新上任的官员必须在上任前30天内，剥离在各私人企业的所有股权。官员和雇员担任临时职位时，须申报商业投资和财务关系。但申报制度基本没有得到执行，腐败如故。在1988年的一次演讲中，马尼拉大主教辛海棉（Jamie Cardinal Sth）说："腐败是所有人最大的问题"。1989年科拉松·阿基诺不得不承认："腐败卷土重来，即使没有达到同样的规模，至少也同样无耻"。同年的一项调查显示，58%的受访者同意腐败是国家的最大威胁这一说法。对于阿基诺政府打击贪污腐败的表现，民众的满意度从1987年3月的72%下

---

[1] 斯蒂文·R. 里德，与家人智德·冈村睦子，等. 日本的政治腐败[J]. 国际社会科学杂志（中文版），1997（3）：92, 4, 93 - 102.

降到1989年7月的26%。①

进入21世纪，为打击腐败而确立并强化财产申报制度最为典型的国家是俄罗斯、乌克兰以及越南，第六章已就上述国家财产申报进行了阐释，这里不再赘述。

三、政治决断

从维持政治体运行的基本制度体系来看，财产申报制度似乎可以忽略不计，但具体到治理腐败，该制度不可或缺。财产申报制度涉及面广，各国设立该制度都几经周折，"破茧成蝶"有一个长期的酝酿过程。"社会的和政治的结果并不是行为体偏好的简单集合，因为可能会有迥然不同的结果，这取决于选择是如何构建的，以及行为体在战略上是如何行动的。"② 国家和政府选择打击腐败，制定打击腐败战略，结果也许会出乎意料，但不这样做，结果也许更糟。从目的论的角度看，无论出于什么动机，是打击政敌，还是为本党获取连任的资本、公共利益、国家利益而反腐败，只要是祛除腐蚀政治体的"蠹虫"，就应该在某种程度上给予肯定。从样本国家设立、完善和推行财产申报制度的过程看，除制度性的要素外，政治组织（议会或政党）的决断或是政治家的勇气起到了关键性、甚至是决定性的作用。

英国是世界上最早将财产申报以法律的形式进行公布的国家，这与首相格莱斯顿（William Ewart Gladstone）和议会的努力密不可分。1872年，为减少选举中的贿赂现象，议会通过了格莱斯顿提出的《秘密投票法》，实行无记名投票。此后选举中的腐败现象虽有减少，但贿赂现象仍大量存在。人们对选举中存在的腐败极为不满，议会制度仍需改革。1883年议会通过了《净化选举、防止腐败法》，为1884年英国第三次议会改革奠定了制度基础。该法规定参加竞选议员的候选人必须对其选举资金进行公示，禁止贿赂、款

---

① MORATALLA N N. Graft and Corruption: The Philippine Experience [EB/OL]. OJP Website, 2019-09-05.
② ［美］罗伯特·杰维斯. 系统效应：政治与社会生活中的复杂性 [M]. 李少军，杨少华，官志雄，译. 上海：上海人民出版社，2008：41.

待、威胁以及冒名顶替,违者处以罚金和监禁。该法案成为肃清选举腐败的有力开端。① 当前,号称世界上最严厉的反腐败法案也是在布莱尔(Anthony Charles Lynton Blair)和卡梅伦(David William Donald Cameron)的主导下通过的。2003年,布莱尔政府在清理、整合以及修订现存各种反腐法律基础上,公布了《反腐败法》。2010年卡梅伦颁布了号称世界上最严厉的反贿赂法律——《2010年反贿赂法》,他还进一步加强了以议会监督为主,政府各部门内部监督、司法监督、监察员、审计机构以及社会舆论监督等为辅的多形式、多层次的监督机制,在英国形成了对腐败的全方位、立体化监督网络。

美国财产申报制度的确立,很大程度上得益于国会和总统的推动。国会1958年通过了具有指导意义的《政府服务伦理规定》,1960年代,众议院和参议院分别成立官员行为标准委员会,开始对官员的财产来源进行核实。"水门事件"后,国会一改过去审慎多疑的态度,于1978年大刀阔斧地推出了《政府伦理法案》。在《政府伦理法案》出台的过程中,1965年总统约翰逊(Lyndon Baines Johnson)首次要求总统提名的官员提交财产报告,起到了率先垂范和引领作用,而到卡特任总统时,这一制度便水到渠成地推出了。

加拿大《利益冲突法》的最终推出是在2006年,其实早在20世纪60年代,官员道德问题就已不是个案问题。当时,第14任总理皮尔逊(Lester Bowles "Mike" Pearson)首次建议制订官员行为标准和规则,以此规范官员的从政行为。1973年,联邦议会首次通过了《利益冲突章程》。1985年,总理马尔罗尼(Martin Brian Mulroney)对这一章程进行修订,对官员的职务行为提出更严要求:内阁部长不准安排家属在政府下属部门就业,议会有权审查政府人事任命,院外集团必须登记造册,对反章程官员进行严惩。1994年,政府颁布《利益冲突与离职后行为准则》,经过十多年的实践,才有《利益冲突法》的出台。财产申报、资产处理、回避、离职后行为限制、收礼限制等体现公职人员民主、职业、伦理、人本价值的一系列制度安排,经

---

① 徐华娟.英国财产申报制度的最初设立[EB/OL].学习时报,2013-06-28.

<<< 第七章 样本国家确立财产申报制度的条件

过四十余年的规划和设计,才成为公职人员的道德操守和职业准则。

韩国探索财产申报制度可以追溯到20世纪60年代,但财产申报制度的最终确立与总统全斗焕(Chun Doo-hwan)、卢泰愚(Roh Tae-woo)、金泳三(Kim Young-sam)的政治勇气和政治决断息息相关,尽管多位总统最终倒在自己设计的制度之下。李承晚(Syngman Rhee)政权垮台,韩国进入第二共和国时期。张勉政府积极推进反腐败运动,于1960年11月向国会提交了《公务员财产登记法案》,法案要求行政、立法、司法、教育、军队、地方等部门一定级别以上的公务员及议员本人、配偶及同一户籍内的直系亲属进行财产登记,登记项目包括房地产和50万韩元以上的动产及债权、债务,但结果不公开。由于相关法律制度不配套、客观条件不成熟,政治秩序混乱,该制度并未实施。1961年5月朴正熙(Park Chung-hee)发动军事政变,推翻张勉政府,韩国进入第三共和国时期。朴正熙创造了"汉江奇迹",他本人也两袖清风,但韩国的腐败却并未停止。随着经济腾飞,腐败也由原来的生计型转变为蓄财型。为应对腐败,1964年7月,韩国政府颁布了《关于公务员财产申报的国务总理指示》,该指示属于政策调整范畴,并不具备强制力。与1960年的公务员财产登记法案相比,指示将申报对象扩大到行政部所属3级以上公务员,教育公务员中校长、副校长、院长、教授、副教授、助理教授,中高校的校长、奖学官、教育官、教育长、教育研究官以及4级的行政机关长、课长级以上的政府管理企业的职员和其他所属长官认证的人。尽管申报主体有所扩大,但由于申报采取自愿方式,结果也不公布于众,因此效果并不理想。①

韩国财产申报制度的真正确立是在第五共和国以后。全斗焕通过军事政变执政不久,发动了旨在反腐的"社会净化运动",并于1981年12月颁布《公职人员伦理法》,确立了财产登记制度、礼物申报制度和就业限制制度。《伦理法》规定三级以上公务员及有关公职团体的常任委员要进行财产登记,

---

① 实施结果,在需申报的14 405人中,有13 003人申报,占90%,未申报者有1152名。仅此一次申报,之后该指示不了了之。

市长、郡首、区厅长、警察署长及五级以上国税厅和关税厅公务员也应进行登记。由于全斗焕家族出现严重的腐败现象，整个反腐败运动最后以失败告终。后来民主化运动在韩国的持续高涨，全斗焕政权最终于1988年被卢泰愚的第六共和国取代。卢泰愚把全斗焕的"社会净化运动"改为"新秩序、新生活运动"，同时修改《公职人员伦理法》，要求公开高职位公务员的财产。由于卢泰愚本人的腐败，《公职人员伦理法》的执行并不顺利。1992年，金泳三当选韩国在第二次世界大战后的第一任民选总统。金泳三政府将清除腐败作为政府的重大任务，并以身作则，要求从总统做起，进行财产公开，同时先后对《公职人员伦理法》进行了三次修订，建立公职人员伦理委员会，作为配套设施突击实行了金融实名制。金泳三本人也以身作则，于上台三天后公布了自己和妻子、父亲及两个成年儿子的包括住房、汽车、渔船、存款、健康俱乐部会员卡在内的财产，共计约1 778 226 070韩元。同时要求总统以下3.4万人必须申报财产，1670名高官必须向社会公布财产。1993年高级公职人员财产公开，对立法、行政、司法各部门起到了一定程度的净化作用，以致那些拥有巨额私有财产且被社会舆论认为有腐败行为的高级公职人员，有的主动辞职，有的被解职。青瓦台治安秘书官朴鲁荣和女秘书官郑玉淳于财产公布的第2天提出辞呈；大法院院长金德柱于1993年9月10日、检察总长朴钟喆和光州地方法院院长朴英植于1993年9月13日突然辞职。社保部部长朴养实、建设部部长许载英及汉城市长金上哲因蓄财和房地产投机嫌疑而辞职。5名副部长、242名高级行政官自动离职，多名议员辞去职务，或被除名，或受到警告处分。① 号称政界"长青树"的国会议长林浚圭因从事不动产投机、虚报家庭财产而黯然退出韩国政坛。

俄罗斯、法国、意大利、西班牙、印度、南非、马来西亚、巴西、肯尼亚、越南等国财产申报制度的完善及顺畅执行与上述国家的政府或政党强力反腐密切相连。在反腐过程中，上述国家领导人的政治决心对于净化该国政

---

① CHIANG J K. Korean Politics: the Quest for Democracy and Development [M]. New York: Cornel University Press, 1999: 139.

治生态作用明显。

2008年俄罗斯通过《联邦反腐败法》，明确提出公职人员要进行财产申报。2009年，梅德韦杰夫总统和普京总理先后公示了自己的财产。2013年4月，法国奥朗德政府推出"透明风暴"，即"官员道德要求规范整改方案"，要求政治生活透明，成立独立审计机构，审查部长、议员、地方行政长官及其合作者的财务状况；政府成员及议员财产公开；禁止议员兼职；打击经济、金融犯罪；打击逃税天堂。1993年，意大利展开"净手运动"，加强议会和政府官员收入申报检查，对个人财产明显超出收入者，财政警察直接核查、查封、没收。为惩治党内腐败，西班牙人民党于2017年设立"人民监督办公室"，审查党内成员的收入、经济活动及党内公职人员财产申报，监测腐败行为。在印度，莫迪自2014年主政以来，展开非法海外账户持有人摸底和"黑钱"追回工作，在打击腐败和追缴"黑钱"的过程中，强化财产申报。曼德拉主政期间，南非于1997年出台了《行政道德法规》，确立了财产公示制度，议会制定了《议事行为准则》，要求议员公布财产。在马来西亚，尽管财产申报制度的推行遇到了极大阻力但财产申报制度仍得到强化，这与前总理纳吉布和现总理马哈蒂尔大力反腐紧密相连。在巴西，财产申报制度的出台，时任总统伊塔马尔·佛朗哥（Itmar Augusto Cautiero Franco）起到了重要作用。在财产申报制的发展和完善方面，前总统卢拉于2005年颁布第5483号法令，引进了财产查询机制，规定联邦总审计长办公室可以在行政部门内部审查公务员财产变化，如财产与收入不符，将启动调查程序。肯尼亚财产申报制度的出台很大程度上得益于前总统齐贝吉的率先垂范。腐败在越南被视为"国难"，为应对日益加深的腐败，越南加大了对腐败的治理和打击。在腐败问题上，已有多位总理就"腐败治理不力"向国民公开道歉，并多次重申财产申报制度的重要性。

无论是议会决议还是最高领导人的决心、行动，对于一项制度的确立都至关重要。同意和决心是行动的先导，基于不同意、不满意而采取的行动，

173

迟早会出现问题。"行为决定于结构，而不决定于具体构成要素。"① 只要在政治结构上安排了某项制度，那么这项制度就潜在地预示着它应该发挥一定的作用。至于制度如何构建，需要哪些具体要素，则视该国的国情而定。制度是静态的，执行是动态的，欲使静态的制度在动态的执行中发挥效果，勇气和决心就非常必要和重要。若政治家没有勇气和决心，任何制度都很难顺利执行。

第二节 设立财产申报制度的选择条件

通过对样本国家设立财产申报制度的条件进行分析，本课题组认为一国的社会形态、当时的民意基础以及配套制度和技术措施属于构建财产申报制度的选择性条件。选择性条件并非是可有可无的条件，也并非是随机性条件。选择性条件是指构建财产申报制度时，这些条件不是必要条件，但如果具备了这些条件，或是具备其中的某项条件，构建财产申报制度可能遇到的阻力会变小，执行会更顺畅。由于制度设计及执行都有主观因素的介入，这些条件在一定情况下，也可能成为必备条件，这要视具体政治环境而定。

一、社会形态

社会形态是特定的经济基础和与之相适应的上层建筑的统一，是对人类社会发展特定阶段的一种总概括。原始社会、奴隶社会、封建社会、资本主义社会和社会主义是人类发展史上存在的不同社会形态。社会形态具有多样性，同类社会形态在不同的国家会表现出不同的特点，是存在差别的一种共同形态。同为资本主义社会，欧洲国家与美洲国家存在着形式上的区别。同为社会主义国家，中国与越南、古巴也存在着差异。第二次世界大战后截止

---

① ［美］罗伯特·杰维斯. 系统效应：政治与社会生活中的复杂性［M］. 李少军，杨少华，官志雄，译. 上海：上海人民出版社，2008：2.

<<< 第七章　样本国家确立财产申报制度的条件

到目前,据世界银行调查,全球已有137个国家建立了财产申报制度,但各国的具体规定差异较大,有93%的国家要求内阁成员申报财产,有91%的国家要求国会成员申报财产,有43%的国家要求公开财产申报资料。[1] 从社会形态看,设立财产申报制度的国家,既有社会主义国家,也有资本主义国家,二者在政治、经济以及文化上存在明显区别,但腐败问题的共性使得二者在反腐败制度设计上存在着诸多共性。因此,无论是资本主义国家还是社会主义国家在反腐败实践中都不排斥财产申报制度。第二次世界大战后建立的很多社会主义国家,为了杜绝公务人员以权谋私、贪污腐化,都设立了财产申报制度来监督公职人员的财产变化。

越南为预防和惩治腐败,于2005年末制定了详细的财产申报制度,目前正在实行。古巴虽无明确的财产申报制度,但1996年7月颁布的《国家干部道德法》对国家干部的道德纪律建设、防止腐败起到了重要作用。《国家干部道德法》的精神和内容涵盖了财产申报制度的精神和内容。法规对国家干部提出了27项道德要求和26项廉政纪律,与财产申报有关的道德要求包括:扬廉弃耻,维护荣誉及尊严;严格履行诺言,不食言;正确掌握国家财物;掌握的权力及财物只能用于工作;对不按照国家规定履行职责的人,国家行政机关将不给予其任何特殊权利和待遇;反对腐败行为及工作中姑息腐败现象的行为;把权力视为光荣和责任,决不能作为谋取私利的资本。与财产申报有关系的廉政纪律主要包括:高级干部除因公务外,不能去旅游饭店消费;部级以上干部及家属不能在企业兼职或担任名誉职务;高级干部的子女不能从事商业活动;不允许企业负责人将家属和亲戚安排在本企业工作;不给高级干部提供特殊供应;官员收到的高档礼品一律上缴;领导干部贪污受贿达到300比索以上,不论职位高低,坚决免除领导职位,该法办的法办;党政机关干部工资不能高于同等级别企业负责人工资;除个别领导人在住房方面有照顾外,其他领导人没有专建的居住小区,和普通居民同住居民区;

---

[1] 张慧. 全球137个国家已建立官员财产申报系统 [EB/OL]. 凤凰资讯, 2019 - 10 - 05.

不允许为省委第一书记和正部长以上领导干部配备高档进口车，均配备普通汽车，领导干部参加集体活动时使用面包车；家属不准陪同领导人出国访问，不允许领导人借出国访问之机绕道旅行；除古巴最高领导人出访乘坐专机外，其他领导人出访都乘坐班机，不准坐头等舱。①

通过分析得知，实行资本主义制度和社会主义制度的国家都不排斥财产申报。现代国家，政府都建立有庞大的官僚体系，而"在有些时候，官僚强调自身的自主和自我利益取向甚至达到了要摆脱一切来自其上的政治监督，或取代其为不同阶层提供服务的目标的程度。当这种取向得以实现时，官僚上层便开始仅仅为其自我利益而活动，或者为那些成为盟友或与之认同的群体或阶层的利益而活动了。他们尽可能地淡化其服务取向及其职业和政治责任"②。因此，在所有的国家中，只要存在着官僚体系，就有可能出现腐败，只要腐败有可能发生，那么作为预防和惩治腐败的财产申报制度就会发挥作用。国家虽有社会主义和资本主义之分，但在反腐败时采用的手段，并不存在天渊之别。

二、配套措施

财产申报制度的执行，需要很多措施和技术来支持，在诸多的措施和技术中，最主要的有个人信用制度、金融实名制度以及腐败犯罪资产追回制度。上述制度的建立和完善是财产申报制度顺利发挥作用的强大支撑，没有上述措施，财产申报制度也可以确立和施行，但其执行效果会大打折扣。因此在研究中，将上述措施作为选择性条件来处理。

（一）个人信用制度

个人信用是国家信用的组成部分。个人信用制度是由国家建立的，用于管理、保障和监督个人信用活动的一整套规章制度，目的在于解释、查验和证明自然人资信情况，并通过制度来规范个人信用活动、提高个人守约意

---

① 徐世澄. 古巴的反腐斗争 [J]. 中国人大, 2014 (4): 52-54.
② [美] S. N. 艾森斯塔得. 帝国的政治体系 [M]. 阎步克, 译. 贵阳: 贵州人民出版社, 1992: 284.

识，从而建立良好市场经济秩序。个人信用主要包括个人商业信用记录、社会公共信息记录及相应的资质认证、信用等级评估。在发达国家，每个有经济活动的人都有一个社会保障号码和相应账户，上面记载了个人收入、纳税、借贷、还款等情况。统一联网的有关机构可以查询个人信用情况。

信用是个人在社会中生存的"通行证"。1801年英国成立了世界上第一家信用报告机构：互通信息协会。近代西方资本主义最主要的信用形式是商业信用，1830年英国在伦敦建立征信公司来规范信用销售，学界基本将此作为近代信用制度的开端。随着资本主义金融市场的形成和发展，银行信用取代商业信用，作为银行信用的主要形式——个人信用逐渐成为信用的主要形式。英国的个人信用制度有着强大的法律支撑，1974年的《个人信用法》规定英国个人信用业务在牌照、广告、推销、订立合法协议方面的法律准则。1974年的《消费者贷款法》和1984年《数据保护法》，强调任何英国人都有权在提出书面申请后获得存于信用局的信息复印件，如果信息不实，信用局必须予以更正。在英国只要拥有执照，不需个人同意，即可对数据进行处理。

发展至今，资本主义信用管理主要形成了三种模式：欧洲模式、美国模式和日本模式。

欧洲模式是以中央银行建立的中央信贷登记为主体的社会信用管理体系。政府强制个人向信用机构提供征信数据，并立法对数据的真实性及个人隐私进行保护。登记内容包括企业信贷信息和个人信贷信息，德国、法国、意大利等国即属此类。法国有着较为完备的信用管理法律体系和发达的信用信息服务。在法国，从事个人信用信息服务的机构为公共信用登记机构，由政府成立并由中央银行管理，属于信息中介机构。政府强制贷款人向公共信用登记机构提供数据，作为回报，公共信用登记机构将向贷款人提供贷款决策信息。法国公共信用登记机构信息数据库记录了95%的国民信用档案。法国有关个人信用的法律极其严厉，1978年《信息、档案和个人权利法》规定，个人有权质疑任何机构保存本人档案，并且要求在接受调查的当事人姓名出现在数据库前，必须通知本人，征信机构出具信用报告必须经本人同

177

意，报告必须提供给本人以供核查，禁止未经授权的第三方使用本人信息。欧洲第一部数据保护法出现在德国，时间是1970年。1995年，欧盟部长会议通过《数据保护法》，欧洲议会在此基础上将其定名为《在处理个人数据和自由传播此数据时对于个人的保护》法案，并于1995年7月通过该条法案。德国1991年联邦数据保护法规定，只有取得当事人书面同意，才能进行数据处理和使用，消费者有权对存储数据进行修正。意大利1996年675号法案规定，进行个人数据处理的机构必须事先通知当事人，取得其对数据处理、传播的同意。西班牙于1992年在相关法律中授予消费者获取个人数据的权利，如果要求获得数据的机构之前没有保存消费者信息，该机构必须经当事人授权才可以取得信息。

美国模式是政府制约与规范下的市场化运作模式，由商业性个人信用机构组成信政局，对国家、社会信用体系进行管理。此类公司的分支机构遍布世界各地，为社会提供包括资信调查、资信评级、资信咨询等有偿服务。美国信用管理行业诞生于19世纪40年代，到20世纪60年代已较完善，在20世纪60—80年代美国信用管理法制框架形成。目前在美国仍生效的信用立法有16项，主要包括《公平信用报告法》《公平债务催收法》《平等信用机会法》《公平信用结账法》《诚实租借法》《信用卡发行法》《电子资金转账法》等。信用法律分两类，一类是与银行相关的信用法律，规范商业银行的信贷业务；另一类是非银行相关的信用法律，主要在于规范信用管理行业。信用执法机构也按照银行和非银行分成两类：银行系统的执法机构包括财政部货币监理局、联邦储备系统、联邦储蓄保险公司；非银行系统的执法机构包括联邦贸易委员会、司法部、国家信用联盟管理办公室及储蓄监督办公室。

日本模式是以银行协会建立的会员制征信机构与商业性征信机构共同组成国家、社会信用管理体系。提供个人资信的机构通过会员提供客户借款情况、账户和信用卡使用情况，以供会员、银行共享。日本没有统一规制消费信用及个人信用的法律。保护消费者个人信用信息和规范信用消费的法律主要有《行政机关保有的电子计算机处理的个人信息保护法》和《个人数据保护法案》。前者对行政机关保存的、由计算机进行处理的个人信息提供法律

>>> 第七章 样本国家确立财产申报制度的条件

保护；后者主要规范私人主体对个人信息的收集和利用。尊重个人、慎重处理及利用个人资料，是日本个人数据保护的基本目的。因此，信息资料在利用与取得、正确性、安全性、透明度等方面都有严格限制。

样本国家中，还有些国家借鉴欧美模式，并结合本国国情，建立起本国的个人信用制度，如印度、墨西哥。还有一些国家，民营征信机构和公共征信机构共同存在，如巴西就是在民营征信机构已经存在的情况下，成立了公共征信机构，但这两类机构运营的目的和服务的对象及业务范围不同。样本国家中的非洲国家，由于独立前属于殖民地，其个人诚信制度受宗主国的影响较大。独立后，由于经济发展缓慢，个人诚信制度与发达国家存在明显差距。

从样本国家财产申报制度确立的时间看，有些国家财产申报制度的确立早于个人信用制度的确立，有些国家财产申报制度的确立，晚于个人信用制度的确立。因此，从财产申报制度设立的时间节点看，个人信用制度并非是确立财产申报制度的前提，它只是财产申报制度得以确立的选择性条件。

（二）金融实名制

金融实名制是财产申报制的"孪生兄弟"，是制度反腐的有效措施。金融实名制要求自然人或法人在与金融机构的金融往来中，使用真实姓名进行金融活动。个人持有的现金、银行存款、股票、债券等金融资产以及个人与金融机构间的金融往来必须进行登记。金融实名制既可以保护个人利益，又能够促进金融往来在公平、公正、公开的基础上进行。

金融实名制在国际上相当普遍，欧洲早在20世纪初便开始实行，美国从20世纪二三十年代起也开始实行。当前世界上已有近百个国家和地区实施了金融实名制。但在20世纪90年代之前，实行该制度的国家并不普遍。美国1986年"控制洗钱指令"要求金融机构对洗钱予以特别注意，并在可能范围内防止洗钱犯罪以及使用虚假信息建立账户。美国财政部要求金融机构应识别开立账户客户的身份，对于超过1万美元的任何形式交易应保持记录，对于购买超过3000美元流通票据的购买者应要求其提供身份证明，对于资金进出美国账户的转移和可疑的洗钱活动应予以报告。德国、英国、荷兰、意大利也有类似制度。金融实名制可以实现社会综合管理一体化，公平纳税、征税一体化，个人资信评价一体化，防范犯罪行为一体化，消费流量信息一体化。因此，现代社会，很多国家在金融监管领域都实行这一制度。

作为财产申报配套措施推出金融实名制的表率当属韩国。总统金泳三于1993年8月紧急实行"金融实名制"。1993年8月韩国金融资产约有8亿户头，价值320万亿韩元，其中假名户头56.6万户，达28 623亿韩元，借名户头达34万亿韩元。假名、借名户头可以用来逃税漏税和行贿受贿。金融实名制断绝了韩国政治和经济的合流。据财务部1993年10月12日统计，原有实名户头12160.5万个，3 430 311亿韩元，确认的有7165.2万户头，2 731 153亿韩元；原有假名户头56.6万个，28 623亿韩元，改为实名的有45.3万个户头，27 480亿韩元；借名改为真名的有27.6万户头，29 246亿韩元。假名和借名改为真名的共计72.9万户头，5672.67亿韩元。① 总统卢泰愚用假名就存有秘密资金4 600亿韩元。②

在法律上，个人获取的财富有合法财富和非法财富之分。合法财富通过合法劳动或合法投资等方式获得，非法财富即"黑钱"，一般通过毒品交易、军火走私、行贿受贿等非法手段攫取。尽管法律和道德倡导人们以诚实劳动来获取合法财富，但非法攫取财富的历史依然漫长而持久。世界上每一个国家都不同程度地存在着"黑钱"以及"黑钱活动"，流动于全球的黑钱数量很难统计。美国国内税务总局估计1992年初，美国的各种黑钱在1600~2200亿美元之间。联合国监督国际黑钱活动专门工作小组组长菲斯在联合国预防犯罪大会上称：黑钱数字每年可达3000亿美元。③ 据国际货币基金组织统计，全球每年洗钱的数额约占世界国内生产总值的2%~5%，介于6000亿至1.8万亿美元之间，且每年以1000亿美元的数额不断增加。④ 根据非营利机构全球金融诚信集团估算：每年有1万亿美元从全球发展中经济体消

---

① 李相文. "金融实名制"[J]. 当代韩国, 1994 (2): 88-89.
② 闻斋. 韩国借助金融实名制反腐败[J]. 党建, 2004 (6): 38.
③ 刘明波. 金融实名制：一把反腐败的利刃[J]. 前线, 1996 (7): 40-42.
④ 裴智勇. 立法助推中国反洗钱[N]. 人民日报, 2006-04-26 (13).

失；在非洲，过去30年中不正当外流资金损失高达1.4万亿美元。① 我国2017年国家外汇管理局和公安部联合破获汇兑型地下钱庄案件近百起，涉案金额高达数千亿元人民币。辽宁特大跨境地下钱庄案，涉案金额逾200亿元；四川最大地下钱庄案，涉案金额逾49亿元；广州天河非法汇兑地下钱庄案，涉案金额逾2000万元；浙江金华特大地下钱庄案涉案金额超过4100余亿元。② 截至2018年11月底，浙江青田一地共设立14家外币代兑点，累计兑换金额达37 008万美元。③ 金融实名制就是反黑钱活动的一种制度，它可以使个人收支透明，使腐败行为在透明的金融交易中难以遁形。

  我国金融实名制起步较晚，最初实行的是储蓄实名制。2000年4月，国务院发布《个人存款账户实名制规定》，要求个人在金融机构开立的人民币、外币存款账户，无论是活期存款账户、定期存款账户、定活两便存款账户，还是通知存款账户及其他存款账户，都需使用实名。代理他人在金融机构开立个人存款账户的，代理人应出示被代理人和代理人身份证件。不出示本人身份证件或者不使用本人身份证件上姓名的，金融机构不予办理存款账户。实名制实行20年来，由于城乡居民认识水平不高、金融机构宣传方式有待提高、信贷冲击、腐败洗钱途径隐蔽化、证件管理规范程度低、金融机构管理技术较差等因素的干扰，个人存款实名制的执行效果并不理想。因此，2011年3月，中国人民银行开始在山西忻州进行存量个人人民币银行存款账户相关公民身份信息真实性核实试点，对全市金融机构540个营业网点的943.57万户个人银行存款账户公民身份信息进行核实。通过核实，忻州全市公民身份信息真实的有749.71万户，虚假、匿名的有3.41万户，无法核实的有190.45万户。从存款余额看，零余额的有159.79万户，有余额的为34.07万户，共涉及资金16.23亿元。④ 此后每年中国人民银行都在全国开展

---

① ［印度尼西亚］因德拉瓦蒂. 反洗钱需要全球合作［N］. 第一财经日报，2014 - 12 - 31 (11)．
② 陈晶莹. 规制地下钱庄，以防金融风险［J］检察风云，2018 (10)：13 - 15.
③ 荣蓉，韩英彤，王莉. 地下钱庄罪与罚［J］. 中国外汇，2019 (2)：30 - 34.
④ 冀业. 央行全面启动公民身份信息核实工作，个人存款账户要逐一核实［EB/OL］. 人民网，2011 - 04 - 03.

存量个人人民币银行存款账户相关身份信息真实性核实工作。这也从侧面证明我国储蓄实名制目前仍存在很多问题。

金融机构报告制度也是金融实名制度的组成部分，主要包括：金融机构发现大额或可疑金融往来，应立即向政府有关部门报告；重大金融往来，应向有关政府部门报告；跨国金融往来在一定数额以上必须向政府报告。

中国人民银行《人民币大额和可疑支付交易报告管理办法》（2006）规定：人民币大额支付交易包括三种情形：法人、其他组织和个体工商户之间金额 100 万元以上的单笔转账支付；金额 20 万元以上的单笔现金收付，包括现金缴存、现金支取和现金汇款、现金汇票、现金本票解付；个人银行结算账户之间以及个人银行结算账户与单位银行结算账户之间金额 20 万元以上的款项划转。

《金融机构大额交易和可疑交易报告管理办法》（2016）规定的大额交易包括：当日单笔或者累计交易人民币 5 万元以上、外币等值 1 万美元以上的现金缴存、现金支取、现金结售汇、现钞兑换、现金汇款、现金票据解付及其他形式的现金收支；非自然人客户银行账户与其他的银行账户发生当日单笔或者累计交易人民币 200 万元以上、外币等值 20 万美元以上的款项划转。自然人客户银行账户与其他的银行账户发生当日单笔或者累计交易人民币 50 万元以上、外币等值 10 万美元以上的境内款项划转；自然人客户银行账户与其他的银行账户发生当日单笔或者累计交易人民币 20 万元以上、外币等值 1 万美元以上的跨境款项划转。

只有实行实名制，才能更好地保护所有人的资金安全。金融实名制是金融活动和管理的基础，只有落实实名制，才能维护正常的经济金融秩序，才能更有利地打击洗钱、恐怖融资、腐败等犯罪活动。样本国家设立财产申报制度时，有些国家实行了金融实名制度，如美国、日本、英国，有些国家在没有金融实名制的情况下，也通过了财产申报制度，有些国家则是二者同时推行。实行金融实名制，财产申报制度能够更充分地发挥作用，没有金融实名制度，财产申报制度的施行会遇到很多困难，但从设立财产申报制度的条件看，金融实名制对于财产申报制度而言属于选择性条件。

(三) 腐败犯罪资产追回制度

全球化是当代世界的显著特征。商品、资金、信息、人员等经济要素在全球范围内的配置，使处于不同时空的国家和地区之间的联系日益密切。经济活动的无国界性，使世界各国的相互依赖更加紧密。全球化在促进一国经济发展的同时，也给全球治理带来了前所未有的难题。全球化为跨国腐败提供了滋生空间，由于腐败人员的跨国界逃匿、腐败收益在国家间转移等问题的增多，给国家反腐带来了巨大挑战。俄罗斯、法国、英国、印度、泰国、乌克兰、越南、中国、英国、美国、印度尼西亚等国家多年来一直都在打击海外贿赂行为、打击赃款外逃，追回腐败犯罪资产。

因腐败犯罪流失到海外的资产数量庞大。早在10年前，世界银行的统计表明：全球每年约2万亿美元腐败资金在进行跨国流动，相当于全球33万亿美元生产总值的6%。[①] 俄罗斯联邦总检察长在一份报告中说：2016年俄罗斯因腐败犯罪造成的损失超过780亿卢布。[②] 欧盟反欺诈办公室对法国、匈牙利、意大利、立陶宛、荷兰、波兰、罗马尼亚及西班牙等欧盟国家，选取公路、铁路、培训、水与废物处理、城建与公用设施及研发这五大领域的采购项目进行调查，发现2010年上述8国在这些领域的公共采购腐败就损失了约22亿欧元，腐败成本占预算总额的3%~4%。[③] 追缴海外腐败资产，是国际社会面临的严峻任务。

资产追回机制是《联合国反腐败公约》（以下简称为"《公约》"）针对腐败犯罪资产外逃创设的法律机制，是在综合分析各国反腐败犯罪的成效与困境的基础上，经过缔约各方努力达成的反腐败成果。资产追回机制，是指对于因实施腐败犯罪而直接或间接产生或者获得的任何财产以及用以犯罪的财产、设备或者其他工具，通过一定的司法协助程序予以追讨或返还的制

[①] 魏红，涂丹. 论外逃腐败犯罪资产追回机制的构建——以公益诉讼制度为视角 [J]. 贵州大学学报（社会科学版），2009，27（6）：22-28.
[②] 鲁金博. 俄罗斯：2016年腐败犯罪造成近百亿元损失 [EB/OL]. 中央纪委国家监委网站，2017-06-05.
[③] 欧盟公共采购腐败造成22亿欧元损失 [J]. 中国招标，2013（48）：6.

度。通过资产追回机制，可以及时追回腐败犯罪所得资产，挽回腐败造成的经济损失。

《公约》框架内，有资产直接追回与间接追回两种方式。直接追回是指通过民事诉讼程序或者命令等形式直接确认腐败犯罪所得资产的所有权归属地追回制度。包括三种情形：（1）采取必要措施，允许另一缔约国在本国法院提起民事诉讼，以确立对通过实施根据本公约确立的犯罪而获得的财产的产权或所有权。（2）采取必要措施，允许本国法院命令实施了根据本公约确立的犯罪人向受到这种犯罪损害的另一缔约国支付补偿或者赔偿。（3）采取必要措施，允许本国法院或者主管机关在就没收必须做出决定时，承认另一缔约国对通过实施根据本公约确立的犯罪而获得的财产所主张的合法所有权。间接追回是指缔约国依据本国法律或另一缔约国的没收令先行没收腐败犯罪所得资产，再返还给另一缔约国的追回制度。资产间接追回须先经没收程序，而不是直接确认腐败犯罪所得资产的所有权归属。资产间接追回分两个阶段：第一阶段是资产流入国根据本国法律或者资产流出国发出的没收令，对位于境内的腐败犯罪所得资产进行没收。第二阶段是资产流入国根据相关的法律程序或者双边、多边协定及安排等将依法没收的腐败犯罪所得资产返还给资产流出国。根据犯罪嫌疑人所处的状态，《公约》提供三种措施：资产流入国法院直接执行另一缔约国法院发出的没收令；资产流入国法院通过对洗钱犯罪或者对可能发生在其管辖范围内的其他犯罪进行判决，或者通过其他程序，下令没收来源于国外的财产；在犯罪人死亡、潜逃或者缺席而无法对其起诉的情形下，可以不经刑事程序直接没收其财产。

为加强对资产转移的预防与监控，切断腐败犯罪资产的流动路径，《公约》强调各缔约国应当采取相关措施。包括：核实客户身份并强化账户审查；制定反洗钱措施；禁止设立有名无实的银行；建立公职人员财产申报制度。此外，《公约》还强调各缔约国均应根据本国法律考虑采取必要措施，要求在外国银行账户中拥有利益、对该账户拥有签名权或者其他权力的公职人员向有关机关报告，并保存与这种账户有关的适当记录，同时应当对违法情形制定适当制裁措施。

样本国家中，很多国家既是腐败犯罪的受害者，同时又是腐败资产的避风港。因此要追缴腐败犯罪海外资产在实际行动中十分艰难。各国除通过本国立法、制定政策外，还要考虑国际合作。美国从2013年1月1日开始执行《海外账户税收遵从法》，要求所有在美经营的外国银行必须提供美国客户信息，所有在美长期居住的人员必须申报在国外拥有的5万美元以上资产和1万美元以上储蓄。英国和澳大利亚制定了追缴犯罪所得的专门法律，明确追缴犯罪收益的原则、程序和手段。在资产流出国，印度、印度尼西亚、俄罗斯等国都综合开通了各种渠道，全方位追缴跨境腐败资产。

中国是《公约》缔约国，多年来一直不断落实资产追回机制，加强对资产转移的预防与监控，逐步推进制度建设，并采取实际行动，防止涉腐赃款外逃以及对已经外逃的人员和资金全力追缴。

有研究指出：20世纪90年代中期截止到2008年，我国外逃党政干部，公安、司法干部和国家事业单位、国有企业高层管理人员，以及驻外中资机构外逃、失踪人员数目高达18000人，携带款项达8000亿元人民币。① 针对腐败款项大量外逃现象，中共中央从2011年1月起，采取了一系列措施，主要包括：（1）在全国范围内实施《关于领导干部报告个人有关事项的规定》和《关于对配偶子女均已移居国境外的国家工作人员加强管理的暂行规定》；（2）建立健全国家工作人员出入境登记备案和证件集中保管制度；（3）加强资金监测，严厉打击地下钱庄等非法金融活动；（4）加强国际执法合作。（5）开展"猎狐"行动、"天网"行动等一系列跨国追逃追赃反腐败行动。（6）通过正式立法强化国际司法协助。2018年10月26日第十三届全国人民代表大会常务委员会第六次会议通过了《中华人民共和国国际刑事司法协助法》，该法规定，我国可以向外国请求没收、返还违法所得及其他涉案财物，这一立法为我国追回腐败犯罪海外资产提供了依据。

在国际合作方面，为追回腐败资产，我国做了大量工作。截至2018年2

---

① 贪官外逃携带资金超万亿，金融国企成重灾区［EB/OL］. 新浪财经，2022-03-24.

月，我国签署对外引渡条约50项，37项生效。截至2017年2月，我国已与70个国家缔结司法协助条约、资产返还和分享协定、引渡条约共128项，已生效的关于腐败资产追回合作的双边条约共85项。[1] 2016年9月举办的G20杭州峰会，通过了《二十国集团反腐败追逃追赃高级原则》，G20成员在开展追逃追赃个案合作、劝返、资产返还与分享等重点领域合作取得了多项成果。杭州峰会闭幕不久，中国与加拿大签订了《中国政府和加拿大政府关于分享和返还被追缴资产的协定》，这是我国反腐国际合作的重要突破。

在生效的条约中，对于移交犯罪所得的规定主要分两类。一是与法国、意大利等国签署的条约。条约规定，经资产流出国请求，被请求国可以扣押在其境内发现的犯罪所得，并在准许引渡的情况下，对该部分资产进行移交。二是与俄罗斯、哈萨克斯坦、吉尔吉斯斯坦、乌克兰等国签署的条约，与第一类规定相差不大，主要是增加了享有权益的第三人在请求国境内，经被请求国同意，可直接归还财产。腐败资产追回双边合作多在刑事司法协助条约或协定中体现。截至2018年2月，我国对外签署刑事司法协助条约41项，35项生效，生效条约对犯罪所得移交做出了明确规定。一是与加拿大、韩国签署的条约，条约同意被请求国在接到请求国请求后，确认请求确有依据，并确认犯罪所得确实在境内后，对其采取必要措施，并在本国法律允许范围内及缔约双方商定的条件下，将资产移交给请求国，这一过程要顾及被请求国和第三人的权益。二是与保加利亚、印度尼西亚等国签署的条约，这类条约同意被请求国应将在请求方境内获得的、并在本国境内发现的犯罪所得移交请求国，这一过程不能损害被请求国及第三人权益。如果该犯罪所得或物品为被请求国未完结刑事判决所必不可少的，可以推迟犯罪所得的移交并履行通知义务。三是与英国签署的条约，规定被请求国可向请求国返还已经没收的资产或与其分享这一资产，或出售收益。为追回腐败资产，我国还与俄罗斯、罗马尼亚、波兰、朝鲜等国签署了双边民事协定。

---

[1] 李英，王淼. 我国境外腐败资产追回的双边合作机制 [J]. 华北电力大学学报（社会科学版），2018（5）：80-88，124.

在国际社会共同努力下,腐败犯罪资产追回取得了一定成效。印度尼西亚中央反腐败委员会资产追查和返还小组与美国联邦调查局、英国严重欺诈办公室、澳大利亚总检察院等 20 余家外国反腐败机构签订合作协议。2009 年至 2011 年,印度尼西亚中央反腐败委员会追回资产 8745 万美元。尼日利亚为追缴阿巴查家族的海外腐败资产,设立特别调查组,向英国、美国、德国、瑞士、卢森堡等国提出司法协助请求,阿巴查家族海外被冻结的资金高达 20 亿美元。截至 2013 年 3 月,尼日利亚资产追缴成果丰硕,瑞士返还 7.5 亿美元,英属泽西岛返还 5.49 亿美元,英国返还 1.1 亿英镑,卢森堡冻结 6.3 亿美元,列支敦士登没收 1.75 亿欧元。① 沙特针对政商界高层人士的反腐运动成效显著,截至 2018 年 4 月,已经追回赃款超过 1000 亿美元。② 我国在党的十八大以后,从 2014 年到 2019 年初,追回外逃人员 5974 人,其中党员和国家工作人员 1425 人,"百名红通人员" 59 人,追回赃款 142.48 亿元。③

---

① 冉刚. 追缴境外腐败资产:全球在行动 [J]. 中国监察,2014 (4):60-61.
② 高波. 2018 全球腐败新特点和反腐新趋势 [J]. 中国纪检监察,2019 (1):63-64.
③ 中央反腐败协调小组国际追逃追赃工作办公室. 推动追逃追赃工作高质量发展,巩固发展反腐败斗争压倒性胜利 [J]. 中国纪检监察,2019 (13):20-23.

第八章

构建符合中国国情的财产申报制度

关于财产申报,从20世纪80年代末开始,我国一直在理论上进行探索,在制度中进行实践,从局部地区的试验到中央有选择的试点,到目前已经有三十余年。无论是地方实践还是中央文件,主要是以党纪、政纪等软约束的方式出现,因此不具有法律上的强制性和约束力。我国财产申报制度,尽管已经有了查核程序,纪检监察机构、检察机构、巡视组因工作需要,经批准可以查阅申报资料,但具体申报情况并不对外公开。从制度变迁的维度看,我国的财产申报仍处于酝酿期。这与诸多国家推出该项制度基本类似,很多国家的财产申报制度从动议、设立再到完善都经历了较为漫长的过程。

第一节 我国财产申报制度发展历程

中国探索财产申报制度是在20世纪80年代末,1987年全国人大常委会秘书长、法制工作委员会主任王汉斌认为,财产申报制度应该采用法律的方式加以解决。1988年监察部[①]和国务院法制局组织人员对我国能否实行以及如何实行财产申报制度进行了论证,起草了《国家行政工作人员报告财产和收入的规定》,但因当时社会政治环境及相应制度建设的限制,对该制度的

[①] 2018年3月,第十三届全国人民代表大会第一次会议审议通过了宪法修正案,设立中华人民共和国国家监察委员会,不再保留监察部,并入国家监案委员会。

<<< 第八章 构建符合中国国情的财产申报制度

进一步研究和探索暂时停止。中共中央办公厅、国务院办公厅于1995年4月联合发布了《关于党政机关县（处）级以上领导干部收入申报的规定》，首次要求党政机关、事业单位及国有大中型企业县处级以上领导干部申报各项收入。1997年中共中央办公厅、国务院办公厅为加强党风廉政建设，加强对领导干部的监督和管理，通过了《关于领导干部报告个人重大事项的规定》，在1995年规定的基础上增加了个人及亲属建房、婚丧嫁娶、因私出国、经营承包等重大事项。2001年6月，中共中央纪委、中共中央组织部联合发布了《关于省部级现职领导干部报告家庭财产的规定（试行）》，这一规定将申报主体限定在省部级官员，将申报范围明确为家庭财产。此后，中共中央办公厅、国务院办公厅于2006年发布了《关于党员领导干部报告个人有关事项的规定》，该规定把个人报告事项增加到9项，并对申报程序作了具体安排。2010年，随着反腐重心从打击腐败逐渐转向预防腐败，7月中共中央办公厅、国务院办公厅又联合发布了《领导干部报告个人有关事项》的规定，同时废止了1995年和2006年发布的相关规定。随着反腐败力度的加大，2017年2月，中共中央办公厅、国务院办公厅对2010年的规定进行了修订，通过了中办发［2017］12号文件，即《中共中央办公厅国务院办公厅印发〈领导干部报告个人有关事项规定〉、〈领导干部个人有关事项报告查核结果处理办法〉的通知》，2010年的相关规定同时被废止。

一、我国财产申报制度的雏形

1995年《关于党政机关县（处）级以上领导干部收入申报的规定》是中华人民共和国成立后第一个具有财产申报性质的规范性文件，学界一直把此作为研究中国财产申报制度的蓝本，1995年后中共中央办公厅、国务院办公厅联合发布的有关财产申报的规定都是在此基础上修订的。《关于党政机关县（处）级以上领导干部收入申报的规定》奠定了我国财产申报制度的基础，是我国财产申报制度的雏形。

1995年出台这一规定并非偶然。从1990年开始，党政机关县处级以上领导干部贪污腐败案件一直呈增长态势，中央对这一层次官员的腐败问题高度重视，监督和查处力度日渐加强。1988—1992 年，最高人民检察院共查办了犯有贪污受贿罪的县处级以上干部 4629 名。① 1993 年，全国检察机关共立案侦查贪污贿赂案 30 877 件，挪用公款案 13 663 件，偷税、抗税、骗取国家出口退税案 7475 件，立案查办犯有上述罪行的县处级以上干部 1037 名。② 1994 年检察机关查办贪污贿赂等各类经济犯罪大案 28 626 件，比 1993 年增加 28%，挪用公款 50 万元以上不满 100 万元的案件 255 件，100 万元以上的案件 290 件；1994 年共立案查办贪污受贿的县处级干部 1827 人。③ 鉴于上述事实，1995 年 3 月的《政府工作报告》强调：县（处）级以上领导干部的廉洁自律要继续抓好，今年还要抓紧县（市）科级干部、乡（镇）领导干部的廉洁自律。对国有企业领导干部也要落实廉洁自律制度，加强监督和制约。继续重点查办县（处）级以上领导干部的案件和其他大案要案。④ 1995 年反腐败的严峻形势以及《政府工作报告》定下的基调促成了 1995 年 4 月 30 日《关于党政机关县（处）级以上领导干部收入申报的规定》的出台。

《关于党政机关县（处）级以上领导干部收入申报的规定》共 9 条，这一规定并不是严格意义上的财产申报制度，从名称来看，它要求党政机关县处级以上领导干部仅就其收入进行申报。从内容看，共有六条涉及申报对象、申报内容、申报程序、受理机关及监督机关。申报对象包括各级党、人大、行政、政协、审判、检察等机关的县（处）级以上（含县、处级）领导干部；申报内容包括：工资、奖金、津贴、补贴及福利等，从事咨询、讲学、写作、审稿、书画等劳务所得，事业单位的领导干部、企业单位的负责人承包经营、承租经营所得；申报时间为每年 7 月 1 日至 7 月 20 日，义务人需申报本年度上半年收入，次年 1 月 1 日至 1 月 20 日，义务人需申报前一年度下半年收入；受理机关为申报人所在组织、人事部门。不申报收入或者申

---

① 最高人民检察院工作报告 1993 [EB/OL].中华人民共和国最高人民检察院网站，1993 – 03 – 22.
② 1994 年最高人民检察院工作报告 [EB/OL].法律图书馆网，2019 – 10 – 11.
③ 1995 年最高人民检察院工作报告 [EB/OL].法律图书馆网，2019 – 10 – 11.
④ 1995 年政府工作报告 [EB/OL].中华人民共和国中央人民政府网站，2019 – 10 – 11.

报时存在漏报、瞒报以及其他违规情形的，由申报人所在党组织、行政部门或者纪检、监察机关责令申报或改正，并根据具体违规情节，给予批评教育、党纪、政纪处分。

社会对《关于党政机关县（处）级以上领导干部收入申报的规定》评价不高，这与人们对该项制度的期盼及国家的谨慎态度相关。《关于党政机关县（处）级以上领导干部收入申报的规定》并不是财产申报制度，它仅是当时一项应对日渐严重的官员腐败的举措。评价一项制度不能脱离该制度产生的政治、经济、文化及时代背景。况且，制度建设并非一蹴而就，任何一项制度都有孕育、略成雏形、成长及完善的过程。这需要时间，也需要实践。从制度探索的角度看，1995年《关于党政机关县（处）级以上领导干部收入申报的规定》意义重大，它奠定了我国财产申报制度的基础。

二、我国财产申报制度的主要内容

当前，我国财产申报是领导干部报告个人有关事项的一部分。2017年实施的《领导干部报告个人有关事项规定》是根据《中国共产党章程》等党内法规和国家有关法律法规制定的，属于从严治党，促进党员领导干部遵纪守规、廉洁从政的一项党纪规定。《领导干部报告个人有关事项规定》要求全国在任的副处级以上领导干部要申报本人、配偶及共同生活子女的财产。选取的样本国家中，有11个国家要求一定级别的公职人员申报财产，占36.67%，我国财产申报属于这种情况。

各国对申报主体基本采用列举式，我国亦然。《领导干部报告个人有关事项规定》（下文简称《规定》）要求下列人员报告个人有关事项及财产：从中央到县一级党的机关、人大机关、行政机关、政协机关、审判机关、检察机关、民主党派机关中县处级副职以上的干部（含非领导职务干部）；参照公务员法管理的人民团体、事业单位中县处级副职以上的干部，未列入参照公务员法管理的人民团体、事业单位的领导班子成员及内设管理机构领导人员（相当于县处级副职以上）；中央企业领导班子成员及中层管理人员，省（自治区、直辖市）、地（市、州、盟）管理的国有企业领导班子成员。

对于已退出现职但尚未办理退休手续的人员，《规定》第十八条作了原则要求。军队的干部如何申报，中央军委可以根据《规定》，结合中国人民解放军和中国人民武装警察部队的实际，制定有关规定。

领导干部需要按照要求填写申报表格，具体填报事项包括：本人婚姻情况；本人持有普通护照及因私出国情况；本人持有往来港澳通行证、因私持有中华人民共和国往来港澳通行证大陆居民往来台湾通行证及因私往来港澳、台湾情况；子女与外国人、无国籍人通婚情况；子女与港澳以及台湾居民通婚情况；配偶、子女移居国（境）外情况，或者虽未移居国（境）外，但连续在国（境）外工作、生活一年以上情况；配偶、子女及其配偶从业情况，含受聘担任私营企业高级职务，在外商独资企业、中外合资企业、境外非政府组织在境内设立的代表机构中担任由外方委派、聘任的高级职务，以及在国（境）外从业和职务情况；配偶、子女及其配偶被司法机关追究刑事责任情况。

需要报告的财产包括：本人工资及奖金、津贴、补贴；本人从事讲学、写作、咨询、审稿、书画等劳务所得；本人、配偶、共同生活子女为所有权人或者共有人的房产情况，含有单独产权证书的车库、车位、储藏间等；本人、配偶、共同生活子女投资或者以其他方式持有股票、基金、投资型保险情况；配偶、子女及其配偶经商办企业情况，包括投资非上市股份有限公司、有限责任公司，注册个体工商户、个人独资企业、合伙企业等，以及在国（境）外注册公司或者投资入股情况；本人、配偶、共同生活子女在国（境）外存款和投资情况。

其中，共同生活的子女是指领导干部不满 18 周岁的未成年子女和由其抚养的不能独立生活的成年子女。股票是指在上海证券交易所、深圳证券交易所、全国中小企业股份转让系统发行、交易或者转让的股票。基金是指在我国境内发行的公募基金和私募基金。投资型保险是指具有保障和投资双重功能的保险产品，包括人身保险投资型保险和财产保险投资型保险。

我国财产申报的方式主要是年度日常申报，关于离职和初任申报并不明确，但从相关规定中可以做出推断。领导干部于每年 1 月 31 日前集中报告一次上一年度的个人事项和财产,并对报告内容的真实性、完整性负责。非《规定》涵盖的人员拟提拔为领导干部考察对象,或者拟列入所列范围的后备干部人选,在拟提拔、拟列入之时,应当报告个人有关事项。这一规定可以视为这些人员的初任申报。初任申报极为重要,它是以后查核财产变化的基础,同时也是一个复杂的过程。在中国现有的干部管理系统内部,官员因降调、升职、挂职等情况都会出现初任现象。因此,对官员初任状态必须予以细化、明确,否则就无法确认官员财产的原初状态,若原初状态不确定,任职期间财产的增、减就无法明确认定。尽管领导干部在年度集中报告后,涉及婚姻、家庭、出国等情况发生变化要在事后30日内进行报告,但该变化并未涉及财产。关于离任申报,《规定》要求报告主体辞去公职的,在提出辞职申请时,一并报告个人有关事项;已退出现职、尚未办理退休手续的需要申报,对于退休后是否申报,《规定》没有涉及。

财产申报管理是该制度得以顺利实施的保障。《规定》把组织部门和人事部门作为财产申报的管理机构。领导干部报告个人有关事项,按照干部管理权限,由相应的组织(人事)部门负责。中央管理的领导干部向中共中央组织部报告,材料由单位主要负责人阅签后,由所在单位组织(人事)部门转交中共中央组织部;由本单位管理的领导干部,向本单位组织(人事)部门报告;不属于本单位管理的领导干部,向上一级党委或党组的组织(人事)部门报告,材料由单位主要负责人阅签后,由组织(人事)部门转交。因职务变动而导致报告义务人受理机构发生变化时,原受理机构在30日内将义务人的报告材料按干部管理权限转交新受理机构。

我国对领导干部报告个人事项的资料、组织(人事)部门对个人有关事项情况进行汇总综合的资料以及查核资料采取对内、对外保密的形式,并严格保密纪律。世界范围内仅有少数国家对财产申报资料采取保密形式。样本国家中有3个国家对申报资料进行保密。组织(人事)部门、纪检监察机关、巡视机构、检察机关在必要时可以查阅报告资料。组织(人事)部门每年要对领导干部报告个人有关事项情况进行汇总综合,然后向同级党委(党组)和上一级党委(党组)组织(人事)部门报告。组织(人事)部门经本机关、本单位负责人批准，可以查阅领导干部报告个人有关事项的材料。纪检监察机关（机构）在履行职责时，经本机关负责人批准，可以查阅有关领导干部报告个人有关事项的材料。巡视机构在巡视期间，根据工作需要，经巡视组负责人批准，可以查阅有关领导干部报告个人有关事项材料。检察机关在查办职务犯罪案件时，经本机关负责人批准，可以查阅案件涉及的领导干部报告个人有关事项材料。

2017年通过的《领导干部报告个人有关事项规定》与2010年及以前通过的类似规定相比，最大的变化是建立了报告资料查核机制。查核机制由组织（人事）部门发起，主要核查报告资料的真实性和完整性，包括随机抽查和重点查核。随机抽查每年一次，按10%比例进行；重点查核主要针对拟提拔为领导干部的考察对象、拟列后备干部人选、拟进一步使用的人选以及因被举报或其他原因需要查核的对象。纪检监察机关、巡视机构、检察机关可以委托组织（人事）部门对领导干部报告个人有关事项进行查核。为完成查核工作，《规定》确立了查核联系工作机制，工作机制由中共中央组织部和地方党委组织部牵头，成员单位包括审判、检察、外交、公安、民政、国土资源、住房城乡建设、人民银行、税务、工商、金融监管单位。各成员单位应当在规定时间内，如实向组织部门提供查询结果。查核结果作为衡量领导干部是否忠诚老实、清正廉洁的重要参考。

我国对报告义务人违反报告义务，采取的责任方式包括：要求义务人作出说明、批评教育、组织调整或者组织处理、纪律处分。领导干部的家庭财产，经查核明显超过收入的，要求作出说明，必要时可以对其财产来源的合法性进行验证；领导干部无正当理由不按时报告；漏报、少报；隐瞒不报以及存在其他违规违纪情形的，根据情节轻重，采取上述措施。《领导干部个人有关事项报告查核结果处理办法》对上述责任情形进行了细化。漏报情节较轻的，进行批评教育、责令作出检查、限期改正；情节较重的，对义务人进行诫勉、取消考察对象资格、调离岗位、改任非领导职务。隐瞒不报的，根据情节轻重，给予诫勉、取消考察对象资格、调离岗位、改任非领导职务、免职、降职等处理。存在两种以上漏报或是两种以上瞒报情形的，从重处理。受到诫勉处理的报告义务人，半年内不得提拔或者进一步任用；受到取消考察对象资格处理的报告义务人，一年内不得提拔或者进一步任用；受到调离岗位、改任非领导职务、免职处理的义务人，一年内不得提拔；受到降职处理的义务人，两年内不得提拔；受到纪律处分的义务人，依照《中国共产党纪律处分条例》等规定执行。《中国共产党纪律处分条例》第54条规定：不按照有关规定向组织请示、报告重大事项，情节较重的，给予警告或者严重警告处分；情节严重的，给予撤销党内职务或者留党察看处分。

三、我国解决利益冲突及收受礼品相关制度

我国解决利益冲突以及礼品收受的制度并未系统化，相关规定散见于《中华人民共和国刑法》《中华人民共和国公务员法》《中国共产党纪律处分条例》《关于对党和国家机关工作人员在国内交往中收受礼品实行登记制度的规定》以及中共中央"八项规定""六项禁令"、反"四风"等位阶不同、性质不同的各类文件中。

《中国共产党纪律处分条例》（以下简称《条例》）第八章规定了党员须遵守的廉洁纪律，纪律要求所有党员不得采取各种手段和形式利用职权或者职务上的影响为本人或他人谋取私利。这为解决利益冲突定下了基调。具体的利益冲突行为，《条例》逐条做出规定，重点在经济管理领域和个人生活领域。在经济管理领域，《条例》规定的利益冲突行为主要包括：（1）违反规定经商办企业；拥有非上市公司（企业）的股份或者证券；买卖股票或者进行其他证券投资；从事有偿中介活动；在国（境）外注册公司或者投资入股。（2）利用参与企业重组改制、定向增发、兼并投资、土地使用权出让等决策审批过程中掌握的信息买卖股票，利用职权或者职务上的影响通过购买信托产品、基金等方式非正常获利。（3）违反规定在经济组织、社会组织等单位中兼职，或者经批准兼职但获取薪酬、奖金、津贴等额外利益。（4）利用职权或者职务影响，为配偶、子女及其配偶等亲属和其他特定关系人在审批监管、资源开发、金融信贷、大宗采购、土地使用权出让、房地产开发、工程招投标以及公共财政支出等方面谋取利益。（5）利用职权或者职务影

响，为配偶、子女及其配偶等亲属和其他特定关系人吸收存款、推销金融产品等提供帮助谋取利益。(6)通过民间借贷等金融活动获取大额回报。在个人生活领域，《条例》规定的利益冲突行为主要包括：(1)借用管理和服务对象的钱款、住房、车辆等，影响公正执行公务。(2)利用职权或者职务影响操办婚丧事宜，在社会上造成不良影响。(3)接受、提供可能影响公正执行公务的宴请或者旅游、健身、娱乐等活动安排；违反有关规定取得、持有、实际使用运动健身卡、会所和俱乐部会员卡、高尔夫球会员卡等各种消费卡，违反有关规定出入私人会所；违反有关规定组织、参加用公款支付的宴请、高消费娱乐、健身活动，或者用公款购买赠送、发放的礼品、消费卡(券)；违反公务接待管理规定，超标准、超范围接待或者借机大吃大喝。(4)违反工作、生活保障制度，在交通、医疗、警卫等方面为本人、配偶、子女及其配偶等亲属和其他特定关系人谋求特殊待遇。在分配、购买住房中侵犯国家、集体利益。(5)利用职权或者职务影响，侵占非本人经管的公私财物，或者以象征性地支付钱款等方式侵占公私财物，或者无偿、象征性地支付报酬接受服务、使用劳务；利用职权或者职务影响，违反有关规定占用公物归个人使用，时间超过六个月。(6)违反有关规定自定薪酬或者滥发津贴、补贴、奖金。(7)公款旅游或者以学习培训、考察调研、职工疗养等为名变相公款旅游；改变公务行程，借机旅游；参加所管理企业、下属单位组织的考察活动，借机旅游；以考察、学习、培训、研讨、招商、参展等名义变相用公款出国(境)旅游。公职人员如出现利益冲突行为，各级党组织会根据情节，分别给予警告、严重警告、撤销党内职务、留党察看、开除党籍等党内处分。

  党政领导干部退休后，也存在利益冲突问题，党纪和政纪对退休官员从业行为有严格限制，即"三年两不准"。2000年，中共中央纪委规定，县处级以上领导干部在离职和退休后三年内不准接受和代理与原任职务相关的企业活动。2004年，中共中央办公厅将"三年两不准"的适用对象扩大到地方党委、人大常委会、政府及政协。2006年《中华人民共和国公务员法》规定，领导成员离职三年内，其他公务员离职两年内，不得到与原工作业务直接相关的企业或其他营利组织任职,不得从事与原工作业务直接相关的营利性活动,违者没收退职就业所得,对接收单位处以被罚人员违规所得一倍以上,五倍以下罚款。2018年《中国共产党纪律处分条例》规定:党员领导干部离职或者退(离)休后违反规定,接受原任职务管辖的地区和业务范围内的企业和中介机构聘任,或者个人从事与原任职务管辖业务相关的营利活动,情节轻微,处以警告或者严重警告;情节较重,撤销党内职务;情节严重,留党察看。党员领导干部离职或者退(离)休后违反规定担任上市公司、基金管理公司独立董事、独立监事等职务,情节较轻的,处以警告或者严重警告;情节较重的,撤销党内职务;情节严重的,留党察看。

《中华人民共和国公务员法》为我国解决利益冲突问题提供了法律依据。2018年12月修订,2019年6月1日执行的《中华人民共和国公务员法》规定公务员有清正廉洁、公道正派的义务。在执行公务过程中不得有下列行为:(1)贪污贿赂,利用职务之便为自己或者他人谋取私利。(2)违反财经纪律,浪费国家资财。(3)滥用职权,侵害公民、法人或者其他组织的合法权益。(4)公务员不得在其配偶、子女及其配偶经营的企业、营利性组织的行业监管或者主管部门担任领导成员。前三项是解决利益冲突的原则规定,第四项则是具体行为。如出现利益冲突,或有潜在的利益冲突,公务员在执行公务时应当回避。

对于公务活动中收受的礼品,我国实行登记上交制度。在私人领域,除亲朋交谊表达感情的礼物外,公职人员禁止收受礼物。1995年4月30日实施的《关于对党和国家机关工作人员在国内交往中收受的礼品实行登记制度的规定》要求党和国家机关工作人员在国内交往中,不得收受可能影响公正执行公务的礼品,因各种原因未能拒收的礼品,必须登记上交。党和国家机关工作人员在国内交往中收受的其他礼品,除价值不大的外,也须登记。中纪委将礼品解释为:礼物、礼金、礼券以及以象征性低价收款的物品。凡属可能影响公正执行公务的礼品,即使是亲友馈赠的,也不能收受,收受的必须登记上交。礼品自收到后,要在一月内登记,交所在机关指定的受理部门。

《中国共产党纪律处分条例》规定收受可能影响公正执行公务的礼品、礼金、消费卡和有价证券、股权、其他金融产品等财物以及收受其他明显超出正常礼尚往来的财物的，根据情节给予相应的党纪处分。公务中接受礼物不上交的情形，最严重的可以判处刑罚。《中华人民共和国刑法》第394条规定：国家工作人员在国内公务活动或者对外交往中接受礼物，依照国家规定应当交公而不交公，数额较大的，以贪污罪论处，最低处三年以下有期徒刑或者拘役，并处罚金。

党的十八大以后实行"八项规定""六项禁令"、反对"四风"，尤其是"六项禁令"和反对"四风"，对公职人员收受礼品做出了更为严格的规定，执行力度一再加大。"八项规定"出台以来，截至2017年10月，全国查处违规公款吃喝、送礼、旅游三类突出问题共计45 502起。其中2013年、2014年共31 223起，占68.6%；2015年7794起，占17.1%；2016年4908起，占10.8%；2017年1577起，占3.5%；总体呈逐年下降趋势。截至2017年10月底，各级纪检监察机关共查处违反中央"八项规定"精神的问题19.32万起，处理26.26万人，其中给予党纪政纪处分的有14.51万人，党政纪处分比例达70.1%。[①]

第二节　我国财产申报的执行情况

中国官员财产申报制度的实施，根据1995年以后通过的一些规范性文件，截止到2019年，可以划分为几个不同的阶段。第一阶段为1995—2005年，主要规范性文件是《关于党政机关县（处）级以上领导干部收入申报的规定》（1995）、《关于领导干部报告个人重大事项的规定》（1997）以及《关于省部级现职领导干部报告家庭财产的规定（试行）》（2001），这一阶

---

① 咬定青山不放松，要留清气满乾坤：五年来纪检监察机关落实中央八项规定精神、纠正"四风"工作综述[N]．人民日报，2017-12-04（1）．

段最主要的特点是财产申报作为年度例行公事已在单位内部展开；第二阶段为2006—2012年党的十八大召开前，主要规范性文件是2006年中共中央办公厅、国务院办公厅发布的《关于党员领导干部报告个人有关事项的规定》，其主要特点是地方县区一级自身试点工作大面积展开。第三阶段为党的十八大以后直至目前，主要规范性文件是《领导干部报告个人有关事项的规定》，最主要特征是中央开始正式在地方试点财产申报以及对财产申报进行查核。

一、财产申报实施第一阶段

我国财产申报制度施行第一阶段为1995—2005年，特点是我国建立并开始实行财产申报制度，但执行效果并不显著。

《关于党政机关县（处）级以上领导干部收入申报的规定》实施后，从1995年7月1日至7月20日开始，所有的县处级以上领导干部，首次将其上半年的各项收入向各所属单位组织人事部门申报，并于次年1月1日至1月20日申报前一年度下半年的收入。省部级领导干部从2001年6月15日起，每二年于奇数年份的1月1日至1月31日填写《领导干部家庭财产报告书》，报告书上交到中共中央组织部。从1997年1月31日开始，县处级以上领导干部除进行家庭收入申报外，还要向本单位的组织人事部门报告本人、配偶、共同生活子女营建、买卖、出租私房和参加集资建房情况，社会团体、企事业单位县处级领导向本单位党委或党组报告上述情况。报告内容在单位领导班子内部或者规定范围内通报，或完全保密，外界并不知晓。

目前来看，很难获得财产申报制度在监督官员财产变动以及预防和惩治腐败方面的效果，但从1995年后中央查处的腐败案件看，财产申报并未起到应有的预警和惩治作用。黑龙江马德案中，马德1995年至2002年，敛财数额折合人民币为2385万元。国土资源部部长田凤山案，田先后收受贿赂，折合人民币503万元。黑龙江省政协主席韩桂芝在任黑龙江省委组织部副部长、部长、省委副书记期间收受钱款人民币950万元。辽宁"慕马案"，慕绥新于1993年至2000年，受贿的金额折合人民币661.4万元，并有269.5万余元财产不能说明来源。"工程巨贪"毕玉玺在1994年至2003年间，收受贿赂达1004万元。原河北省委常委、常务副省长丛福奎收受贿赂共计人民币936万余元。王怀忠于1994年9月至2001年3月，在担任安徽省阜阳市领导及安徽省副省长期间，索取、收受贿赂折合人民币517万余元，此外还有480万余元财产不能说明合法来源。1995年5月至1999年8月，胡长清在担任国务院宗教事务局副局长、江西省人民政府省长助理、副省长期间，收受索取钱物，折合人民币544万余元。1998年至2004年，吴振汉在任湖南省高级人民法院院长期间，收受贿赂合计人民币305万元。① 上述案件仅是这一时期查处案件的冰山一角，从上述信息看，这些腐败分子所在机关的组织人事部门、上级纪检监察部门及检察部门在案件侦破之前，对上述人员的巨额财产基本处于"无知"状态，这从侧面反映出财产申报并未起到对腐败的早期预警作用。

二、财产申报施行第二阶段

我国财产申报实施第二阶段为2006—2012年，主要特点是地方试点普遍展开。

2006年《关于党员领导干部报告个人有关事项的规定》取代了1997年《关于领导干部报告个人重大事项的规定》，2006年规定强调领导干部要就本人、子女、配偶在境外的工作、生活以及经营情况进行报告。报告个人有关事项，不同于中国共产党历史上建立的一般工作报告制度，报告的范围不是工作内容，而是个人生活领域。领导干部的个人生活既关系干部本人的形象，同时又会影响到党的形象。随着对外交流的日益频繁，国家工作人员配偶、子女移居国（境）外的情况日渐增多，有些官员利用配偶子女移居国外或定居国外的事实，转移非法财产，为防微杜渐，2006年的规定才应运而生。据统计，2006年至2008年，全国县处级以上领导干部共2 629 135人报告了个人有关事项，三年平均占同期应报告领导干部总人次的99.85%，报

---

① 高院原院长收受贿赂305万吴振汉落马轨迹［EB/OL］．西安新闻网，2004-12-17．

告人次逐年增加,填报内容不断规范。① 报告个人事项,需要填两份表格,一份是党员领导干部报告个人有关事项表,一份是领导干部收入申报表。2010年7月后,新的《领导干部报告个人有关事项》施行,填报表格有所增加。配偶子女未移居国外的填写两份表格。移居国外的,除填写上述表格外,还需填写配偶、子女均已移居国(境)外的有关情况报告表,若移居情况发生变动,还要填写情况变动报告表。单位发生变动的国家工作人员,要填写领导干部报告有关事项材料转交登记表。组织(人事)部门在干部监督工作和干部选拔任用工作中,纪检监察机关(机构)在履行职责时以及检察机关在查办职务犯罪案件时,经本机关、本单位主要负责人批准,可以查阅领导干部报告个人有关事项的材料。

从2006年后反腐败的实际情况看,收入申报以及个人重大事项报告对于预防腐败的作用仍有限。2006年全国各级法院共审结贪污贿赂、渎职犯罪案件23 733件。判处县处级以上国家工作人员825人,地厅级92人,省部级9人。② 2003年至2007年,最高人民检察院立案侦查贪污受贿10万元以上、挪用公款百万元以上案件35 255件,涉嫌犯罪的县处级以上国家工作人员13 929人,大案、要案占立案数的比例分别从2003年的46.8%和6.3%上升到2007年的58.3%和6.6%。③ 2008年全年各级检察院共立案侦查贪污贿赂、渎职侵权犯罪案件33 546件,涉及41 179人,已侦结提起公诉26 684件,涉及33 953人,人数分别比上年增加1%和10.1%。查办涉嫌犯罪的县处级以上国家工作人员2687人。2009年全年共立案侦查各类职务犯罪案件32 439件,41 531人,件数比上年减少3.3%,人数增加0.9%。查办涉嫌犯罪的县处级以上国家工作人员2670人。2010年全年共立案侦查各类职务犯罪案件32 909件44 085人,同比分别增加1.4%和6.1%。查办涉嫌犯罪的县

---

① 安徽省发展和改革委员会监察室. 加强对领导干部和国家工作人员管理监督的重大举措 [EB/OL]. 新华社, 2010 - 07 - 27.
② 肖扬. 2007年最高人民法院工作报告 [EB/OL]. 中国人大网, 2007 - 03 - 16.
③ 贾春旺. 2008年最高人民检察院工作报告 [EB/OL]. 中华人民共和国最高人民检察院官网, 2012 - 08 - 20.

处级以上国家工作人员2723人。① 上述被立案、侦查或审结的案件，多数案件的发现源于有关人员的举报，有些案件的发现则纯属意外，而通过申报收入和有关财产登记与事实情况不符，进而被发现贪污腐败的，无论是报刊、网络还是其他渠道都没有相关信息。据中共中央纪委2011年6月22日公布的数据：2010年全国共有1 672 902名领导干部报告了个人有关事项，其中报告住房情况851 353人，报告投资情况606 813人，报告配偶子女从业情况805 269人，对1581名领导干部存在的相关问题进行了纠正。② 此次公布的个人事项及纠正数据，在中央层面，尚属首次，但未公布细节。

第二阶段财产申报的最大亮点是地方试点的普遍推行。很多地区根据本地实际情况，制定相应制度并采取相应措施，自发的试行财产申报制度。一些地方政府，主要是县级人民政府或地级市的纪检部门，制定了适用于本地区的财产申报规范性文件，这些规范性文件不是行政立法，属于党内纪律和廉政监督性质，对该地区的党员干部具有规范作用。作为现有制度的补充，这些规范性文件总体上没有突破现有制度框架；作为财产申报制度的探索，其价值远在预防和控制腐败的成效之上。

地方最早自行探索财产申报的是新疆阿勒泰地区，之后，浙江慈溪、四川高县、重庆江北及开县、湖南浏阳和湘乡、上海浦东、安徽庐江等地相继要求县处级及县处级以下领导干部进行财产公开。地方自发进行财产公示，也从一个侧面表明，主要以党内监督和党纪、行政处罚为原则的现有财产申报制度执行并不理想。

2008年5月中共阿勒泰地区纪委、监察局、预防腐败办公室联合印发了《关于县（处）级领导干部财产申报的规定》，要求县处级及科级干部对汽车、住房、股票、证券、遗产继承、赠予、债权债务以及个人银行存款进行

---

① 曹建明.2009年最高人民检察院工作报告，2010年最高人民检察院工作报告，2011年最高人民检察院工作报告［EB/OL］.中华人民共和国最高人民检察院官网，2012－08－20.
② 中国去年167万名领导干部报告了个人有关事项［EB/OL］.新华网，2011－06－22.

申报。2009年1月1日阿勒泰廉政网公示了申报内容。首次进行财产申报的有三类人员：一是现任县（处）级干部；二是退休三年以内的县（处）级干部；三是地直单位部分重要岗位的科级干部。应申报对象共计1064人，已申报1056人，未申报8人。县（处）级干部应申报953人，已申报945人，未申报8人。科级干部应申报111人，全部申报。945名县（处）级干部的财产申报表在阿勒泰地区廉政网上公开，公开内容是上一年度的工资、奖金、津贴、补贴、福利，历年从事咨询、讲学、写作、审稿、书画等劳务所得，关系单位和个人赠送的礼金、有价证券、支付凭证、贵重礼品。科级干部财产申报不公开。阿勒泰财产申报主体范围广、财产范围宽、结果透明，因此官方乃至民间都称此次申报为"破冰之举"。阿勒泰地区的财产申报看似轰轰烈烈，实际上，就在财产申报刚启动时，当地就有七成官员明确表示反对。2009年8月，"推行官员财产申报制度第一人"吴伟平（阿勒泰地区纪委书记）因病去世，阿勒泰地区财产申报就此告一段落。

继阿勒泰地区之后，一些地方也开始探索财产申报及公示制度。大致分三类，一类是原有党内述职述廉制度的深化和延伸；第二类属于专项财产公示；第三类属于干部人事管理和任用制度改革。

浙江慈溪财产申报与公示属于第一种情况。2008年12月，浙江慈溪市纪委、组织部联合印发《慈溪市领导干部廉情公示暂行规定》，从2008年12月到2009年1月，慈溪市公示了700多名副科级干部及国有（控股）企业负责人财产。内容包括：本人、配偶及未成年子女名下的房产、私家车，以及出国（境）求学（定居）、经商办企业情况；因公因私出国（境）情况，有否借婚丧嫁娶大操大办、收受钱财以及参与赌博情况；有无利用职权职务便利或影响为本人、配偶、子女及其配偶，以及特定关系人谋取利益等。上述内容公示后由干部所在单位员工进行无记名投票，检测其真实性。这一探索具有财产申报的性质，但市纪委、组织部设计公示方案和办法的初衷主要是出于廉情公示。与"慈溪模式"相近的还有四川高县推行的基层官员财产登记制度以及上海浦东2009年底启动的领导干部廉洁自律信息系统。

湖南湘乡的财产公示属于第二类。2009年10月湘乡市要求县处级领导干部对住房情况进行申报,包括自建房、参与单位集资建房、购买福利房、经济适用房、商品房、租房、出卖和出租房屋情况,以及住房所在地址、产权所有人、建筑面积和使用面积、房屋造价或价格、付款数额、资金来源等。首次申报69人,申报结果在中国湘乡网和湘潭廉政网上公示,公示名单包括市委书记、市人大常委会主任、市长、市政协主席在内的9名市委常委,法院院长、检察院检察长、公安局政委、局长等所有正县级和副县级干部。69位领导干部中,申报2套住房的16人,申报3套住房的1人,申报0套住房的1人,其余51位均申报住房1套。在申报过程中,为验证申报情况,湘乡市纪委到房产部门一一核对档案。领导干部不报告或不如实报告,由所在党组织给予批评教育,责令如实报告;情节严重的按规定给予组织处理和纪律处分。① 湘乡的专项财产申报,尽管范围狭窄,但包含财产申报制度的主要构成要素,具有财产申报的性质。与湖南湘乡相较,重庆开县的财产公示更接近于财产申报制度。开县于2010年1月启动新任党政主要领导的财产申报,要求全县新任县级部门、县委各部、镇乡街道的党政正职领导干部,在任职或离职30日内,向县纪委、组织部主动申报家庭财产及收入,并在本单位公布。内容包括现金、存款、房产、汽车、股权股份、字画古董、经商办企业等9方面的财产以及从事其他经营活动的投资、收益。14名县级部门的一把手成为首批申报者,其中申报财产最低的为21万元,最高的为178万元。之后全县300多名领导干部逐步申报财产。②

安徽庐江的申报模式属于干部人事管理和任用制度改革性质(第三类)。2011年8月,庐江县要求拟提拔的副科级干部如实申报个人财产并向社会公示。内容包括:本人及配偶和共同生活子女所属的国(境)内外房产、地产(含车位);机动车;配偶、共同生活子女投资公司、企业、个体工商户情况;有价证券及其他投资性资产;5万元以上的银行存款(含现金、外币);债权、债务及其他非工资性收入。申报内容由所在单位党组织审核,单位主

---

① 湖南湘乡公示69名干部房产 书记住房面积最小[EB/OL]. 第一财经日报,2009-12-04.
② 汪宛夫. 领导干部申报财产的难点和出路[J]. 领导科学,2010(15):10-12.

要负责人签字确认后报送县纪委和县委组织部。对无正当理由不按时报告、不如实报告、隐瞒不报的，根据情节轻重，给予批评教育、限期整改、责令作出检查、诫勉谈话、通报批评或者调整工作岗位、取消提拔资格等处理；构成违纪的，给予纪律处分。宁夏银川、湖南浏阳的做法与安徽庐江拟任干部财产公示类似，这里不再赘述。自2009年新疆阿勒泰地区启动财产申报制度后，至2014年9月，全国财产申报制度的试点接近40个。

三、财产申报实施第三阶段

第三阶段为党的十八大以后直至目前，特点是中共中央开始财产申报试点，查核力度逐年加大。党的十八大后，中共中央决定试点财产申报及公示制度。2013年中共十八届三中全会提出推行新提任领导干部有关事项公开制度试点。广东省和陕西省最先试点。广东省委在《关于贯彻〈2010—2020年深化干部人事制度改革规划纲要〉的实施意见》中提出，官员财产申报要从"一把手"个人扩展到家庭成员。广东省在基层选择始兴县、横琴新区、南沙新区作为试点。南沙新区申报主体是副处级干部，始兴县、横琴新区申报主体是科级干部。申报内容包括：工资、福利、劳务、承包承租经营所得、津贴、奖金、汽车、投资、房产等。陕西省委于2014年6月要求省管正、副厅级领导干部和县党政正职，以及省直机关正处级领导干部，实行个人重大事项和家庭财产申报。同时要求新提拔领导干部对个人重大事项和家庭财产进行申报，不愿申报或不按时申报的不再作为提拔对象。内容包括：本人婚姻、持有因私出国（境）证件和出国情况；配偶、子女移居国（境）外情况和从业情况。本人及配偶和共同生活子女所属房产、车辆、银行存款、有价证券。

2014年1月，中共中央组织部印发《领导干部个人有关事项报告抽查核实办法》，财产申报核实制度开始实施。2014年，中共中央组织部抽查核实中管干部、省部级后备干部1550名，各地各单位抽查核实厅局级、县处级领导干部60 170名。5名拟提拔中管干部被取消提拔资格，数十名厅局级、县处级考察对象被取消提拔资格。① 2015 年，全国被抽查的领导干部中因不如实报告个人有关事项被取消提拔资格 3902 人，调离岗位 35 人，改任非领导职务 17 人，免职 58 人，降职 14 人；发现问题线索移交纪检监察机关给予党纪政纪处分 160 人；批评教育 4.16 万人，责令作出检查 1.43 万人，通报批评 856 人，诫勉 5891 人，取消后备干部资格 698 人。② 截至 2017 年 8 月，全国因不如实报告等问题，被暂缓任用或取消提拔重用资格、后备干部人选资格 1.1 万人，受到批评教育、责令作出检查 10.38 万人，诫勉 1.98 万人，组织处理 651 人，移交纪检监察机关处理 609 人。③

2017 年后，除中央层次的查核外，各省每年也会选择指定时间，进行抽查或者重点查核。对查核中出现的问题，组织人事部门会根据规定加以解决。2017 年 4 月，作为拟提拔考察对象，福建省某央企组织、人事部门对该企业部门负责人聂某个人有关事项报告进行查核，发现其有 172.42 平方米的房产未申报。聂某称该房产长期由儿子使用，导致遗忘，因此未做填报。公司组织人事部门对相关情况进行综合研判，认为该同志未报告房产属于瞒报，决定对其诫勉谈话，半年内不得提拔或者进一步任用。④ 2017 年 6 月，作为拟进一步任用人选考察对象，福建省委组织部对省属某高校某正职领导个人有关事项报告进行查核，发现其少报配偶投资的 3 家企业及儿子投资的 2 家企业。省委组织部要求其就填报情况与查核结果不符问题进行说明。该领导称：儿子投资的企业为多年前委托中介代为办理，未实际出资，已停止运营并委托注销；配偶投资的 2 家企业是代儿子投资，填报之前已退出。省委组织部会同省工商局进行查核，发现其子投资的 2 家企业早已停止运营，

---

① 盛若蔚. 中组部：5 名拟提拔中管干部被取消资格 [EB/OL]. 新华网, 2014-12-05.
② 2015 年全国领导干部个人有关事项报告抽查核实工作取得良好成效 [EB/OL]. 中国共产党新闻网, 2016-01-26.
③ 管筱璞. 领导干部个人有关事项报告——对党忠诚的试金石 [EB/OL]. 中国共产党新闻网, 2019-01-29.
④ 领导干部个人有关事项报告查核结果处理典型案例（三）[EB/OL]. 搜狐网, 2018-01-17.

与事实不符，其中1家企业在2016年还有营业收入；其配偶已从投资的2家企业撤资情况属实，但未办理工商变更手续，代儿子投资一事与事实不符。省委组织部认定该领导的行为属于瞒报，决定取消其考察对象资格。① 省级组织、人事部门还会对抽查总体情况予以公布，供社会监督。如青海省2018年5月启动第一批领导干部个人有关事项报告随机抽查工作，按照10%的比例随机抽取全省8个市、州407名副处级以上领导干部及配偶子女共1440人。本次查核共向各市、州组织部门反馈查核信息7434条。各市州组织部门将对抽查核实结果进行比对，对少报、漏报或未如实填报的领导干部作出处理。② 从第三阶段的情况看，领导干部个人有关事项报告制度在高压反腐的态势下，预防腐败的作用越来越直接，与前两个阶段相比进步明显。

第三节　构建符合中国国情的财产申报制度

通过对样本国家财产申报制度设计与实施状况的分析，我们发现，相对廉洁的国家，对财产申报制度的设计反倒较为粗糙，执行的力度不大；腐败现象明显的国家，制度设计反而周密细致，相对完善，执行也较为有力。这看似悖论，其实并不矛盾。每个国家都有自己的国情和传统，同样的行为在不同的民族、不同的国家和不同的时代，有着不同的性质；同样的制度设计或是同样的措施，在不同的民族、不同的国家和不同的时代实行，也会有不同的结果。"被人们接受的道德标准因地理和时代的不同而有所差异"，③ 既然存有差异，我们就必须承认差异，但差异不等于分歧和争论。这就要求我们在进行制度设计时，要有系统思维，进行整体思考。即使是"最廉洁的政

---

① 领导干部个人有关事项报告查核结果处理典型案例（十）[EB/OL].搜狐网，2018-01-28.
② 我省完成2018年度第一批领导干部个人有关事项报告随机抽查工作[EB/OL].青海省人民政府网，2018-08-18.
③ [英] 斯蒂芬·莫尔.权力与腐败：政府和大企业的腐烂核心[M].李锋，译.北京：新华出版社，2000：23.

府也不可避免地存在着弊端"①，同样，即便是相当腐败的政府，其在国家治理的某些方面也会有一定建树。在预防和惩治腐败制度设计时，很多国家都是既考虑本国的传统与实际，又考虑国际的环境与影响。因此，我国在设计财产申报制度时也要有整体思维和系统思维，既要参照和借鉴国外的做法与经验，更要考虑中国的传统与国情。

一、中国对样本国家财产申报制度的参照与借鉴

在世界范围内，设计和施行财产申报制度的切入点基本沿三个方向展开。北欧的瑞典、挪威、丹麦、芬兰、荷兰等国申报或登记财产，采取自愿方式，不涉及具体惩罚措施，制度初衷是基于对公共行政的信任，体现对公职人员公民信用的肯定与承认，属于财产申报制度的最高境界，有中国古代"无为而治"的意味。英国、澳大利亚、新西兰、加拿大、德国等国则强调透明度，即行政透明。而法国、西班牙、意大利、韩国、南非、土耳其、马来西亚、俄罗斯、菲律宾、哈萨克斯坦、泰国等国更强调对公职人员更大程度的不信任，采取财产公示主要的关注点是公职人员在任期内是否积累了"超过正常"的财富，目的在于预防和打击腐败。② 美国财产申报制度的出台与其他国家又有差别，如1978年《政府道德法》有加强公务员伦理建设的因素，也存在政治投机和年轻政治家政治热情的推动。我国当前选择财产申报应该介于第二和第三层次之间，但更倾向于第三层次。因此第一、第二层次的财产申报制度对于我国可能具有参照作用，第三层次财产申报对我国具有借鉴价值。

样本国家中，目前（2021年）已同中国签订共建"一带一路"合作文件的国家包括：新西兰、新加坡、爱沙尼亚、意大利、韩国、南非、土耳

---

① ［英］斯蒂芬·莫尔. 权力与腐败：政府和大企业的腐烂核心［M］. 李锋，译. 北京：新华出版社，2000：38.
② POPA F M. Conflict of Interest and Integrity in Public Administration in CEE Countries: Comparative Analysis［J］. Journal of Public Administration Finance and Law, 2013, 2(3).

其、马来西亚、俄罗斯、印度尼西亚、巴基斯坦、菲律宾、哈萨克斯坦、泰国、乌克兰、肯尼亚、坦桑尼亚、越南，这18国占样本国家的60%。从"一带一路"的目的、原则和意义看，这些国家在预防和惩治腐败领域的措施对我国更有借鉴意义，而上述国家财产申报制度基本属于第三层次。下面将从这些国家的"政府质量""腐败控制"两个变量来分析上述国家中的预防和惩治腐败制度对我国的借鉴意义。

在分析上述问题时，我们将借助世界银行发布的全球治理指标[①]所测量的各国"政府效率"和"腐败控制"评价值作为分析工具。每个国家都有本国的实际情况，世界银行选取的评价标准有限，因此得出的全球治理指标（WGI）对每一国而言，仅具参考价值，其实际的治理情况会与世界银行的指标存在偏离和差异。本课题组认为，"政府效率"和"腐败控制"评价值与我国接近的国家，其预防和惩治腐败制度，我们更应该借鉴。为研究便利，本课题组将上述国家按地域分为三类，分别与中国进行比较，由于新西兰在财产申报制度上属于第二层次，下文将不做分析。

（一）中国与亚洲国家比较

样本国家中，与我国签订"一带一路"合作文件的亚洲国家有新加坡、韩国、马来西亚、印度尼西亚、巴基斯坦、哈萨克斯坦、菲律宾、泰国、越南等国。世界银行采用的"政府效率"和"腐败控制"评价值介于 -2.5 到 2.5 之间，-2.5 表示效率低和控制弱；数值增加，表示政府效率逐渐提高及腐败控制逐渐增强；2.5 表示效率最高，控制最强。上述国家的两项指标比较见图 8-1 和 8-2。

从图 8-1 显示的政府效率变化趋势看，10 年间我国与越南、印度尼西亚、菲律宾、泰国均位于 -0.50 到 0.50 这一区间，政府效率较为接近，与新加坡和韩国相比，属于低效率国家。在 2013 年以前的五年间，即党的十八大召开以前，我国的政府效率与菲律宾、泰国最为接近；党的十八大以后，

---

① 世界银行自 1996 年起每年公布全球治理指标（WGI），从话语权与问责、政局稳定与杜绝暴力、政府效率、监管质量、法治、腐败控制等 6 个方面对 200 多个国家和地区政府施政进行评分。本节分析采用世界银行公布的最新数据。

我国的政府效率有所提升，与泰国最为接近，而菲律宾的政府效率有所下降。

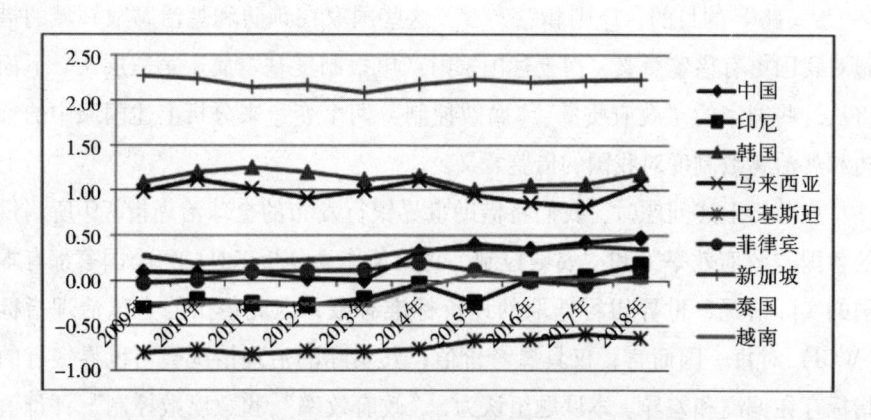

图 8-1 中国与亚洲其他 8 国 2009—2018 年政府效率对比图

从图 8-2 显示的腐败控制趋势看，从 2013 年到 2018 年，中国、韩国和印度尼西亚反腐败的趋势持续增强，力度逐年加大。其他几国对腐败的控制 5 年间波动较大，在 2014—2016 年间力度减弱，2017 年后对腐败的控制力度开始加大。5 年间，从总体控制力度看，中国与韩国、越南、马来西亚处于同一水准。

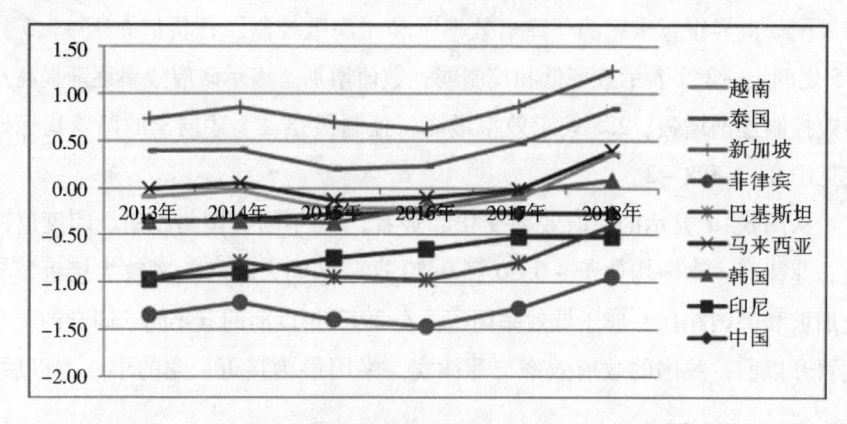

图 8-2 中国与亚洲其他 8 国 2013—2018 年腐败控制对比图

对"政府效率"及"腐败控制"评价值综合考量，我国应该与泰国和越南最为接近。因此，与其他的几个亚洲国家相比，泰国和越南的财产申报制度更应成为我国借鉴的对象。越南与我国都是社会主义国家，在执政党领导、党的建设、政府管理体制以及具体国情上有诸多相似之处，因此，在借鉴时，应该重点考虑越南的情况。

泰国财产申报制度的最大特色是将财产申报上升到宪法的高度，在宪法里直接规定实行该项制度。我国现在实行的《领导干部报告个人有关事项的规定》也具有宪法上的依据。我国宪法第 2 条"人民依照法律规定，通过各种途径和形式，管理国家事务，管理经济和文化事业，管理社会事务"；宪法第 27 条"一切国家机关和国家工作人员必须依靠人民的支持，经常保持同人民的密切联系，倾听人民的意见和建议，接受人民的监督，努力为人民服务"；宪法第 41 条"中华人民共和国公民对于任何国家机关和国家工作人员，有提出批评和建议的权利；对于任何国家机关和国家工作人员的违法失职行为，有向有关国家机关提出申诉、控告或者检举的权利"。上述条款就可以作为财产申报制度法治化的宪法依据。当然在修订宪法时，我们也可以参照泰国，直接将财产申报制度原则性地写进宪法。

泰国和越南都要求一定级别以上的国家公职人员申报财产，这与我国当前的制度基本一致；泰国财产申报资料的主要内容对社会公开，而越南在公开与保密环节上较为复杂，根据不同对象、不同情形采取对内公开、对外公开和对外保密三种方式，这也可以作为我国未来财产申报资料是否公开的参考方式。两国财产申报制度的其他要素前文已有论述，不再重复。

（二）中国与欧洲国家比较

样本国家中与我国签订共建"一带一路"合作文件的欧洲国家有爱沙尼亚、意大利、俄罗斯、土耳其、乌克兰。上述国家"政府效率"与"腐败控制"两项指标与我国的比较见图 8-3 和 8-4。

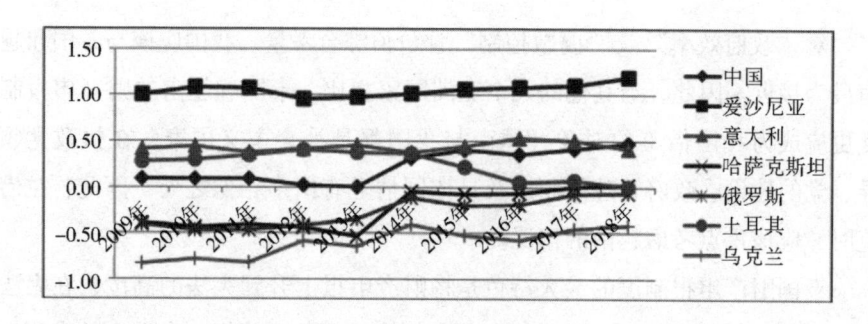

图 8-3　中国与意大利、俄罗斯等国 2009—2018 年政府效率对比图

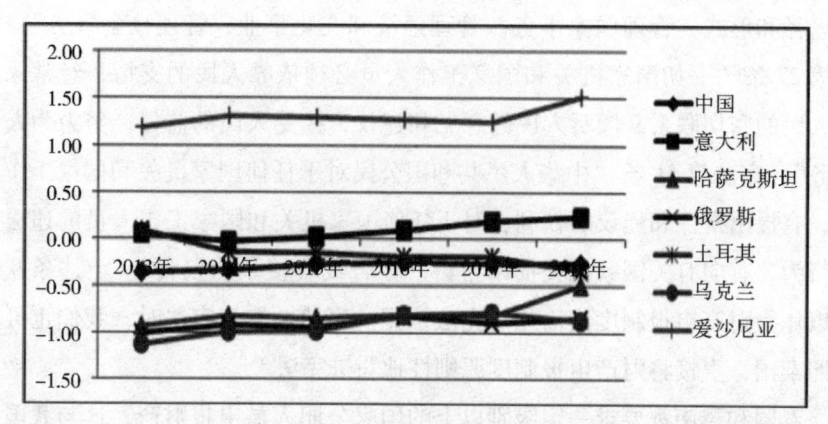

图 8-4　中国与意大利、俄罗斯等国 2013—2018 年腐败控制对比图

从图 8-3 显示的政府效率变化趋势看，10 年间，我国与土耳其和意大利均位于 0.00 到 0.50 这一区间，政府效率较为接近，低于爱沙尼亚，高于俄罗斯以及乌克兰。我国的政府效率在党的十八大以后有了明显提升；意大利政府效率在 2016 年后有所下降；2013 年后，土耳其政府效率下降明显，已接近俄罗斯。从图 8-4 显示的腐败控制趋势看，中国与土耳其最为接近。在腐败现象严重的国家中，中国对腐败问题的控制明显强于俄罗斯以及乌克兰。在"政府效率"及"腐败控制"两项指标上，我国与土耳其最为接近，因此根据前提假设，我们认为，我国构建财产申报制度，可以借鉴土耳其财产申报制度的某些做法。在土耳其的财产申报制度中，礼品管理、不同主体规定不同的初任申报期限、多部门受理申报资料、成立单独专职机构审核申

报资料、制裁上的行政结合刑事处分、加强行政伦理和行政道德建设的立法目的以及为配合财产申报而实行的申诉专员制度等都是土耳其财产申报制度的特色，我们在进行制度设计时，均可作为参考。

（三）中国与非洲国家比较

样本国家中与我国签订共建"一带一路"合作文件的非洲国家有坦桑尼亚、肯尼亚和南非。从图8-5体现的趋势看，以2013年为界，2013年—2018年中国与上述三国的政府效率均明显高于前五年。10年来，中国政府的效率始终位于0.00~0.50这一区间，而上述三国基本在此区间以下。上述三国中，坦桑尼亚政府的效率最低，2009—2013年5年间，均在-1.00至-1.50之间。在政府效率上，与中国最为接近的是肯尼亚。

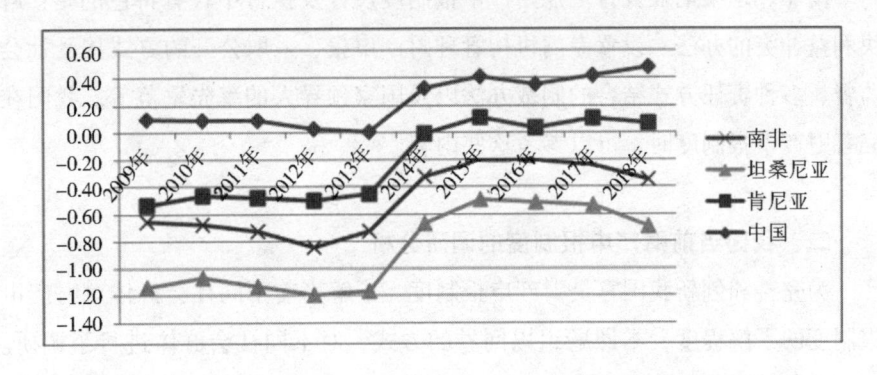

图8-5 中国与坦桑尼亚、肯尼亚、南非2009—2018年政府效率对比图

如图8-6所示，2013年至2018年，中国与上述三国在腐败控制的趋势上，总体倾向一致，控制力度在增强，但由于打击腐败与控制腐败是一个长期的过程，因此，对于腐败现象较严重或严重的国家，按照世界银行的指标评价体系，短期内基本不会走出弱控制的趋势。从2017年和2018年的趋势判断，中国与南非和坦桑尼亚的腐败控制程度较为接近。结合上文对肯尼亚的分析，我们认为，我国构建财产申报制度，可以参考上述三国的一些做法。

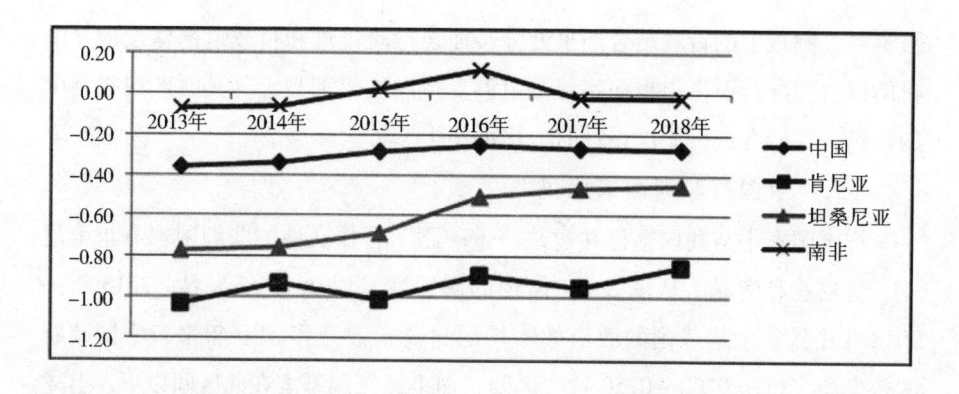

图8-6 中国与坦桑尼亚、肯尼亚、南非2013—2018年腐败控制对比图

南非、坦桑尼亚及肯尼亚财产申报制度设计及执行中较有特色的是：解决利益冲突的办法、设置专门机构管理财产申报、采取公开的方式接受社会监督、多种责任方式结合的制裁办法以及国家领导人的率先垂范等。我国在完善财产申报制度时，可以参考这些内容。

二、我国当前财产申报制度的调研分析

为完善和创新我国官员财产申报制度，了解当前不同社会群体对财产申报制度的了解程度，本课题组以问卷的方式，对不同社会群体进行了调研。通过分析调研结果，可以总结出受访者认知的财产申报制度影响因素、施行财产申报制度的阻力、动力以及构建财产申报制度的方式。

调研选择公务员、企事业单位管理人员、律师、教师、大学生、普通群众及其他人群作为调研对象，因工作及时间因素所限，选择黑龙江省哈尔滨市作为调研地点。问卷除基本信息外，共设计了17个与财产申报制度有关的问题，受访人群采用单项选择的方式进行回答。调研中共发放问卷520份，回收筛选有效问卷484份，有效率为93.08%。具体调研情况分析如下。

（一）基本信息

问卷设计的受访者基本信息包括性别、年龄、职业、学历及行政级别，受访者的年龄、行政级别及学历等因素都与对财产申报制度的认知存在一定

关联。接受本次调查的男性为 280 人，占 57.85%，女性 204 人，占 42.15%。男性中，20~29 岁 127 人，30~39 岁 87 人，40~49 岁 48 人，50~59 岁 18 人。女性中，20~29 岁 88 人，30~39 岁 63 人，40~49 岁 43 人，50~59 岁 10 人。调研对象男女比例基本合理。经测算分析，年龄段与对财产申报制度了解程度的 Gamma 等级相关系数为 .216（P = .001），两者呈现显著的正相关。

从职业分布看，受访者中公务员为 77 人，占比 15.9%；企事业单位管理人员或工作人员为 103 人，占比 21.3%；律师 70 人，占比 14.5%；教师 29 人，占比 6.0%；普通群众 100 人，占比 20.7%；学生 90 人，占比 18.6%，其他为 15 人。调研对象职业比例基本合理。从学历情况看，受访者中大专及本科以上学历人数最多，共 334 人，硕士 76 人，博士 16 人，中专以下 58 人。总体来看，受访者学历较高。经测算，年龄段、学历与对财产申报制度了解程度的 Gamma 等级相关系数为 .378（P = .000），两者呈现显著的正相关。

受访者中没有行政职务和级别的为 308 人，占比 63.6%，有行政级别的人数从低到高依次为科员、副科、正科、正处、副处、副厅和正厅，占比共为 36.4%。经测算，受访者行政级别和对财产申报制度了解程度的 Gamma 等级相关系数是 - .439（p = .000），两者呈显著的负相关关系，即受访的有行政级别的群体与对财产申报制度的认同程度存在着对立关系。

（二）受访者对财产申报制度的基本认知

问卷从是否了解财产申报制度、财产申报制度预防腐败的效果、是否支持财产申报制度、财产申报制度的发展前景以及是否侵犯个人隐私权五个视角来判断受访者对该制度的基本了解情况和对待该制度的态度。

受访者了解一点该制度的占比最多，很了解的占比最少，完全不了解财产申报制度的有 122 人，占比 25.2%。有四分之一左右的群体不了解该项制度，说明自 20 世纪 90 年代以来推行的无论是收入申报还是重大事项或有关事项报告制度在社会上的影响并不普遍，这大概与申报材料不公示，也与宣传力度不够或是有关群体对此问题并不关心有关。总体来看，比较了解的仍占大多数,这说明财产申报制度有一定的舆论和民意基础。

在关于财产申报制度能否有效预防腐败的问题上,有19.8%的受访者认为不会起太大作用,30.8%的受访者对于财产申报能否预防官员腐败不清楚,49.4%的受访者认为财产申报对预防腐败作用明显。财产申报在实践中,有预防腐败的效果。预防腐败的制度和行之有效的做法有多种。任何一项制度都不能包医百病,受访者的认知基本反映了社会现实。预防腐败和惩治腐败应该多管齐下。财产申报更多的是强调监督,关注公职人员的行政伦理和行政诚信,总体上属于防患于未然的制度设计。实际上,一个政治体根除腐败是不可能的,财产申报制度仅是预防腐败的一种途径。经测算,行政级别与判断财产申报制度预防腐败效果的 Gamma 等级相关系数是 .261（p = .000）,两者呈显著的正相关,即有行政级别的受访者认同财产申报制度预防腐败的效果;受访者学历与判断财产申报制度预防腐败效果的 Gamma 等级相关系数是 .150（p = .039）,两者呈正相关,即受访者学历的高低会影响对财产申报制度预防腐败效果的判断,学历越高,认同度越高。

在关于是否支持实施财产申报制度这一问题上,受访者中有62.5%的人表示支持;有12.3%的受访者表示不支持;有25.2%的人认为自己不了解该制度,因此选择了无所谓的态度。对我国财产申报制度在未来的发展前景,受访者中有61.7%的人表示看好,有18.6%的人不看好这项制度;19.7%的人认为无所谓,对该制度的未来发展并不关心。

财产申报制度是否侵犯官员个人隐私权的问题,是该制度自出现以来讨论最激烈的问题,无论是国际上还是国内,都有以官员个人隐私权来对抗公众知情权的争论。目前,在这一问题上,理论界基本达成共识,官员财产公开不属于官员的个人隐私问题,不能以个人隐私权来对抗公众知情权。国际上,类似案例较少,研究中,很多学者都较为关注美国联邦第五上诉法院判决的普兰特诉冈萨雷斯案（1976年）、杜普兰提尔诉联邦案（1979年）以及第二上诉法院判决的巴里诉纽约市案（1975年）。三个案件的结论基本是财产公开不属于隐私权中的自治范畴。在权利保护的序列上,官员财产公开具有高于个人隐私保护的价值，应该给予优先保护。① 有28.2%的受访者认为财产申报与公开侵犯了官员的个人隐私权，71.8%的受访者认为财产申报与公开并不侵犯官员的个人隐私权。对比来看，财产申报与公开不侵犯官员个人隐私权的结论已基本为大多数受访者所接受，应该是社会群体的主流意见。

值得注意的是在财产申报是否侵犯个人隐私权的问题上，有行政级别受访者的选择倾向于侵犯个人隐私权。51.2%的副科、35.3%的正科、14.3%的副处、44.4%的正处、66.7%的副厅、100%的正厅选择了侵犯个人隐私权。

（三）影响财产申报制度实施的因素

影响财产申报制度有效实施的因素很多，有些是主要因素，有些是次要因素，但主要与次要也是相对的。任何制度在实践中都有复杂性、曲折性和风险性。适合某个环境的反腐败措施在别的环境里可能失效或有害②，而且"行为常常是通过互动产生结果，而这些结果不能通过线性模型来理解"③。尽管如此，分清主要因素和次要因素仍十分必要，抓住影响事物发展的主要矛盾，对指导实践和提升理论都有重要价值。调研中，把法律强制力、申报公示体系、社会监督、责任追究机制、高层推动作为主要指标进行分析，探讨上述因素中哪些因素影响了财产申报制度的有效实施。

如图8-7所示，调研中所列影响因素均不同程度地影响了财产申报制度的有效实施，从主次排序看，选择申报公示体系不完善的受访者占比32%，其次为法律强制力不够，占比24.40%，其他影响因素排序依次为缺少责任追究机制、社会监督不足以及领导高层推动不足。因此，财产公示环节以及财产申报制度的法律强制力不足应该是当前影响财产申报制度有效实

---

① 李松锋. 官员财产公开与个人隐私保护——美国故事［J］. 财经法学，2015（4）：118-128.
② ［美］迈克尔·约翰斯顿. 腐败征候群：财富、权力和民主［M］. 袁建华，译. 上海：上海人民出版社，2009：206.
③ ［美］罗伯特·杰维斯. 系统效应：政治与社会生活中的复杂性［M］. 李少军，杨少华，官志雄，译. 上海：上海人民出版社，2008：37.

施的主要因素，其他为次要因素。为使财产申报制度能够有效发挥作用，财产申报立法以及增加公示环节至为重要。

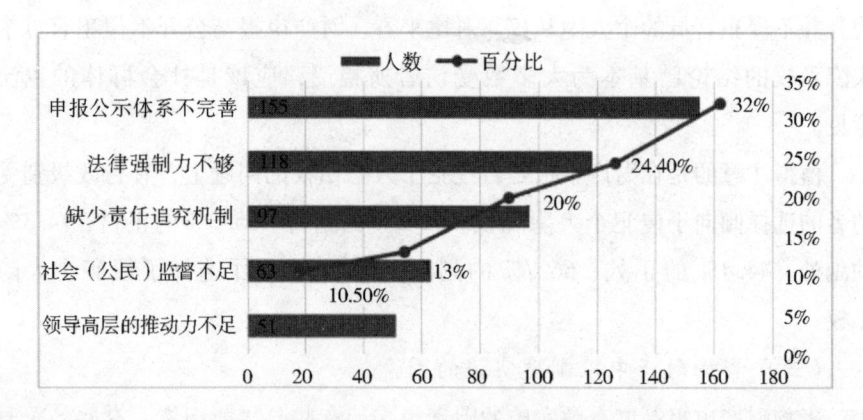

因素	人数	百分比
申报公示体系不完善	155	32%
法律强制力不够	118	24.40%
缺少责任追究机制	97	20%
社会（公民）监督不足	63	13%
领导高层的推动力不足	51	10.50%

图 8-7 影响财产申报制度有效实施因素分析图

此外，官员的普遍不支持也是影响财产申报制度有效实施的重要因素。造成官员不支持财产申报的主要心理因素是藏富心理。在仕途心理、保护个人隐私心理以及藏富心理三个选项中，有49.80%的受访者认为，藏富心理是官员不支持财产申报的主要原因。藏富心理有强大的传统文化基因。"夫贵者必富，而富者未必贵也。故士之欲贵，乃为富也；然欲富进，非为贵也。从是观之，富，人之所极愿也"。由此来看，为官必富在专制社会有着悠久的历史。虽"富与贵是人之所欲"，但"不以其道得之，不处也"。官僚虽有钱有势，但政权却专属皇帝，因而为官风险极大，一不小心不但会丧失财产，就连命也难保，尽管按费孝通的研究做官本为保财保命，然而"富无仁义，犹圈中之鹿，栏中之羊也"①。关键是取财要有道，但有道之财未必就有天然豁免权，"普天之下，莫非王土"，官员得财就是与帝王争利，安全系数并不高；不道之财更是罪无可逭，因此对于官僚的富，无论道德还是法律

---

① 徐坚. 初学记 [M]. 北京：中华书局，1962：441-442.

都有严格要求。道德上,要求"富而有礼"①"富而无骄"②"富而能臣"③"君子能修身以假道者,不能枉道而假财也"④,应该不生不义之财。法律上则贪污受贿、交结迎送、侵欺挪移一律禁止。然而没有财富,官僚自身又无法生存。既想有财,又怕遭风险,最为稳妥的便是藏富。导致官员藏富的因素还在于皇权对官僚的控制,以及官僚之间上级对下级的控制,上级知道越多,则对自己越危险,上级掌握自己的财产状况,并不在于你是否贪污,而是在于随时可以贪污之名弹劾你,由此一张控制之网便在官僚的上空笼罩,其阴影会使一众官僚望而生畏。藏富心理并不符合市场经济观念,因此现代财产制度和财富理论都抛弃了诸多不合时宜的传统观念,但传统的观念并不会因制度和理论上的不存在,就会在人们的思想里消失,藏富心里的潜在影响还将继续存在。

(四) 实施财产申报制度的阻力与动力

实施财产申报制度既有法律层次、制度层次的阻力,也有认识层次的阻力。问卷设计时将领导干部的抵制心理、实施财产申报会引发巨大社会风险、条件尚不成熟、申报制度自身存在问题、宣传贯彻不够五要素作为主要阻力进行分析,调研结果见图8-8。受访者中有36.20%的人认为部分领导干部的抵制心理是实施财产申报的主要阻力,28.30%的受访者认为条件不成熟是当前实施财产申报制度的主要阻力,认为存在巨大社会风险、制度自身存在问题以及宣传不够的受访者各占26.20%、6.60%、2.70%。实际上,上述五个因素都不同程度地阻碍了财产申报制度的有效实施。从统计结果看,受访者更倾向于将领导干部的抵制心理作为主要障碍。领导干部的抵制心理即领导干部对财产申报制度并不认同或者认同度较低。制度认同是个体对制度的肯定以及基于肯定产生的对制度的信赖感和归属感。全国人大原法律委员会副主任委员、中纪委副书记刘锡荣认为:"肯定有的领导干部愿意,

---

① 杨天宇. 礼记译注(下) [M]. 上海:上海古籍出版社,2004:725.
② 杨伯峻. 论语译注 [M]. 北京:中华书局,1980:9.
③ 杨伯峻. 春秋左传注 [M]. 北京:中华书局,1990:1592.
④ 王利器. 盐铁论校注 [M]. 北京:中华书局,1992:221.

有的不愿意,有的还想最好不要监督"①,曾有省部级官员称"为什么不公布老百姓财产",有研究显示"腐败的官员肯定反对公开自己的财产,即使申报也一定瞒报。大部分官员出于种种考虑,也会在心理上有抵触"②。财产申报对领导干部来讲并非是利益的获得,在某种前提下,还有可能是利益的丧失,从个人利益最大化角度看,官员不支持、甚至反对这项制度并不违反个人理性。基于此种个人理性产生的对财产申报制度的认同趋向于不信赖,官员对此制度没有归属感。对制度价值的不肯定,为制度变迁设置了障碍。

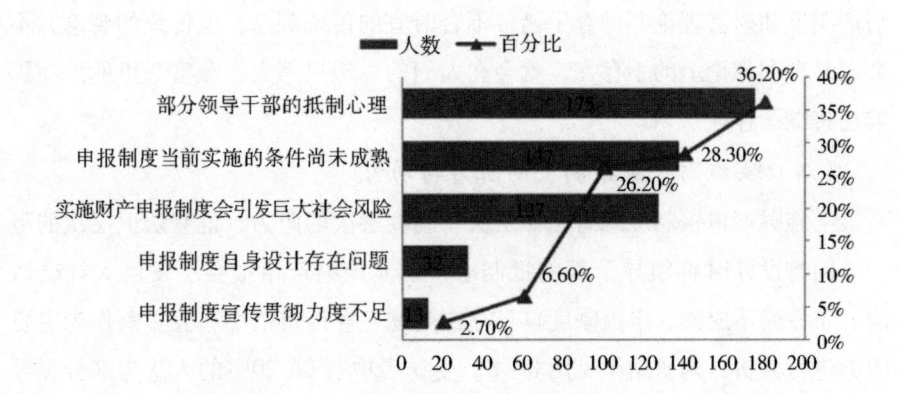

图 8-8 实施财产申报的阻力因素分析图

关于财产申报的动力,问卷将民众的强烈诉求、党和政府高层推动、反腐败严峻形势以及财产公开的吸引力作为主要动力进行调研分析。调研结果见图 8-9。有 39.70% 的受访者将当前反腐败的严峻形势作为完善财产申报制度的主要动力,有 32.9% 的受访者认为党政高层的推动是财产申报制度的主要动力。选择民意诉求以及财产申报最终有效公开的吸引力作为主要动力的各占 18.80% 和 7.90%。党的十九大报告指出:不敢腐的目标初步实现,

---

① 赵泽洪,常玲. 领导干部财产申报的社会心理分析 [J]. 领导科学,2010 (15):12-14.
② 刘述康. 对我国官员财产申报制度难以建立的原因探究 [J]. 湘潮 (下半月) (理论),2009 (10):20-21.

<<< 第八章 构建符合中国国情的财产申报制度

不能腐的笼子越扎越牢，不想腐的堤坝正在构筑，反腐败斗争压倒性态势已经形成并巩固发展。党的十八大以后，反腐败的力度空前加大，从 2012 年 12 月到 2019 年 9 月共有 188 名省部级领导因为腐败问题落马。① 但是反腐败形势依然严峻。因此，尽管党的十八大以后反腐败取得了一定成效，但反腐败永远在路上。在强力反腐的态势下，制度建设便显得尤为重要。很多国家财产申报制度的最终实行，领导高层，尤其是主要领导人起到了关键性作用，因此高层推动也应该是推行财产申报制度的重要动力。

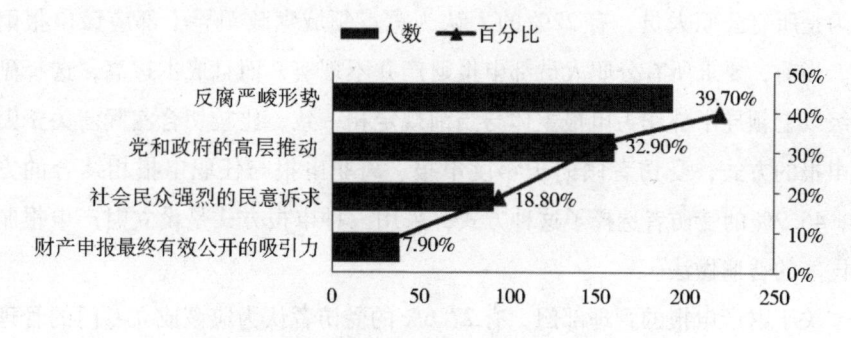

图 8-9　设立财产申报制度的主要动力因素分析图

（五）财产申报制度的构成要素及制度设计

财产申报制度的构成要素包括申报主体、申报内容、申报方式、管理部门、是否公开、责任方式、实施路径等，问卷对上述要素进行了全面设计。调研结果分析如下：

关于财产申报是否需要立法的问题，有 86.2% 的受访者认为应该立法，13.8% 的人认为可以不采取立法的方式。当前《领导干部报告有关事项的规定》属于规范性文件，不属于法律范畴，效力较低，采取立法的形式是大势所趋。样本国家中有 21 个国家对财产申报采用了立法的形式。有些国家将财产申报作为反腐败法的一部分，如越南、爱沙尼亚、乌拉圭、俄罗斯；有的国家通过单行立法规定官员进行财产申报，如加拿大、法国、韩国、日

---

① 十八大以来落马 145 人，十九大以来截至 2019 年 9 月又 43 人 [EB/OL]. 中国经济网，2019-10-13.

本、美国；有的国家把财产申报纳入宪法之中，如泰国。德国、澳大利亚、新加坡等9国采用守则、条例、规定、准则等方式确立财产申报制度。样本国家中采取立法形式确立财产申报的国家占70%，立法应该是确立财产申报的主流形式。因此，我国构建财产申报制度，建议采取立法的形式，或单行立法，或作为其他相关法律的章节。

关于哪类官员应该成为财产申报的主体，受访者倾向于以下三类主体应该申报财产：有30.9%的人认为是副处级以上党政领导干部，有32.8%的人认为是所有公职人员，有22%的人认为重点领域党政领导干部应该申报财产。当前，要求所有公职人员都申报财产并不现实，而且成本过高，选择副处级以上领导干部作为申报主体与当前规定相一致，比较切合实际。关于财产申报的方式，受访者倾向于年度申报、离职申报与任职申报相结合的方式，46.9%的受访者选择了这种方式，采用三种申报方式是设立财产申报制度国家的普遍做法。

关于财产申报的管理部门，有27.6%的受访者认为应该成立专门的管理审核部门对财产申报进行管理，有47.5%的受访者认为应该由纪检、监察、组织、人事部门共同承担。样本国家中，有些国家就采用多部门管理的方式，成立独立管理部门的国家也不在少数。当前，我国受理个人事项报告的部门是组织和人事部门。至于是由多部门管理还是成立专门部门管理，在实践中应该考虑哪种情形更为方便管理且能够起到管理和审核的作用，还要节约运行成本。

在财产申报资料能否公开以及在多大范围内公开这一问题上，选择网上定期公开的受访者占45.7%，选择秘密申报、不公开的受访者占35.1%。50.0%的公务员以及51.5%的企事业单位管理人员赞同秘密申报，申报材料不进行公示。26.3%的公务员以及21.4%的企事业单位管理人员赞同在单位内部公示，同意网上定期公示的公务员及企事业单位管理人员各占23.7%和27.1%。也就是说上述两类主体的主要倾向是不赞同对财产申报资料进行公示。

对于漏报、瞒报、谎报等违反财产申报的情形应该承担哪类责任，有67.9%的受访者认为应该采取纪律处分、行政处分以及刑事处罚相结合的方式。根据违反财产申报的不同情形,采用不同的处罚方式,是国际上较为普遍的做法。我国目前仅采用党纪政纪处分,处分太轻。

对于财产申报制度的实施路径,有44.6%的受访者赞同自上而下,高层领导带头的路径选择,有15.7%的受访者赞同自下而上,采取地方试点突破的路径,39.7%的受访者认为自下而上和自上而下相结合的路径更为合适。对比来看,高层带头对于财产申报制度的有效实施非常关键。

三、官员财产申报制度的完善与创新

完善与创新官员财产申报制度,必须在我国的政治和法律框架内完成,这是大前提。宪法规定公民的合法私有财产不受侵犯。因此,在完善和创新财产申报制度时,必须保证申报主体的合法私有财产得到法律保护,不能没有法律依据地将官员的合法财产宣布为非法或来历不明财产。同时财产申报制度不能与现行的《中华人民共和国公务员法》《中华人民共和国刑法》等相关法律相冲突,这也是一个前提。

当前我国领导干部报告有关事项已经实行多年,有了很多经验,财产申报法治化的条件基本成熟。因此,对报告个人事项中涉及财产报告的部分进行立法,是制度创新的关键。但立法必须按照规定的程序,有规范、有秩序地进行。对财产申报进行立法除必须遵守立法的实体性规范及程序性规范外,在具体的立法中,还必须考虑财产申报与其他预防及惩治腐败法律、制度的衔接,以及财产申报法自身的设计。

(一)制度衔接及采取形式

当前,以宪法为依据,全国人大和国务院制定了一系列反腐倡廉法律法规;以《中国共产党章程》为依据,制定了一系列中国共产党党内制度,逐步形成了一整套反腐败和廉政建设制度体系。财产申报法应该归属于这一体系。但财产申报制度要想融入这一体系并最终发挥预防腐败的作用,必须考虑它与其他法律法规及党内规定的适应和衔接问题。

在理论及指导思想上,反腐败和廉政建设的法律法规与党内制度并不冲突。在反腐败和廉政建设问题上,我国一直坚持标本兼治、综合治理、惩防

并举、注重预防的方针。但在技术层次上，相关规定互相冲突的现象依然存在。因此，在立法之前，必须对反腐倡廉的规范性文件加以清理。我国反腐败和廉政建设制度体系包括五个大的方面：党员领导干部廉洁从政行为准则和道德规范；权力制约和监督法律法规；惩处违法违纪实体性法律法规；惩处违法违纪程序性法律法规；预防腐败法律法规。第一方面的文件包括：《中国共产党廉洁自律准则》（2016年）、《中共中央纪委关于严格禁止利用职务上的便利谋取不正当利益的若干规定》（2007年）、《国有企业领导人员廉洁从业若干规定》（2009年）、《关于对党和国家机关工作人员在国内交往中收受礼品实行登记制度的规定》（1995年）、《领导干部报告个人有关事项规定》（2017年）、《关于对配偶子女均已移居国（境）外的国家工作人员加强管理的暂行规定》（2010年）。第二方面的规定有：《中华人民共和国各级人民代表大会常务委员会监督法》（2007年）、《中华人民共和国监察法》（2018年）、《中华人民共和国审计法》（2006年修订）、《中华人民共和国行政复议法》（2017年修正）、《中华人民共和国行政诉讼法》（2017年修正）、《中国共产党党内监督条例》（2016年）、《中国共产党巡视工作条例》（2017年）、《关于对党员领导干部进行诫勉谈话和函询的暂行办法》（2005年）、《关于党员领导干部述职述廉的暂行规定》（2005年）。第三方面的规定有：《中华人民共和国刑法》（2017年）、《中国共产党纪律处分条例》（2018年）、《行政机关公务员处分条例》（2007年）。第四方面的法律法规有：《中华人民共和国刑事诉讼法》（2018年修正）、《人民检察院刑事诉讼规则》（2013年）、《中国共产党纪律检查机关案件检查工作条例》（1994年）。第五方面的法律法规有：《中华人民共和国行政许可法》（2019年修正）、《中华人民共和国公务员法》（2018年修订）、《中华人民共和国政府采购法》（2014年修正）、《中华人民共和国反垄断法》（2008年）、《中华人民共和国招标投标法》（2017年修正）、《中华人民共和国法官法》（2019年修正）、《中华人民共和国检察官法》（2019年修正）、《中华人民共和国人民警察法》（2012年修正）。上述效力不等的规范性文件在发挥了预防和惩治腐败作用的同时，也不可避免地会出现内容或程序上的交叉、重复，因此在制定财产申

<<< 第八章 构建符合中国国情的财产申报制度

报法时，有必要对上述规范性文件中存在的与财产申报不适应、不协调的规定进行清理，提出废止或修改的建议。通过法规清理可以为财产申报立法扫清技术上的障碍。

根据对样本国家财产申报制度分析的结果以及问卷调查中受访者的主要态度，完善和创新财产申报制度应该采用立法的方式。制度是一个社会的博弈规则，是人为设计的、规范人们互动关系的约束。制度约束包括两方面，有时它禁止人们从事某种活动，有时则界定在什么样的条件下某些人可以从事某种活动。制度是人类发生相互交往的框架，它由正式的成文规则以及非正式规则组成。正式规则或非正式约束在实际中都会被违反，因此制度需要惩罚体系。正式的规则为社会提供了确定的秩序，"然而正式规则，即便是在那些最发达的经济中，也只是形塑选择的约束的很小一部分"[1]，即便是这很小的一部分也处于动态变动之中。制度在社会中的主要作用是通过建立互动的稳定结构来减少不确定性，制度的稳定性不否定它要处于变迁之中。财产申报制度作为预防腐败的制度，在中国一直处于党纪政纪的约束层次。党纪、政纪约束不同于由正式法律系统形成的正式规则，尽管它们也具有约束作用，但二者属于软约束。腐败具有很强的传导效应，它会通过事实传导及意识传导渗透到社会环境之中，社会环境的复杂性及不确定性又进一步加剧了反腐败的难度。因此，作为预防和惩治腐败的财产申报制度，应该向更高的层次变迁，所以，财产申报的法治化就成为必然。

（二）财产申报制度设计

按照《中华人民共和国立法法》的要求，法律根据内容需要，可以分编、章、节、条、款、项、目。根据内容繁简程度，法律文本的写作方式分为章条式和条款式，财产申报法宜采用条款式，具体内容应涵盖财产申报制度的所有构成要素。

申报主体：根据我国政治权力结构及权力运行在当代中国政府运行中的复

---

[1] [美] 道格拉斯·C. 诺斯. 制度、制度变迁与经济绩效 [M]. 杭行，译. 上海：格致出版社，2008：50.

杂状况，我国进行财产申报的主体应该选择一定级别以上的公职人员，目前主要是副处级以上的领导人员和管理人员。海关、工商等重点领域的科级干部应该作为申报主体。至于其他科级干部是否申报，待财产申报制度确立后，视制度适应情况再决定。因此，申报主体基本定位为各级各类机关、团体、单位中的副处级以上公职人员以及重点监管领域的科级干部，这也是考虑与现有制度的衔接，避免涉及面太广，引起新制度带来的社会震荡。因此下列人员应进行财产申报：党的方面：中共中央总书记，中共中央政治局常委，中央党的机构中副处级以上公职人员；地方省、市、县党的部门副处级以上公职人员；国有企业、事业单位、大中专院校中副处级以上公职人员。行政方面：国务院总理、副总理、国务委员；国务院所属部委、机构、职能部门副处级以上公职人员；地方省、市、县副处级以上行政领导，地方省、市、县政府职能部门的正副职公职人员。军队方面：军队团级以上指挥员。司法方面：各级人民法院及检察院副处级以上公职人员。监察方面，县以上监察委员会副处级以上公职人员；人大、政协、各人民团体以及国有企业的副处级以上公职人员。上述申报主体，其职位有交叉或重合的，只就一个职位在一个部门申报。

申报内容：联合国1996年制定的《公职人员国际行为守则》第8条规定财产申报的内容为：公职人员应视本人的职务并根据法律和行政政策的许可或要求，按要求公布或者披露，并在可能的情况下，公布或披露其配偶或其他受赡养者的私人财产和债务。《联合国反腐败公约》第8条在公职人员行为守则中要求：公职人员特别就可能与其公职人员的职能发生利益冲突的职务外活动、任职、投资、资产以及贵重馈赠或者重大利益向有关机关申报。我国是联合国安理会常任理事国，是《联合国反腐败公约》缔约国，因此在设计财产申报制度时，应该考虑联合国的因素，并参考已有的合理理论和可行实践进行设计。申报内容应包括本人、配偶及共同生活子女的财产，包括动产、债权、债务、不动产、无形财产及与职务相关的各种获益。财产、投资等位于境外的，亦应申报。申报的财产应按类别逐项开列，说明权属性质、财产来源及价值；无法确定价值的，应申请专业权威评估机构评估。可以考虑加拿大、美国的利益冲突理论及我国台湾地区的强制信托制度，在上任前，对有关资产作出信托处理。

申报种类：根据国际通行做法以及调研结果，采用初任申报、年度申报以及离职申报相结合的方式。拟任职的国家工作人员申报任职前已拥有的财产；入职后或已经在职的每年申报财产变动情况。初任申报应该把时限延长至任命以后，即便没有立即任职，也要进行申报；年度申报应该与所在部门及单位的会计年度时限相吻合；离任申报的时限应该规定为省部级以上领导干部在离职后三年内，每年要对其财产进行申报，三年以后不再申报；厅局级以下官员在离任后两年内，每年要对其财产进行申报，两年后不再申报。

申报管理及审查：申报管理和审查应该分属不同的部门。从制度连续性的维度看，申报管理应该按照当前的制度执行，即由组织人事部门按照管理权限进行管理；审核应该成立独立的机构或部门，并且应该具有足够的权力和权威，直接对全国人民代表大会和地方各级人民代表大会负责，该机构专司申报材料审查。关于财产申报资料公开与保密的问题，建议可以采取不同级别不同对待的方式。省部级以上的申报义务人，申报材料应向社会公开；省部级以下申报人申报材料在单位内部公开。

申报责任：对于申报义务人不按期申报的，应进行催报；逾期仍不申报的，以拒报论，视情节轻重，给予党纪、政纪处分，并处罚款，罚款据申报义务人的职级和工资按倍数罚处。申报内容不详以及瞒报、谎报的，视情节轻重，给予党纪、政纪处分，并处罚款；触犯刑法的，应承担刑事责任。在《中华人民共和国刑法》中应该设立"拒不申报财产罪"和"不如实申报财产罪"，参照巨额财产来源不明罪以及贪污罪、贿赂罪、洗钱罪的处罚，确定相应刑罚。

财产申报是制度防腐的重大举措，是廉政监督的有效手段，是预防权钱交易的"防火墙"。我国政府在反腐败领域的态度明确，相应的法律法规也发挥了重要作用，但由于财产申报制度不完善，腐败案件的发生率并没有因为打击力度的加大而减少，官员财产申报制度的法治化已迫在眉睫。我国应该在借鉴国外理论、制度实践并结合中国现实国情和文化传统的基础上建立具有中国特色的财产申报制度。

结论与展望

改革开放四十多年,中国的现代化建设取得了巨大成就,但伴随着现代化的进程,也出现了许多严重的社会问题,腐败即为其一。"某些文化中的腐败现象可能比在另外一些文化中更为流行,但在现代化处在轰轰烈烈的阶段时,大多数文化中的腐败现象似乎也最为泛滥。"[①] 中国共产党高度重视腐败问题,党的十八大以后,中央反腐败的态度更加坚决。十八大报告指出:反对腐败、建设廉洁政治,是党一贯坚持的鲜明政治立场,是人民关注的重大政治问题。十九大报告指出:强化不敢腐的震慑,扎牢不能腐的笼子,增强不想腐的自觉,通过不懈努力换来海晏河清、朗朗乾坤。财产申报制度对于"不敢腐、不能腐、不想腐"有着基础性价值。

财产申报制度是提升政府质量的重要途径,财产公示可以规范权力运行,不同文化背景、不同社会制度的国家由腐败转向廉洁的节点往往都始于财产申报制度的确立。2013年以来,党和政府采取"打虎""拍蝇""猎狐"等高压反腐举措,腐败得到了一定程度的遏制,但处在改革进程中的中国,腐败依然严重。"腐败扎根于较深刻的经济和政治变革的进程中",而且"腐败对财产和合法收入构成一种威胁"[②],所以在适当的时候使财产申报法制化,会对"进入深水区"的中国改革起到重要作用。预防和惩治腐败会为其

---

① [美]塞缪尔·亨廷顿. 变动社会的政治秩序[M]. 张岱云,聂振雄,石原,译. 上海:上海译文出版社,1989:64-65.

② [美]迈克尔·约翰斯顿. 腐败征候群:财富、权力和民主[M]. 袁建华,译. 上海:世纪出版集团,2009:201.

他改革措施的推行提供良好的政治生态。"每一个良好的政治体制，必定有预防的功能，也有矫正的功能。它该具有一种自然的趋向将坏人排除在政府之外，并且不单纯依靠事后的惩罚来保障国家的安全，因为惩罚向来是滞后和不确定的东西。"①

通观选择的样本国家，即便是最为廉洁的国家也曾被腐败问题所困扰，但通过行政伦理建设、避免利益冲突实践以及强力打击政治腐败和经济腐败，经过多年的努力，腐败得到了遏制，政府和社会出现了廉洁的气象。每一国家都有着不同的文化和历史，有着不同的政治制度，驯服政治体的原始本能——贪婪，也有着不同的措施。在预防和惩治腐败的进程中，各国都应该有自己的选择。"适合某个环境的反腐败措施在别的环境里可能失效或有害。在合法资源得到配置、高效的司法和政党体制得以确立之前，肯尼亚和印度尼西亚举行的竞选可能使得腐败越发严重。在一个可供支持的制度框架缺位、一个执政能力受到怀疑的政治体系下，对俄罗斯经济进行私有化不仅导致更多的腐败，而且产生极具破坏力的腐败形式"，而且"由于国家弱化、社会分裂及那些不可靠的精英们大搞不可预测的猖獗的腐败活动，许多非洲国家的困难日益加重"。② 因此，对于国家而言，反腐败是一项巨大挑战，因为腐败是适应每一种"新药"的活的有机体，反腐败没有万能药。③

通过2013年后领导干部个人有关事项报告查核结果处理的情况看，领导干部报告个人有关事项，对于防止领导人员"带病上岗"或"带病在岗"作用明显，在一定程度上起到了预防腐败的作用。因此，在其他国家起到预防和打击腐败作用的财产申报制度，对我国而言，并非"水土不服"。在预防腐败作用日益凸显的前提下，在诸多社会群体对之较为认同的态势下，这项制度逐渐走向法制化应该不会产生更大的社会震荡。作为一项制度，财产申

---

① [英]埃德蒙·柏克. 自由与传统 [M]. 蒋庆, 王瑞昌, 王天成, 译. 北京：商务印书馆, 2001：13.
② [美]迈克尔·约翰斯顿. 腐败征候群：财富、权力和民主 [M]. 袁建华, 译. 上海：世纪出版集团, 2009：205-206.
③ POPA F M. Conflict of Interest and Integrity in Public Administration in CEE Countries: Comparative Analysis [J]. Journal of Public Administration Finance and Law, 2013 (4).

报制的技术性更强，而且不属于根本的或基本的政治制度。"改变基础性的东西是危险的，因为这在其他方面会引起连锁反应。在改变规则上所采取的每一步骤都必须极为谨慎，因为后果可能是灾难性的。一个要素控制另一个要素，而该要素又控制第三个要素，由此就造成了巨大的间接影响。①习近平总书记强调："要在坚持好、巩固好已经建立起来并经过实践检验的根本制度、基本制度、重要制度的前提下，坚持从我国国情出发，继续加强制度创新，加快建立健全国家治理急需的制度、满足人民日益增长的美好生活需要必备的制度。要及时总结实践中的好经验好做法，成熟的经验和做法可以上升为制度、转化为法律。"② 因此，继续总结财产申报在预防腐败中的经验，应当是财产申报法制化的一个重要前提和步骤。一旦经验成熟，便可以进行财产申报立法。因此，财产申报走渐进法制化的道路是可行的，也是必要的。

通过对30个国家财产申报制度的比较研究，我们发现：从宏观上看，财产申报的主体以及财产申报的内容属于财产申报制度的实体，而财产申报方式、申报时间、申报部门设置、申报材料审核管理以及对申报问题的认定和处理属于程序性问题。制度是实体和程序的有机结合，程序可以保证实体所规定的内容有序落实。从样本国家反映的情形看，无论是较为清廉的国家、轻度腐败的国家、较为腐败的国家或是腐败现象严重的国家，在进行财产申报制度设计时，都涉及了财产申报的方式、管理以及违反申报的责任；也涉及了主体和内容，是内容与程序的有机结合，这符合法律作为一种强制性规则的特点。

从财产申报制度的总体设计看，国家的廉洁或是腐败程度与财产申报制度设计并不是完全的正相关关系。俄罗斯、越南、巴西、坦桑尼亚等国，财产申报制度设计严密、处罚严厉，但这些国家存在的腐败现象却极

---

① [美]罗伯特·杰维斯. 系统效应：政治与社会生活中的复杂性 [M]. 李少军，杨少华，官志雄，译. 上海：上海人民出版社，2008：14.
② 继续沿着党和人民开辟的正确道路前进，不断推进国家治理体系和治理能力现代化 [EB/OL]. 人民网，2019 – 09 – 25.

为严重普遍；美国、加拿大、澳大利亚、新西兰、新加坡、乌拉圭、爱沙尼亚等国，财产申报制度相当完善，这些国家也较为清廉。德国、法国、英国的财产申报制度与设计完善的国家相比，相对宽松，但这些国家腐败并不严重；印度、南非等国财产申报制度设计亦十分宽松，但腐败却极为普遍。

财产申报只是预防腐败的一种方式。在样本国家中，有些国家把财产申报作为预防腐败的主要手段，而在另一些国家，则是辅助手段。很多国家设计该项制度仅是解决行政伦理和公务员从政道德问题，如德国和加拿大。行政伦理和从政道德良好的政府，其腐败的可能性就会降低。而腐败程度较深的国家，如俄罗斯、越南、巴西、乌克兰、哈萨克斯坦、泰国，则是寄希望于财产申报制度能在短期内起到对腐败的震慑效应，收到立竿见影的效果。

一个政治体的廉洁与腐败是诸多因素综合作用的结果，历史传统、公民素质、建国历程、国体政体选择、经济发展程度、国家治理体系和治理能力等都会影响到一个国家的政治生态。因此，具体的制度设计只能置于具体的国情和时势当中，在一个政治体发挥作用的制度在另一个政治体未必就会有效。具体到预防和惩治腐败制度，亦是如此。财产申报的确是预防腐败的一项制度，但在具体设计时，是以行政伦理、从政道德，还是以解决利益冲突，或是直接惩治腐败作为制度视角，是制度设计者应该认真思考的问题。制度设计的刚性或柔性，应与一国当前的治理能力和治理体系相一致，而且，与制度设计相比，制度所依存的政治、社会环境以及制度执行更是决策者需要考虑的重大问题。

党的十八大后，尽管反腐败成效显著，但县处级以上领导干部职务犯罪依然严重。县级政府在中国整个治理体系中虽不是基层，但最接近基层，县治历来是我国政治治理的重中之重。2013年，最高人民检察院立案侦查贪污、贿赂、挪用公款100万元以上的案件2581件，涉嫌犯罪的县处级以上国家工作人员2871人。① 2014年最高人民检察院查办贪污、贿赂、挪用公款100万元以上的案件3664件，查办县处级以上国家工作人员4040人。② 2015年查办贪污贿赂、挪用公款100万元以上案件4490件，查办涉嫌犯罪的县处级以上干部4568人。③ 2016年立案侦查职务犯罪47 650人，其中原县处级干部2882人。④ 2017年最高检立案侦查职务犯罪254 419人，涉嫌犯罪的县处级国家工作人员15 234人、厅局级2405人。⑤ 如此多的县处级及县处级以上领导干部涉嫌腐败犯罪，也从侧面反映出个人事项申报在预防腐败的问题上受到了很大限制。虽然衡量反腐败工作的效果，单纯靠统计腐败官员的人数不是一种有用的衡量标准。但如此多的领导干部深陷腐败之中，党和政府应当在反思的同时，也必须深入探究贪污、行贿和受贿等腐败行为的根本原因。"如果不能搞清这些深层的腐败原因，那么腐败动机就仍会继续存在。而当新任官员和个人开始利用那些继续存在的腐败机会时，反腐败运动原先的短期成果就会荡然无存。"⑥

从经济学上"理性经纪人"假设看，人是趋利的，官员也是人，趋利是正常的。普通人的趋利之心会在社会交往的博弈中得到消磨和控制；但掌握了权力、能够控制各种有形或无形资源的官员的趋利之心该如何引导和控制则是难题。"不同社会在引导人的利己之心方面存在着很大差异。贿赂成习、腐败成风，充分表明各国在把个人私心引向对社会有益的生产性目的这一方面，是普遍失败的。"⑦ 艾克曼的解释也许有些绝对与悲观，但对利己之心

---

① 曹建明.2014年最高人民检察院工作报告 [EB/OL]. 人民网, 2014 – 03 – 10.
② 曹建明.2015年最高人民检察院工作报告 [EB/OL]. 人民网, 2015 – 03 – 12.
③ 曹建明.2016年最高人民检察院工作报告 [EB/OL]. 中华人民共和国最高人民检察院网站, 2016 – 03 – 21.
④ 曹建明.2017年最高人民检察院工作报告 [EB/OL]. 中华人民共和国最高人民检察院网站, 2017 – 03 – 20.
⑤ 曹建明.2018年最高人民检察院工作报告 [EB/OL]. 中华人民共和国最高人民检察院网站, 2018 – 03 – 25.
⑥ [美] 苏珊·罗斯·艾克曼. 腐败与政府 [M]. 王江, 程文浩, 译. 北京：新华出版社, 1999：序2.
⑦ [美] 苏珊·罗斯·艾克曼. 腐败与政府 [M]. 王江, 程文浩, 译. 北京：新华出版社, 1999：导2.

向公益之心的引导，的确应该引起国家的高度关注。

"公开是治疗工业化时代社会病症的良药。"阳光是最好的防腐剂，但过度照射则会有灼伤的疼痛，聚焦之后甚至会引发火灾。因此，对待财产申报制度，尤其是在高度复杂的国际、国内环境中，党和政府应该审慎对待——渐进法制化也许是较为合适的选择。

参考文献

一、中文参考文献

1. 中文专著

［1］费孝通，吴辰伯．论绅士、皇权与绅权［M］．上海：上海观察社，1949．

［2］过勇，宋伟．腐败测量［M］．北京：清华大学出版社，2015．

［3］过勇．经济转轨、制度与腐败［M］．北京：社会科学文献出版社，2007．

［4］韩阳．北欧廉政制度与文化研究［M］．北京：中国法制出版社，2017．

［5］梁国庆．中外反腐败实用全书［M］．北京：新华出版社，1994．

［6］马进甫，王天星，张欣，等．德国廉政制度与文化研究［M］．北京：中国法制出版社，2017．

［7］申险峰，周洁，宋振美，等．日本廉政制度与文化研究［M］．北京：中国法制出版社，2016．

［8］田禾．亚洲反腐败法律机制比较研究［M］．北京：中国人民公安大学出版社，2009．

［9］王伟．中国韩国行政伦理与廉政建设研究［M］．北京：国家行政学院出版社，1998．

[10] 徐久生. 德国联邦公务员法、德国联邦公务员惩戒法 [M]. 北京：中国方正出版社，2014.

[11] 杨富斌. 美国廉政制度与文化研究 [M]. 北京：中国法制出版社，2016.

[12] 杨绪盟，黄宝荣. 腐败与制度之笼：国外反腐败经验与启示 [M]. 北京：人民出版社，2014.

[13] 尤光付. 中外监督制度比较 [M]. 北京：商务印书馆，2003.

[14] 中国社会科学院"政治发展比较研究"课题组. 国外公职人员财产申报与公示制度 [M]. 北京：中国社会科学出版社，2013.

[15] 周琪，袁征. 美国的政治腐败与反腐败——对美国反腐败机制的研究 [M]. 北京：中国社会科学出版社，2009.

[16] 庄德水. 防止利益冲突与廉政建设研究 [M]. 北京：西苑出版社，2010.

[17] 最高人民检察院职务犯罪预防厅. 国际预防腐败犯罪法律文件选编 [M]. 北京：法律出版社，2002.

2. 中文译著

[1] [澳] 埃文·惠顿. 我们的腐朽法律制度 [M]. 伍巧芳，译. 北京：中国方正出版社，2016.

[2] [俄] 哈布里耶娃. 腐败：性质、表现与应对 [M]. 李铁军，译. 北京：法律出版社，2015.

[3] [美] S.N. 艾森斯塔得. 帝国的政治体系 [M]. 阎步克，译. 贵阳：贵州人民出版社，1992.

[4] [美] 安德烈·施莱弗，罗伯特·维什尼. 掠夺之手：政府病及其治疗 [M]. 赵红军，译. 北京：中信出版社，2017.

[5] [美] 特里·伯纳姆，杰伊·费伦. 欲望之源 [M]. 李存娜，译. 北京：中信出版社，2003.

[6] [美] 道格拉斯·C. 诺斯. 制度、制度变迁与经济绩效 [M]. 刘守英，译. 北京：生活·读书·新知三联书店，1994.

[7]［美］迪特尔·哈勒，［新西兰］克里斯·肖尔. 腐败：人性与文化［M］. 诸葛雯，译. 南昌：江西人民出版社，2015.

[8]［美］雷德蒙·菲斯曼，爱德华·米格尔. 经济黑帮［M］. 冯斌，译. 北京：中信出版社，2010.

[9]［美］路易斯·亨金. 宪政·民主·对外事务［M］. 邓正来，译. 北京：生活·读书·新知三联书店，1996.

[10]［美］罗伯特·杰维斯. 系统效应：政治与社会生活中的复杂性［M］. 李少军，杨少华，官志雄，译. 上海：上海人民出版社，2008.

[11]［美］迈克尔·约翰斯顿. 腐败征候群：财富、权力和民主［M］. 袁建华，译. 上海：上海人民出版社，2008.

[12]［美］塞缪尔·亨廷顿. 变动社会的政治秩序［M］. 张岱云，聂振雄，石浮，等译. 上海：上海译文出版社，1989.

[13]［美］苏珊·罗斯·阿克曼，邦妮·J. 帕利夫卡. 腐败与政府［M］. 郑澜，译. 北京：中信出版社，2018.

[14]［美］伊曼纽尔·克雷克，威廉·切斯特尔·乔丹. 腐败史（上、中、下）［M］. 邱涛，译. 北京：中国方正出版社，2016.

[15]［美］詹姆斯·N. 罗西瑙. 没有政府的治理［M］. 张胜军，译. 南昌：江西人民出版社，2001.

[16]［英］伯特兰·罗素. 权力论：一个新的社会分析［M］. 靳建国，译. 北京：东方出版社，1988.

[17]［英］斯蒂芬·莫尔. 权力与腐败：政府和大企业的腐烂核心［M］. 李锋，树林，郭瑞，等译. 北京：新华出版社，2000.

[18] 意大利反腐败法［M］. 黄凤，译. 北京：中国方正出版社，2013.

[19] 俄罗斯联邦反腐败法、白俄罗斯共和国反腐败法［M］. 潘效国，译. 北京：中国方正出版社，2010.

[20] 越南反腐败法［M］. 孙平，黄贵，译. 北京：中国方正出版社，2013.

[21] 新西兰官方信息法、行政监察专员法［M］. 孙平, 译. 北京: 中国方正出版社, 2014.

[22] 新加坡预防腐败法［M］. 王君祥, 译. 北京: 中国方正出版社, 2013.

[23] 英国反贿赂法［M］. 王君祥, 译. 北京: 中国方正出版社, 2013.

[24] 加拿大利益冲突法、加拿大反外国公职人员腐败法［M］. 王赞, 译. 北京: 中国方正出版社, 2015.

[25] 澳大利亚联邦公务员行为准则、澳大利亚1976年监察专员法［M］. 阳平, 译. 北京: 中国方正出版社, 2015.

[26] 国外公务员从政道德法律法规选编［M］. 中国监察学会秘书处, 译. 北京: 中国方正出版社, 1996.

[27] 中央纪委法规室. 国外防治腐败与公职人员财产申报法律选编［M］. 监察部法规司, 译. 北京: 中国方正出版社, 2012.

3. 中文期刊

[1]［爱沙尼亚］蒂纳·兰德玛·利夫, 安尼卡·尤德尼普, 库丽·萨拉普, 等. 从网络到科层: 爱沙尼亚高级公务员发展体制的演变［J］. 国际行政科学评论（中文版）, 2015, 81（2）: 143-159.

[2]［韩］宣玉京. 当代韩国反腐败的制度建设［J］. 现代国际关系, 2018（10）: 53-60.

[3]［西班牙］莫妮卡·加西亚·克萨达, 费尔南多·希门尼兹·桑切兹, 曼努埃尔·瓦罗严, 等. 建立南欧地方廉正体系: 西班牙地方城市腐败案例研究［J］. 国际行政科学评论（中文版）, 2013, 79（4）: 27-44.

[4]［新西兰］帕特里克·巴雷特, 丹尼尔·齐尔克尔, 李光辉. 腐败丑闻、丑闻丛生与当代新西兰政治［J］. 国际社会科学杂志（中文版）, 2019, 36（2）: 146-158, 7-8, 12-13.

[5]［新西兰］詹姆斯·奥基, 周亭佑, 施雪琴. 泰国的政党、派系与腐败［J］. 南洋资料译丛, 2013（4）: 64-76.

[6] 陈伊璇,廖盛峰. 新加坡、马来西亚反腐法律制度比较研究及启示[J]. 经济与社会发展, 2012, 10 (4): 78-81.

[7] 迟连翔,齐晓安. 俄罗斯反腐败措施及其启示[J]. 东北亚论坛, 2012, 21 (3): 91-97.

[8] 邓常春,邓莹. 印度的腐败及其治理[J]. 廉政文化研究, 2014, 5 (6): 70-75.

[9] 刁秀华. 俄罗斯的腐败与反腐败及其对经济社会的影响[J]. 国外社会科学, 2014 (3): 97-107.

[10] 范贤超,王华生. 毛泽东的矛盾转化条件论[J]. 毛泽东思想研究, 2005, (4): 40-44.

[11] 冯春萍. 日本追究公务员腐败行为责任的程序法制概观[J]. 社会科学研究, 2012 (3): 95-100.

[12] 高育新,卜泳生. 应尽快建立国家工作人员财产申报制度[J]. 法学杂志, 1988 (5): 43.

[13] 郭典,王冰. 金砖国家在透明国际清廉指数中的排名变化及其原因探究[J]. 廉政文化研究, 2012, 3 (4): 19-27.

[14] 过勇. 十八大之后的腐败形势:三个维度的评价[J]. 政治学研究, 2017 (3): 2-11, 125.

[15] 郇天莹. 美国官员财产申报制度构建的路径分析与启示[J]. 中国行政管理, 2009 (2): 96-99.

[16] 金香花. 韩国国家反腐败系统的建构过程及其经验反思[J]. 北京行政学院学报, 2013 (5): 37-43.

[17] 靳呈伟. 墨西哥三大政党的党内监督制度及启示[J]. 国外理论动态, 2017 (3): 28-35.

[18] 李辉. 国外公职人员财产申报与公示制度的经验及启示[J]. 行政论坛, 2015, 22 (1): 93-96.

[19] 李小军. 泰国政府民主转型过程中的腐败与反腐败[J]. 广州大学学报(社会科学版), 2010, 9 (7): 11-15.

[20] 刘桂兰,郝继明. 国外官员财产申报制度的典型特征及对我国的启示 [J]. 行政与法, 2011 (3): 60-62.

[21] 刘再春. 发达国家官员财产申报制度及其启示 [J]. 理论探索, 2011 (3): 108-111.

[22] 刘芝平,饶国宾. 腐败问题给越南带来的危害 [J]. 国外理论动态, 2008 (2): 47-50.

[23] 米良. 越南反腐败法简述——附:《越南社会主义共和国反贪污腐败法》[J]. 环球法律评论, 2013, 35 (2): 156-176.

[24] 庞冬梅,塔尔巴加耶夫·阿列克谢·尼古拉耶维奇. 俄罗斯反腐败立法规制 [J]. 学术交流, 2017 (4): 206-213.

[25] 荣俊. 新加坡和中国的官员财产申报制度比较研究 [J]. 理论与改革, 2015 (1): 35-38.

[26] 沈阳. 公务员财产申报制的美国逻辑 [J]. 社会科学论坛, 2014 (2): 134-140.

[27] 宋宗宇. 德国财产开示制度及对我国的启示 [J]. 法学杂志, 2005 (5): 108-110.

[28] 孙铭. 哈萨克斯坦构建威权政治制度研究 [J]. 俄罗斯学刊, 2017, 7 (1): 28-35.

[29] 唐朗诗,李佳佳. 英国腐败治理经验:制度变迁的特征与时序 [J]. 天府新论, 2015 (2): 145-151.

[30] 唐文玉. 国外个人信用制度的经验及对中国的启示 [J]. 湖南社会科学, 2001 (6): 60-63.

[31] 唐贤秋,解桂海. 苏东剧变后古巴共产党加强廉政建设的经验 [J]. 国外理论动态, 2008 (2): 42-46.

[32] 王尘子. 家族政治与腐败桎梏——后威权时代菲律宾的民主困境 [J]. 福建行政学院学报, 2015 (5): 79-84.

[33] 王明高. 制度反腐突破口——财产申报与金融实名 [J]. 人民论坛, 2010 (4): 28-30.

[34] 王田田. 俄罗斯的反腐败体制：建设路径与现实困难 [J]. 俄罗斯学刊, 2017, 7 (4): 72-79.

[35] 王玥超. 腐败背后的文化因素——以法国为例 [J]. 法国研究, 2012 (1): 72-78.

[36] 武政文, 张友国. 民主改革以来印度尼西亚的反腐败工作 [J]. 东南亚纵横, 2015 (8): 19-24.

[37] 徐海燕. 俄罗斯反腐法制体系的阶段性：历程、内容与特征 [J]. 理论月刊, 2016 (7): 177-182.

[38] 颜昌武, 罗凯. 美国进步时代的腐败治理及其对中国的启示 [J]. 学术研究, 2015 (3): 60-65, 159-160.

[39] 杨立华. 南非的反腐败战略和机制初探 [J]. 西亚非洲, 2006 (3): 26-30, 80.

[40] 余少祥. 论公共利益的行政保护——法律原理与法律方法 [J]. 环球法律评论, 2008 (3): 6-13.

[41] 张成福, 杨兴坤. 加拿大行政伦理建设及其对我国的启示 [J]. 行政论坛, 2009, 16 (4): 88-91.

[42] 张弘. 乌克兰政治稳定中的腐败问题 [J]. 俄罗斯东欧中亚研究, 2016 (4): 41-52, 157.

[43] 赵雪娇, 张楠, 孟庆国. 基于开放政府数据的腐败防治：英国的实践与启示 [J]. 公共行政评论, 2017, 10 (1): 74-90, 207.

[44] 周方冶. 泰国公职人员财产申报制度建设的成效、经验与瓶颈 [J]. 东南亚研究, 2013 (5): 4-10.

[45] 周佑勇, 刘艳红. 我国公职人员财产申报制度探讨 [J]. 社会科学研究, 1997 (6): 102-105.

二、外文参考文献

1. 外文原著

[1] CHIANG J K. Korean Politics: The Quest for Democracy and Develop-

ment [M]. New York: Cornel University Press, 1999.

[2] LUKIKO L V. Exploring a Sustainable Anti-Corruption Regime for Tanzania [M]. Tygerberg: University of the Western Cape, 2017.

[3] COOPER T L. Handbook of Administrative Ethics [M]. New York: Marcel Dekker Inc, 2000.

[4] BECHHOFER F, PATERSON L. Principles of Research Design in the Social Sciences [M]. London: Routledge, 2000.

2 外文期刊及论文

[1] ASSEGAF A R. Policy Analysis and Educational Strategy for Anti— Corruption in Indonesia and Singapore [J]. International Journal of Asian Social Science, 2015, 5 (11).

[2] MAJALIWA A, PALLANGYO W A. The Influences of Religious Ethics on Preventing and Combating Corruption in Tanzania: The Christianity and Islamic Obligation [J]. The International Journal of Humanities & Social Studies, 2017, 5 (6).

[3] KUATOVA A S. Corruption Crimes In Public Procurement in the Republic of Kazakhstan [J]. Middle-East Journal of Scientific Research, 2013, 17 (10).

[4] KIVYIRO A, MOKAYA S O. The Role of Accountability in Combating Corruption in Local Government Authorities in Tanzania: Case Study of Mbozi District Council [J]. International Journal of Scientific and Research Publications, 2018, 8 (4).

[5] ROSENSON B A. The Impact of Ethics Laws on Legislative Recruitment and the Occupational Composition of State Legislatures [J]. Political Research Quarterly, 2006 (12).

[6] HEILMAN B, NDUMBARO L. Corruption, Politics, and Societal Values in Tanzania: An Evaluation of the Mkapa Administration's Anti-Corruption Efforts [J]. African Association of Political Science, 2002, 7 (1).

[7] MPAMBIJE C J, MAGESA F B. Poor Maternal and Child Health in Tanzania Amidst Plenty: Review from Tanzania's Grand Corruption Scandals from 2005—2015 [J]. Journal of Advances in Social Science and Humanities, 2017, 3 (1).

[8] PRATES C. Memory and Truth Effects: Brazil's Corruption in Numbers in the Brazilian Parliament [J]. International Journal of Development Research, 2019, 9 (3).

[9] MAMOON D. Beyond Greed and Bribes: Economic Rational of Corruption in Pakistan [J]. Journal of Economic and Social Thought, 2018, 5 (2).

[10] DINANTI D, TAKINA D. The Punishment of Perpetrators of Corruption with the Approach of the Local Wisdom [J]. International Journal of Multicultural and Multireligious Understanding, 2019, 6 (7).

[11] SINGH R K. Corruption and Its Prevention [J]. International Journal of Advanced Research and Development, 2017, 2 (6).

[12] QUAH J S T. Causes and Consequences of Corruption in Southeast Asia: A Comparative Analysis of Indonesia, the Philippines and Thailand [J]. Asian Journal of Public Administration, 2003, 25 (2).

[13] QUAH J S T. Combating Corruption in Singapore: What Can Be Learned? [J]. Journal of Contingencies and Crisis Management, 2001, 9 (1).

[14] SEGON M, BOOTH C. Managerial Perspectives of Bribery and Corruption in Vietnam [J]. International Review of Business Research Papers, 2010, 6 (1).

[15] CINI M. Good Governance and Institutional Change: Administrative Ethics Reform in the European Commission [J]. Journal of Contemporary European Research, 2016, 12 (1).

[16] GOWON-ADELABU N S, OWINO S M, NOIIRI W. The Dynamics of Political Corruption and Neo-Patrimonialism in Kenya [J]. Research on Humanities and Social Sciences, 2018, 8 (14).

[17] SPANDANA S. Efforts to Anti-Corruption in India —Practical Perspec-

tive [J]. Journal of Radix International Educational and Research Consortium, 2016, 5 (2).

[18] NAUREEN S. Impact of Corruption, Defense Spending and Political Instability on Economic Growth: An Evidence from Pakistan [J]. International Journal of Scientific and Research Publications, 2018, 8 (7).

[19] CHOUDHARY S A, ZAMAN K, EJAI S. Dynamic Linkages between Corruption, Economic Growth, and Income Inequality in Pakistan: Say "No" to Corruption [J]. Theoretical and Applied Economics, 2018, 25 (1).

[20] MATTHEWMAN S. "Look No Further than the Exterior": Corruption in New Zealand [J]. International Journal for Crime, Justice and Social Democracy, 2017, 6 (4).

[21] DEMING S H. Canada's Corruption of Foreign Public Officials Act and Secret Commissions Offense [J]. American University International Law Review, 2014, 29 (2).

[22] WIDODO W, BVDOYO S, PRTAMA T. The Role of Law Politics on Creating Good Governance and Clean Governance for a Free-Corruption Indonesia in 2030 [J]. The Social Sciences, 2018, 13 (8).

[23] KHAN Y, RETHI G, SIEGEPI K. Corruption as Business Challenge in Pakistan [J]. European Scientific Journal, 2018, 14 (16).

[24] GAIVORONSKAYA Y V, FILONENKO T V. Corruption in Russia: Cause and Effect Relations [J]. Asian Social Science, 2015, 11 (13).

[25] BEH L. Administrative Reform: Issues of Ethics and Governance in Malaysia and China [J]. CEBR Discussion Paper, 2007 (23).

[26] VILHENA P. Corruption: Brazil's Everlasting Parasite [D]. Orlando: University of Central Florida, 2018.

附录：官员财产申报调查问卷

财产申报制度是要求一定级别以上或是全体公职人员申报财产并进行公示的制度，对于预防和惩治腐败具有很大作用。本调查是国家社科基金项目《中外官员财产申报制度研究》课题组组织的研究型调查，所提问题及您的回答均作为科学研究使用，不做其他用途。本次调查采用匿名制，调查结果不会对您的工作与生活产生影响，恳请您花5分钟时间，将您对官员财产申报制度的见解通过单项选择的方式进行回答。衷心感谢您的支持与配合。

（以下问题为单项选择题，请您在认为合适的答案上打√）

1. 您的性别

①男　　　　　　　　②女

2. 您的年龄（岁）

①20~29　　　　　　②30~39　　　　　　③40~49

④50~59

3. 您的职业是

①公务员　　　　　　②企事业单位管理人员或工作人员

③律师　　　　　　　④教师　　　　　　　⑤普通群众

⑥学生　　　　　　　⑦其他

4. 您的职务级别是

①科员　　　　　　　②副科　　　　　　　③正科

④副处　　　　　　　⑤正处　　　　　　　⑥副厅

⑦正厅　　　　　　　⑧其他

5. 您的学历水平是

①中专以下

②大专及本科

③硕士

④博士

6. 您是否了解官员财产申报制度

①一直关注，很了解

②听说过，了解一点

③没听说过，完全不了解

7. 您认为该制度对预防腐败的效果如何

①不会起太大作用

②会有非常大的作用

③不清楚

8. 您是否支持实施官员财产申报制度

①支持

②不支持

③不了解，无所谓

9. 您如何看待该制度的未来发展前景

①看好

②不看好

③无所谓

10. 您认为该制度是否侵犯官员隐私权

①侵犯

②不侵犯

11. 您认为以下哪种心理会促使官员不支持财产申报

①保护个人隐私心理

②藏富心理

③仕途心理

12. 您认为影响官员财产申报制度有效实施的最主要因素是

①法律强制力不够

②申报公示体系不完善

③社会（公民）监督不足

④缺少相应的责任追究机制

⑤领导高层的推动力不足

13 您认为影响官员财产申报制度有效实施的最主要的阻力是

①部分领导干部的抵制心理

②实施财产申报制度会引发巨大社会风险

③申报制度当前实施的条件尚未成熟

④申报制度自身设计存在问题

⑤申报制度宣传贯彻力度不足

14 您认为我国设立官员财产申报制度的最主要动力是

①社会民众强烈的民意诉求

②党和政府的高层推动

③反腐严峻形势

④财产申报最终有效公开的吸引力

15. 财产申报是否需要立法

①不需要

②非常需要

16. 您认为申报主体应该怎样界定

①副处以上党政领导干部

②拟提拔副科以上党政领导干部

③所有公职人员

④重点领域党政领导干部

17. 您支持以下哪种申报方式

①年度申报（每年在固定时期申报一次）

②任职申报（履职初次申报，离职二次申报）

③年度申报、离职申报与任职申报相结合

18. 您对当前申报制度规定的财产范围的态度是

①不赞同，范围过大，难以执行

②赞同，但执行阻力大

③赞同，范围合理

19. 您认为财产申报制度的管理部门是

①成立专门的管理审核部门

②纪检监察部门

③组织人事部门

④由纪检、监察、组织、人事部门共同承担

20. 您认为财产申报公示的范围是

①单位内部公示

②秘密申报、不公示

③网上定期公示

21. 您认为违反财产申报的责任方式是

①党纪政纪处分

②行政处分

③刑罚制裁

④纪律处分、行政处分以及刑罚制裁相结合

22. 您认为以下财产申报实施路径哪个更为合适

①自上而下，高层领导带头

②自下而上，地方试点突破

③两者结合

感谢您的合作！